提出和实践"培元教育"出自于我们对小学教育方式的新认识，单一学科式的"知识教育"已经远远满足不了"奠定学生终生发展基础"的教育使命需要，我们必须走向全面发展的培育元气的综合式、跨学科式的教育……

众手托起培元梦

——培元教育微案例集萃

茅晓辉◎主编　　　陈可伟◎副主编

光明日报出版社

图书在版编目（CIP）数据

众手托起培元梦：培元教育微案例集萃 / 茅晓辉主编 .-- 北京：光明日报出版社，2019.4

ISBN 978-7-5194-5292-6

Ⅰ.①众… Ⅱ.①茅… Ⅲ.①小学教育—案例—宁波

Ⅳ.① G622.0

中国版本图书馆 CIP 数据核字（2019）第 077496 号

众手托起培元梦——培元教育微案例集萃

ZHONGSHOU TUOQI PEIYUAN MENG —— PEIYUAN JIAOYU WEI ANLI JICUI

主　　编：茅晓辉

责任编辑：陆希宇　　　　　　　责任校对：赵鸣鸣
封面设计：中联学林　　　　　　责任印制：曹　净

出版发行　光明日报出版社
地　　址：北京市西城区永安路 106 号，100050
电　　话：010-67078251（咨询），63131930（邮购）
传　　真：010-67078227，67078255
网　　址：http://book.gmw.cn
E-mail：luxiyu@gmw.cn
法律顾问：北京德恒律师事务所龚柳方律师，电话：010-67019571

印　　刷：三河市华东印刷有限公司
装　　订：三河市华东印刷有限公司
本书如有破损、缺页、装订错误，请与本社联系调换

开　　本：170mm×240mm
字　　数：284 千字　　　　　　　印　　张：18.5
版　　次：2019 年 5 月第 1 版　　印　　次：2019 年 5 月第 1 次印刷
书　　号：ISBN 978-7-5194-5292-6

定　　价：65.00 元

序 言

献给 "培元教育"的绚丽鲜花

宁波市鄞州区董山小学是一所充满生机与活力的新学校，今年她七岁了。

七年时间，对人生来说，不算太长，也不算太短。而对一所学校，特别是一所新生的小学来说，不断奉献关于"核心素养培育"的教育力作，则应当刮目相看了。

2016年，董山小学的老师们满怀喜悦的心情向大家奉献了一本关于核心素养教育探索的创新之作——《培元教育——核心素养教育的前瞻探索》。

2017年，他们七年实践"培元教育"的心血之作《从培基走向培元——培元教育的智慧实践》也诞生了。

时值2018年末，他们继续深耕"培元教育"，组织了全体教师深入学习和反思学校"培元教育"实践的基础上，向大家呈送这本《众手托起培元梦——培元教育微案例集萃》。这又是一朵献给"培元教育"的绚丽鲜花。

沐浴着教育改革的春光，董山小学全体教师辛勤耕耘，向各位读者奉献的这三本书可称之为关于"核心素养培育"前瞻探索的教育力作，"培元教育思想"的心血之作和"培元教育实践"的智慧之作。它们记录着董山小学广大教师不断学习、思考、研究教育的思想轨迹和他们的辛苦耕耘之路。

翻阅三本"培元教育"专著，我的心情越来越不平静：七年中，一个新生的小学为"核心素养教育探索"默默无闻地做出了那么多教育改革成果，奉献了那么多关于小学教育的令人耳目一新的创见和难能可贵的创新行动。

他们说，我们有一个"教育梦"，一个"培元教育"梦。

他们说，这个"培元教育"梦就是让我们的小学教育实现其根本使命：给学生的人生起步以最珍贵的礼物，当学生走出校门时已具有发展的"元气"，具有适应个人终身发展和社会发展需要的浩然"元气"。

他们思考着：什么是人生发展所需的"元气"？元气"就是"强大的学习能力＋优良人生品德的底色＋良好的行为习惯＋健康健全的身心素质＋出色的阅读社会能力（合作和沟通能力）"。他们把培育学生这五种根基性的素养和能力"发展元气"的教育，称之为"培元教育"。

更可喜的是，在实践"培元教育"的道路上，他们逐渐找到了一条"培元教育"可行之路："要让我们的小学教育从'培基'走向'培元，从'单一的学科式教育走向'全面发展的综合培元式教育'"。

提出和实施"培元教育"并不是他们一时的心血来潮之举，而是出自于他们对小学教育的"基础性"内涵的重新认识：小学教育应该从过份重视学科基础知识和基本技能的获得（即培养"双基"），转移到重视和培养儿童发展所需的核心素养及能力上面，应该从"培基"转向"培元"上来。

提出和实践"培元教育"也出自于他们对小学教育方式的新认识："单一学科式的'知识教育'已经远远满足不了"奠定学生终生发展基础"的教育使命需要。我们必须走向"全面发展的培育'元气'的综合式、跨学科式的教育"。例如，不但应该有"语文""数学"等学科课程，而且更应该有诸如"自主发展课程""英体整合课程"的跨学科性的综合课程。

提出和实践"培元教育"更出自于对当今小学教育界众多教育行动的实践反思。在他们创办董山小学的历程中，有过许多教育理念的碰撞，有过许多把理念转化为具体行动的教育尝试。例如：让家长称赞不已的"让好习惯滋润一生"的习惯养成教育，被教育部立为十三五重点课题的、在全区推广的"人人是导师、个个受关爱"的德育综合导师制，在宁波市课程教育改革发展会上典型介绍的"三色董课程"改革，自主学习大课堂建设，100个学生发展平台的搭建等等。但是，在深入的教育反思中，他们发现：这么多所谓的"教育创新、教育行动"缺少一个先进的科学的教育理念的导向和引领。于是，在对众多的教育行为进行了全面梳理、深入反思的基础上，他们提出了"培元教育"这个前所未有的教育理念。

对教育认识的深化促进了许多关于小学教育的令人耳目一新的创见和把理念转化为实践的难能可贵的教育创新行动在董山小学喷薄而出：构建"德育导师制"工作机制，实现全员、全程、全方面育人；实行"全面课程制"，以多元多彩的三色董课程丰富学生校园生活经历；推行"自主学习制"，以"知识整理课"等为载体，培养学生主动建构知识的能力；推进"家校共育制"，以教育共同发展会为纽带，完善新型育人模式……

通过"课堂培元"滋养引导强大的学习能力，"课程培元"合力养成培育浩然元气，"习惯培元"浸润内化良好的行为习惯，"铸魂培元"描绘塑造优良品德的底色，"文化培元"熏陶涵养健全的身心素养，"活动培元"孕育生长优秀的社会阅读能力，"制度培元"转型优化适性的教育管理机制……

我不厌其烦地列举了一些堇山小学近年来对小学教育的新理解新认识，列举了堇山小学近年来那些富有成效的把理念转化为实践的教育行动和创新之举，希望大家体会到堇山小学教师始终不渝地追求"培元教育"的初心，并理解他们致力于将教育的创意转化为一种教育成功的心愿。

　　坚持七年不容易。核心素养培育之路，艰难与幸福相伴，挫折与成功共存，虽然布满荆棘，需要艰难跋涉，但是越过荆棘，必能采撷到鲜花，这条路是迷人的，令人向往的。堇山小学奉献给大家的创新力作，心血之作和智慧之作已经展示了这点。他们对"培元教育梦"的苦苦追求和引人注目的成绩还向大家提供了一个重要的启示：将教育的创意转化为一种教育成功道路是曲折的艰辛的，但是有了"教育科研"这个推进器，有了"不断反思"这副良药，成功必然会加速到来。

　　事实上，教育科研不仅与教育成功有关，它与教师的发展更加相关。

　　有智者告诉我们："教师专业发展的途径一般有三条，一是依靠日常工作中的自然积累，二是通过读书、听报告等方式进行有计划的业务学习，三是开展着眼于教育问题解决的探索性实践。通过第一条途径，天长日久教师可以逐渐成为有经验的实践工作者，但成长的速度比较慢，达到的水平也不高。通过第二条途径，教师能较快开拓视野，获取教育理论知识，但书本知识还有待于转化为教师自己的理念和行为。第三条途径实质上就是教师通过结合自己的工作有计划地对教育教学实际问题进行研究，可以获得较快和较高层次的专业发展。"

　　《众手托起培元梦——培元教育微案例集萃》记录了七年来堇山小学的老师把教育生涯中三种主要的活动形式：教学活动、学习活动和研究活动有机地结合起来，让教育科研亲近每一个教师，走专业发展之路。这是一种很好的尝试，也是一种非常有意义的探索。中小学校的教育科研期望发现规律、获得教育科学研究的成果，但应该更加关注改进工作，获得教育质量提高的成果；关注提升自我、获得学校和教师共同发展的成果。

我们从堇山小学奉献给大家的这三本关于核心素养培育的力作中不难发现：堇山小学的老师们正在这样做，正在通过自己的努力，通过新的"品质教育"，借用各种系列教育活动品牌的打造，谋求学校新的发展，他们的"培元教育梦"正在不断地走向实现中。

在堇山小学创办七周年之际，在不断扩大的《培元教育系列研究》成果中，《培元教育——核心素养教育的前瞻探索》《从培基向培元——培元教育的智慧实践》的姐妹篇——他们的智慧实践之作《众手托起培元梦——培元教育微案例集萃》正式出版之际，再次祝愿堇山小学的老师们在建设新堇山小学中，继续以教育改革，以教育科研引领教师专业发展之路，不断获得教育的成功，不断得到专业的发展！

祝愿堇山小学的老师们不断向读者奉献一朵朵绚丽的教育改革鲜花。

严惕非

2019 年 1 月

目 录
CONTENTS

多元激励评价探索篇 ················· **233**

后 记 ···················· **279**

1

优良品德底色描绘篇

"爱"与"被爱"的双重体验

爱是需要体验才能感受得到的，光有认识，没有体验，不可能产生真爱。现在的孩子大多是在"温室"里长大的，他们缺乏关爱他人的实践和体验，只知道被爱，而不知道回报。

在母亲节来临之际，我决定在班级里举行一次"护蛋总动员"活动。可爱而娇嫩的蛋宝宝，稍有不慎便会破碎掉。所以，孩子们必须小心翼翼地去保护，才不会把自己的"蛋宝宝"摔破。

一大早，孩子们拿出穿着五彩衣裳的各种蛋宝宝，来了个"颜值大比拼"。他们互相介绍了蛋宝宝的名字，还猜测了宝宝的性别。有的叫"狗蛋"，有的叫"大宝"，有的叫"小兰"，还有的叫"Susie"……蛋宝宝的"爸爸妈妈"，他们脸上洋溢着喜悦的光芒，让人忍俊不禁。

这一天，孩子们的所有活动都必须带着蛋宝宝。他们跳操，蛋宝宝也跳操；他们活动，蛋宝宝也跟着活动……瞧，一个个孩子好似在心中默念：我的蛋宝宝，你放心，我在奔跑的时候也牢牢护着你呢！为了护你周全，我就

算跑不快，输掉比赛又有何妨？看着孩子们边跑步，边护着自己的宝宝的情景，让我们感受到了他们对蛋宝宝那份深沉的爱。

一天下来，绝大多数孩子完成了这个神圣的"仪式"。这些护蛋成功的孩子们自豪地拎着蛋，将手抬得高高的！巴不得把手伸到天上去！

当然，也有几个倒霉蛋，一不小心把自己的"蛋宝宝"给弄碎了。看着自己心爱的"蛋宝宝"碎了，他们是有多沮丧呀。他们当中有的不断地自责："我要是再小心一点就好了。"有的傻傻地望着出神，幻想着奇迹出现："我的蛋宝宝，你还能回到我身边吗？"更有甚者情绪低落悲伤，两眼泪汪汪的，仿佛他的心也跟着碎了，嘴里不时嘟囔着："蛋宝宝对不起，对不起……"

放学前，孩子们早已在私底下激动地交流了一天的护蛋心得。有的说："护蛋真是太不容易啦。我做游戏的时候都不敢蹦蹦跳跳！"有的说："今天过得太艰辛了，一天下来我的一颗心全扑在鸡宝宝上，现在只想回家睡觉！"有的说："我的蛋宝宝是最重要的，因为我要孵出小鸡！"还有的说："对不起，我的蛋宝宝狗蛋，是我没有好好保护你，如果有机会，下次一定会好好待你。"

一天的护蛋行动结束了，"同学们，这次护蛋行动你们有什么收获呢？"在而后的总结中，孩子们动情地说："我体会到父母为了养我们而时刻操劳的心，他们真不容易。""爸爸妈妈为了我们几乎24小时待命，要懂得很多育儿知识，在沟通、医学、烹饪方面更要精益求精。""我们生病了，他们还要熬夜甚至彻夜不眠，做了爸爸妈妈们后就没有假期(一年365天都需要工作)。""要做好放弃自己生活的准备，最重要的是照顾我们还没有薪水！"……

看着学生们那兴奋的眼神，听着他们那滔滔不绝的陈述，并由衷发出了感恩父母的心声，感受着他们那纯真质朴的心灵，此时此刻，我不由得发自内心地感叹：谁说我们的孩子没有爱，不会爱？谁说我们的孩子娇惯自私？谁说我们的孩子懒散任性？

你看，他们正在渐渐地长大，他们正在通过这样一种特殊的方式学会观察美丽可爱的世界，感受身边的另一种生命的蜕变过程，捕捉着每一个令他们感动的瞬间，并且学会与人分享，学会承担责任，这难道不是我们要达到的教育目标吗？从小知道感恩的人，还有什么事情能让他们不倍加珍惜这个美好的世界呢？

【培元心语】

重过程、抓细节、重活动、强体验，"培元教育"重在让学生在丰富多样的活动体验中描绘优良人生品德的底色。描绘好学生"优良人生品德的底色"不仅仅是"知识"的传授，更重要的是"体验""行动""感悟"；不仅仅需要"统一"更需要"个性"。

在培元德育活动中，说教固然有其不可替代的作用，但在学生心中扎下根的往往是其自己亲身经历的事，真正有效的德育往往是通过活动来固化的。以"护蛋行动"为载体，通过一天的切身体验，让孩子们真切地感受到了父母养育自己的艰辛，更加珍惜生命。也懂得了做事要细心、有耐心、有毅力才能取得成功，通过反复的感受、体验、理解、领悟，孩子们的感情得到了升华，对爱与被爱的感受，对爱的领悟，对生命的珍惜，都深深地在他们的心里扎下了根。

有人说，教育孩子的过程就是牵着蜗牛散步的过程，一次活动不一定改变一个孩子一生，但是每一次有益的活动都会触动孩子的心灵，促进良好个性和健全人格的形成。如果我们坚持不懈地和孩子一起经历一次次美好，让孩子有一个积极健康、幸福快乐的人生，我们老师和父母也同样会拥有一个幸福快乐的人生。

（施虹）

诚实盒子

"Miss Yuan，有人把我的英语书撕坏了，怎么办呀？"一个性情柔弱的女孩子，断断续续地把这句话讲完了然后在我面前嚎啕大哭。

英语书弄破了对一个一年级的女孩子仿佛就像世界末日来临了。"是谁把你的书本撕破了呢？"我随即问她，"我不知道啊，我就是放在课桌里面，然后上了趟厕所回来拿出书本就发现被人撕坏了。"她抽泣着回答。为了安抚这个小女孩，更是为了杜绝类似事情的再次发生，我必须要把这个"真凶"找出来。

我马上叫来了就近的几个小朋友询问此事，大家的回答如出一辙：我没有撕。做错了事情选择撒谎这是刚入学孩子的本能反应，正如英国教育家洛克说过："撒谎在人群中很常见，要使儿童不看到和不听到别人撒谎是很困难的，所以如不能特别关心，儿童是极易撒谎的。"可见，教育孩子拥有诚实的品质已刻不容缓。

上课伊始，走进教室，我并没有像平时那样先来一番铺天盖地地说教，诸如"做人要诚实"，给孩子灌输诚实的概念。取而代之的是我先给孩子们讲了一个北宋时期著名文学家晏殊的故事，一听要讲故事，孩子们个个都喜出望外，分外认真。

"晏殊小时候便有神童之誉。一次，皇上让他参加御前考试，拿到考题后，他马上请求皇上另出新题，并老老实实地禀报：'这个题目，我十天前正好练习过，草稿还存在家里，为考出真才实学，请为我出道新试题。'……"

讲完故事，我随即向孩子们提问孩子们从这个故事中学到了什么？小朋友们个个举起小手争相回答："这个故事告诉我们要诚实。"虽然孩子们嘴上能说，但是那个撕书的小朋友也并没有什么触动，未能站起来承认错误。于是我继续告诉孩子们："今天我们举行一个比赛吧，全班分成两队，一队说一说诚实的好处，另一队说说撒谎的坏处。"待孩子们热烈地讨论之后比赛开始了，我把每队讲的关键词都写在了黑板上。比赛期间我发现了一个活泼好动的男孩子显得分外安静。比赛结束后，我告诉孩子老师会在教室里准备一个诚实盒子，请孩子们把不敢说出来的事悄悄地写下来放进盒子告诉老师。

第二天放学打开盒子的时候，我发现了一张字迹不清的纸条，打开一读果然是那个撕书的"真凶"出现了。那时的我并不恼怒，而是欣慰、感动。男孩子贪玩好动是天性，而掩盖自己的行为撒谎更是出于一种自我保护，并非十恶不赦。通过诚实盒子，孩子们已经学会承认错误，坦然诚实。

一言以蔽之，经常给孩子灌输"诚实"的概念效果可能并不好。由于孩子年龄小，我们必须要把道理具体化、形象化、趣味化，孩子才能接受。所以，我们要善于利用故事，把做诚实人的道理寓于故事之中，利用比赛让孩子自主挖掘诚实撒谎的利弊，明白什么是诚实，什么是虚假和欺骗，应该怎样做，不该怎样做。利用诚实盒子使孩子坦然承认，表达心声。作为老师，切不可急躁、粗暴，甚至施加压力，进行体罚等，这样只会适得其反，造成孩子为了躲避责罚而说谎。

我们必须改变过去说教式、命令式的做法，激发孩子的自主意识和自律意识，让他们学会自我反思、自我约束、自我生成。

【培元心语】

"优良的人生品德底色"是"培元教育"的核心素养目标之一。而树立诚信自古以来是中华民族的传统美德，更是中国人为人处世的基本之道。千百年来，人们追求诚信。诚信之风朴实憨厚、历史悠久。她早已融入了我们民族文化的血液，成为民族文化基因中不可缺少的重要一环。然而，近些年来随着经济环境的变化，人们发现，诚信在消退，拜金等不良倾向在滋长，利益取代了美德，诚信让位于欺诈。这些不良的社会现象也不时侵蚀着洁净的校园，对学生的成长及教育带来了不利的影响，诚信已成为广大学生急需学习的课程。

诚信像三月的春天，把金秋的期望灌入复苏的泥土，它是用一串珍珠串连起来的人格，有效的维护着我们做人的尊严。小学生是民族的未来，中国的希望，要让他们"追求真理做真人，涵养他们一片向真之心。

诚信教育是小学生思想道德建设的重要内容，需要教师巧用教育艺术，抓住契机、及时鼓励并持之以恒地引导学生把诚实守信的品德作为立身之本、交往之道、做人之基，使诚信成为行为准绳，成为实现人生价值的道德基石。

（袁巧维）

动力来自责任

"老师，黄一遥故意用脚勾倒了李璐，李璐在哭。"杨月心急火燎地跑进办公室。这黄一遥怎么回事，上星期因为类似的事刚被批评过，我心中的怒火不由得窜了上来，忙让杨月叫他到办公室来。

好一会儿，黄一遥才让杨月拉着进了办公室，他怯生生地看了我一眼，可怜巴巴的。每回犯了错，他总这样，见惯了。我也默默地看了他一眼，调整了自己的心情，耐着性子问："黄一遥，你为什么把李璐绊倒呢？"我等着他主动承认错误。他眨巴了一下眼睛，回答："我是不小心的，我把脚伸出去时，李璐刚好走过，便绊倒了。"他"义正词严"地把责任推得一干二净，我心里明白，这孩子又在撒谎了。"你说的是不是实话，得等警察叔叔来了才能调查出来。"说着，我拿出电话作假意做电话状。孩子毕竟才二年级，心灵还是天真的，听我这么一说，他急了，赶忙如实说出真相："刚才我说错了，我是故意绊倒她的，觉得很好玩。"天哪，这孩子竟然以此为乐，把自己的快乐建立在别人的痛苦之上，置别人的疼痛安全于不顾，这孩子真是缺乏责任感，缺少对他人的关爱之心。心中压着的怒火又一次"腾——"地窜了上来。正想发话，班队课的铃声响了。我先让他回了教室。

迈着沉重的步子，我慢慢向教室走去。我觉得原本打算这节课安排的讲故事比赛，有必要改动一下主题了。缺乏责任感，缺少对别人的关爱是现在独生子女的通病，学生中如黄一遥此种情况的事例也屡见不鲜：故意撕破别人的本子，借了别人东西不还，同学间闹矛盾了，究其原因，尽是推卸之词，等等。这虽算不上十恶不赦的大错，却着实让我这个教书育人者不敢懈怠，培养学生的责任心，从小就应抓起，从点滴小事抓起。我加快了步伐，走向教室。

教室里安静极了，缺少了以往那一到讲故事比赛便个个跃跃欲试的气氛，同学们似乎已感觉到班队内容的变动，神情跟我一般严肃，有的孩子还不时地瞅黄一遥一遥。我默默地扫视了一周，意味深长地给他们讲了一个发生在校园里的真实的事。某校某个小朋友出于好玩，正当他同桌要坐位子上时，把人家凳子给抽掉了，同桌一屁股坐在了地上，看到同桌捂着屁股痛苦的样子，他还拍手叫好。可万万没有想到，就因为这个恶作剧，他的同桌永远不能站起来了，不能再像以前一样和同学们一起上体育课了，不能和伙伴玩游戏的他，只能坐在轮椅上……

孩子们目不转睛地看着我，他们的神情中充满了气愤与同情，他们理解故事，能够用他们已有的认知辨别是非。我看到黄一遥狠狠地咬了一下嘴唇，惭愧地低下了头。相信他也被深深地震撼了。好抱不平的吕安按捺不住心中的愤懑，站起来激动地说："刚才黄一遥就像那个搞恶作剧的同学，太不像话了！"我示意吕安坐下，接着说："一个小小的玩笑，却造成了人家一辈子的痛苦，而自己也会一辈子受到良心的谴责，给自己，给家人和他人带来了麻烦。同学们，当我们在与别人开玩笑时，我们要考虑考虑后果呀，不要因为自己一时的快乐而造成不可挽回的结局。我们要为自己的安全负责，也要为别人的安全负责。老师相信，黄一遥已经知错了，以后也不会再这样了。有过类似行为的同学也会以此为戒了。"同学们都大声回答："是！"我想，用孩子们身边的事例对他们进行教育，会比简单的训斥深刻得多，孩子们也愿意接受。

【培元心语】

"优良人生品德的底色的描绘"是确保孩子今后发展的根基性的素养。构建生命成长的德育奠基工程，培养学生的责任担当意识是必不可少的重要一环。责任感是人们对自己的言行带来的社会价值进行自我判断后产生的情感体验。责任感的培养既是少年儿童健全人格过程中必不可少的一部分，也为孩子身心的健康发展提供了动力和保障。但是，儿童做事往往更多地重视行为过程本身，而不太重视行为的结果。因此，要培养孩子的责任感，必须让他们养成对自己的行为结果负责的习惯。

个人的责任感不是说一说、谈一谈就能培养起来的，这需要长期的培养。同时，责任感的培养需要相应的能力和情感，而且必须在一定情境中通过亲身的活动来进行。作为教师要培养孩子责任感，应该从日常生活小事抓起，循序渐进，由近及远，从具体到抽象，使孩子的责任感逐步成为孩子成长的动力和自我约束的动力，让孩子对做事负责任，对社会、对国家、对家人、对朋友、对他人负责任，养成良好的习惯，从而成为一个有责任心的人，一个人格健全的人。

（周红）

经典的育人魅力

"老师，他用拳头砸我，还用笔戳我，呜呜——"许小月一脸的梨花带雨。

"他骂我！"陆小远紧握拳头，脸涨得通红，看起来有点情绪失控了。

看着眼前这两个小家伙，我知道我无法继续批改作业了，必须得先调解，否则会影响他们一天的学习。许小月的手被戳到了，在身体的受伤程度上她严重一点，所以我先安慰起了许小月，"手被戳了？伤势怎么样？"

看老师先关心自己，许小月的抽搐轻了一点，小声说："还好，就是还有一点疼。"

确实还好，我看了一下，中指背上只是一点红印，继续安慰，"幸亏是还好，否则细皮嫩肉的小姑娘，还真是不好。不过，许小月是个坚强的女孩，这么一点小伤一定可以忽略不计，对吧？能告诉老师陆小远为什么要打你吗？"

"这节是数学课，郝老师发下一张练习纸，可是陆小远却在做科学作业，我叫他别做，他偏要做，还用拳头砸我，用笔戳我！"许小月说得义愤填膺。

我把头转向陆小远，也用温和的语气说道："她说得对吗？你能不能也把事情的经过讲一遍给老师听呢？你也可以把你的委屈告诉老师，我会认真地听着。"

陆小远也气呼呼地为自己分辩道："郝老师发下的数学作业我早就做完了，我不想浪费时间就开始做科学作业了。她多管闲事，还不停地骂我。"

此时，我心中也明白了个大概，两个孩子出发点都不坏，但就是受不了别人的一点误会与指责。往常，我都是明确判断出对错，再晓之以理。不过今天我打算换一种教育方式。

于是我拉过两人的手，亲切地说："孩子们，老师听明白了，也许你们之间存在着误会，老师不作出判断，你们自己分析。现在咱们来背一背之前学过的一些经典诗文好吗？"

"《朱子家训》里边说道：家门和顺，虽饔飧不继——"，我起了个头，陆小远与许小月马上接着背道：'虽饔飧不继，亦有余欢；国课早完，即囊橐无余，自得至乐。"

就这样，我们师生三个开始了轻松地读书之旅：

"倾听发言，安知非"——"人之谮诉，当忍耐三思；因事相争，安知非我之不是，须平心暗想。施惠勿念，受恩莫忘。凡事当留余地，得意不宜再往。"

"孔子说过，不患人之"——"不己知，患不知人也"

"朝闻道"——"夕死可矣"

"放于利而行"——"多怨"

"德不孤——""必有邻"

"见贤思齐焉——""见不贤而内自省也"

"晏平仲"——"善与人交，久而敬之"

"《弟子规》有云：兄道友，弟道恭——""兄弟睦，孝在中。财物轻，怨何生？言语忍，忿自泯。"

"还要继续读吗？"我看看陆小远问道，因为从平时的表现看陆小远更像君子。

"不用继续了，老师，我错了。"陆小远没有辜负我，果断地承认起错误，还向许小月鞠了一躬，说，"许小月，对不起，我不该用拳头敲你的手，还不小心戳到你的手。"

许小月见对方道歉，天大的委屈也消失不见了，连忙说："没关系，手已经不疼了。"

我宽慰地点了点头，说：'一个能反思自己，一个能宽以待人，很好，孺子可教也。你们果然是有着五百年的缘分，才能成为前后桌的同学。我想对这件事你们一定还有很多话想对对方说，对吗？"

听了这话，他们两人又开始互相道起歉来，不断地数落自己的不是，我欣慰地笑了。不过，过分自责就不好了，我及时阻止："好了，孩子，你们两个都是能见其过而能内自讼者也，是真君子也。还没下课，赶快去上数学课吧。"

两个孩子笑眯眯的，手牵手走了，而我也更加坚定了在班级中开展整篇整本的经典诵读教学的决心。

【培元心语】

培元教育是固本培元的教育，它重在培养学生人生发展所需要的元气。"优良人生品德的底色"是学生必不可少的元气之一。只要学生的"优良人生品德的底色"犹在，无论今后经历什么风浪，他们都会有强大的发展动力，正确的前进方向。让学生具有仁爱之心，学会善待他人，是学生人生发展需要走出的第一步，也是他们打好良好品德的基础。

孔子曰："君子博学于文，约之以礼，亦可以弗畔矣夫。"所以广博学习古代现代的经典文献，在与圣人的对话中，受到圣人的鼓舞与慰藉，那些蕴藏在孩子心里的好品质会被自然激发，再以秩序制度来约束自己，就会让学生成为充满慈爱之心、满怀爱意的人；成为大智慧、人格魅力、善良的人。

尊重关注每一个，多元发展每一个，好习惯滋润每一个，对"每一个"的教育教学的理想境界是为每一位孩子提供适合的教育，让学生在校园里快乐地成长。细雨润物无声，实为造化；武士踏水无痕，堪称神奇。而经典的诵读无形渗透着德育教育，达到无声、无痕，没有说教，却以优美的语言及动人的故事走进学生心灵，更显着育人魅力。

（童冬芬）

没有批评胜批评

放学了，小宁一脸愤怒地来向我诉苦："屠老师，小钟用被水打湿了的橡皮把我的作文本擦破了。"

刚好，小钟过来了，我就立马问他："小钟，你刚才用湿了的橡皮把小宁的作文本擦破了吗？""没有！是小程擦破的！"小钟撅着嘴，苦着脸，斜视着我说。

小宁迅速翻到有个破洞的那一页，理直气壮地说："还说没有，这难道不是你擦破的吗？"周围的同学一致说是小钟擦破的。这下他又闹上了，"我说不是我擦破的，就不是我擦破的！你们这些大坏蛋！胡说八道！……"天哪，看来小钟的倔脾气又上来了！这孩子就是这样，自我保护意识特别强，每次就是错，也一定要错到底，死不承认！

怎么办？还是先把他叫出教室来吧。我问他到底是不是他擦破的？只见他朝教室望了一眼，眼带泪花，还坚定地说："没有！"

这件事又这么让他抵赖过去了吗？我耐住性子，故作无奈地说："你这个小朋友也真是的！"话还没说完，他马上说："我不是小朋友，我两个弟弟才是小朋友。""对哦，你经已是哥哥了。作为哥哥，应该给弟弟树立榜样。如果错了就要有勇气承认。我想爸爸妈妈也希望你成为一个有担当的孩子。"我借机引导他。

孩子的脸，六月的天，说变就变。这孩子竟呵呵呵地笑了起来。他抓着后脑勺，滔滔不绝起来："我妈妈真的说过吗？我妈妈每天晚上总是睡不着。每天跟我说，小钟，你在学校一定要好好学习，听老师的话，否则妈妈晚上会因此睡不着的！"我拍拍他的肩膀说："真的！你应该乖一点，该收敛一下你的倔脾气了，这样妈妈高兴了，就不会睡不着了。"他越说越来劲："老师你知道吗？我两个弟弟的名字里分别有'桦'和'仁'两个字，爸爸的名字里有一个'明'字，我妈妈说她还要生三个女儿，让她们的名字里带上'共和国'三个字，那么我们一家人就是'中华人民共和国'"我被逗乐了，这娃笑得更开心！

此时，这娃完全没有了刚才的那股"倔劲"。我又心平气和地对他说："小钟，人总是会犯错误的。而犯错误本身并不可怕，可怕的是失去了正视错误、承认错误的勇气，可怕的是为了维护自身的脸面，将错就错，黑白颠倒。如果你把小宁的作文本擦破了，能诚心诚意地向小宁道个歉，小宁也会原谅你的！这样吧，我把小宁叫出来。我在旁边看着，你到底有没有勇气道歉？"小钟若有所思，默不作声。

小宁从教室里出来了。小钟瞟了一眼小宁，快速地说了声对不起，又撅着嘴看了看我。我笑了，"小钟，你既然有勇气说对不起，就好好说嘛！"此时，小钟的脸红了，犹豫了一下，小声地说："对不起，我只是想试试湿橡皮是否能擦得更干净？不是故意把你的作文本擦破的。"扑哧一声，小宁笑了："没关系！湿橡皮怎么擦得干净！""那小钟你明天赔小宁一本作文本吧！""不用了屠老师，他也不是故意的！"再看小钟，眼睛睁得大大的，开心地连声说谢谢。

看似一场僵局，却在一片欢笑中化解了。

【培元心语】

"培元教育"是"固本培元，因性育人"的教育。"培元教育"引领下的德育工程，坚持发挥全体导师的工作能动性、创造性、艺术性，积极推进"突出自我教育、突出活动育人"的德育方式改革，从固化走向动态，从外控走向内生，从笼统整体走向具体个人，着力让每个孩子都能受到关爱，真正把德育做到学生的心里去。

一说到批评，有人认为似乎只有声色俱厉，才显得威严而有力。事实上，很多时候这种批评并没有收到预期的效果，有时甚至适得其反。细雨润物无声，实为造化；武士踏水无痕，堪称神奇。批评当顺其自然，利用本性，达到无声、无痕，走进学生心灵，做学生的朋友，是许多老师的美好愿望，也是教育工作者追求的最高境界。因此，教师应该善于观察与探究学生的个性特点，谨慎地接触他们的心灵，利用一切可以利用的时间、机会倾听学生的心声，听听他们的想法，注重他们的情感变化。教师要冷静地分析和思考，遵循学生的心理发展规律，针对不同情况，巧妙地处理，同时及时给予鼓励与关爱。

"感人心者，莫先乎情。"让我们走进学生的心灵世界，去倾听，去同感，去回应；让我们学校的每一个学生都能感受尊重，得到理解，享受心灵的阳光，沐浴着"培元教育"的阳光雨露茁壮成长。

（屠姬娜）

梦想缔造无限可能

　　每年的六一儿童节，除了学校统一的游园大狂欢活动，还有班级的文艺演出，这也是让孩子们充满期待的。自己报名，自己分配角色任务，自己彩排，自己统一服装，自己主持……从一年级开始，小不点们都自编自导自演，好不热闹！

　　今年是第三年，是时候来点不一样的了。在文艺演出活动的尾声，我向孩子们倡议：每个同学写下自己下一学年的梦想，通过抽签，一些同学会成为另一些同学的梦想大使，帮助他们实现梦想。老师每周也会抽取一个同学的梦想，这个同学不但可以向大家展示自己的梦想，还有机会获得老师的奖励或让老师帮助他实现梦想。一听到这么好的消息，同学们高兴坏了，纷纷写下自己新学年的梦想，郑重其事地放入"让梦想照亮现实"的箱子中，每个人的脸上都洋溢着幸福、喜悦和期待。

我想当一名快递员

第一个抽到的是小方，一个瘦小的男孩子，但眼睛很大，透着一股机灵。"我的梦想是当一名快递员……"还没说完，同学们就忍不住捂嘴笑起来，"……哎呀，我想当老师的快递员，专门帮老师拿东西。"小方挠挠头，略显害羞地解释着。我一开始很意外，但马上就被内心涌起的一股暖流包围了。"这就是小方啊，他平时就是一个积极热心的孩子。哪个同学忘记带橡皮了，小方总是第一个递上自己的橡皮，哪个老师把书或笔落在办公室了，小方总是第一个跑出教室帮老师去拿……谢谢你，小方！"我一边说，一边热切地向小方竖起大拇指，教室随即响起了一阵热烈的掌声。

小方的理想是如此真诚和朴实，不止小方，其实还有好多像他一样的孩子都喜欢给老师当小帮手，可在家却是谁都使唤不动的"小公主""小王子"。于是我接着说："王老师心里知道，同学们都特别爱老师，所以都很愿意帮老师的忙，那你们一定也愿意给最爱你们的爸爸妈妈当快递员吧？""愿意——"一只只小手都举得高高的，目光坚定地大喊着，我知道，他们是发自内心的。

一个梦想最重要的是够不够"远大"吗？当然不是。一个孩子能够把感受爱、回报爱当作一个梦想来实现，这不正是让所有人都值得尊敬的吗？

我想拿一次班牌

小依是个腼腆害羞的女孩，两角辫、齐刘海，两只眼睛总是藏在刘海下，生怕被人看到似的。报到小依的名字，知道要读自己的梦想了，小依激动地拿手捂住自己的嘴，小脸红红的，愣在自己的座位上。"小依！小依！小依……"同学们开始起哄，确认了老师叫的是自己的名字，小依这才欢呼着跑跳到讲台边，"我想在放学时候拿一次班牌，带领着队伍走出校门。"说完就跑回了自己的座位。

当天下午，小依就实现了自己的梦想。她双手持着班牌，微笑、响亮地整理队伍：稍息——立正——。只见站在两列队伍最前面的小依，两条辫子一甩一甩的，她的每一步都迈得那样有力、那样坚定、那样庄重，仿佛这条已经走了"N回"的熟悉的校园小径已经变成了铺上红毯的星光大道，让她肩负使命、倍感珍惜。

"王老师再见！"小依把班牌交还给我的时候，我终于看清楚了她刘海遮盖下的眼睛，清澈、透亮、闪着自信的光芒。教育是播种梦想的事业。作为一名教师，我很高兴看到学生脸上洋溢的欢笑，那是学生心中梦想的种子在生根、在发芽、在开花……

【培元心语】

描绘学生"优良的人生品德底色"是培元教育核心元素养之一，学会仁爱，懂得感恩，敢于展现是学生健全人格的重要组成部分。梦想寄托着人们对未来的憧憬与向往，唤起个人执着追求。梦想是人生最甜美的记忆：因其真实地来自个人不受干扰的内心而甜；因其朴素地生根于自己内心的渴望而美。梦想的力量总在悄然间发生，让学生向真、向善、向美，这和润物细无声的培元教育异曲同工。

每个成功的人都有近期的目标和等待将来完成的远大理想，拥有了梦想，就拥有了前进的动力，也拥有了成功的方向。尽管梦想实现的路上可能有困难、有嘲笑，可能会摔倒、会失败，但我们追寻梦想的脚步，永远不会停歇。因为有了梦想，就好比树儿扎了根，不断努力地向上生长。

作为一名教师，我们要在教育教学活动中抓住契机，无痕地让学生拥有梦想，小心地呵护学生的梦想，并为每一个学生梦想的实现提供无条件的支持，尽力帮助孩子把追求梦想的过程与道德养成、知识内化、潜能开发的过程结合起来，这是一种教育智慧，也是培元教育理念下"尊重关注每一个，多元发展每一个，好习惯滋润每一个"的真实体现。

（王飞）

让尊重浸润成长

那是一个初夏的上午，第三节课是我的语文课。课进行到一半，我正带领着孩子们兴致勃勃地进入下一个学习环节。小林，一个自控能力欠佳的小男生，他的课本却仍然停留在前一页，手里还拨弄着一支自动铅笔。

唉，这个小家伙常常在上课期间摸东西或者做小动作，开小差倒成习惯了！不给点教训可不行啊！我不动声色地接近他，还没等到注意到，就一把伸手夺过了他手中的自动铅笔。接着，我又悄悄地走回讲台，把笔扔在讲台上！再瞟了他一眼，他脸色红红的，正拿起书本认真地看着。

下课后，我示意他过来，在几句责备、几句劝告后，把自动铅笔还给了他。我整理好书本刚要离开，有学生大声报告："老师，小林哭了！"我猛地看了看，难道是我今天的话触动了他的心灵？不像，因为我从没见过他这般伤心的模样！

走过去看，他还是在拨弄着那支自动笔。

"怎么了？"我轻轻地问。

"自动铅笔的前面坏了，里面的笔芯不出来。"小林哭丧着脸。

我拿过来一看，果然是笔头部分的塑料破了。细细一想，应该是刚才我扔到讲台上的那一刻摔坏的。真不该那样扔！

"我妈妈星期天买给我的，说不能弄坏了，要不然挨打！"小林嘟着小嘴，两行眼泪顺着脸颊流下来。

"那你妈妈在哪儿买的？"我接着问道。

"家旁边的小店。"

"哦，那明天再说吧。"我迅速整理思绪，决定买一支同样的笔，赔给他。身教重于言教！我应该给孩子们做出一个表率。

晚上，我吃完晚饭，到商店看文具柜自动铅笔的品种。真好，这个商店里也有那种自动笔。问好价钱，付款，取货。

第二天到了学校，我耐心坐在教室里等着小林来上学。等看到他背着书包慢悠悠走进教室，我忙把他叫过来。

"昨天的那支坏笔呢？拿给我。"我迫不及待地对小林说。

已经到校的孩子们疑惑地看着我，我微笑着伸出手给他们瞧。

一个孩子惊奇地说："小林，这不就是你的自动铅笔啊！"

另一个孩子反驳道："不是的，这是一支和小林的一样的新的自动铅笔！"

小林翻出自己的那支被摔坏的自动铅笔。

我接过来说："一支换一支，坏的自动铅笔留给我，好的是你的！如果下次课上你不听讲，把好的自动铅笔还换过来，这支坏笔还留给你，行不行？"

孩子使劲地点点头，脸上露出了甜甜的笑容，我也笑了，周围的孩子都笑了，空气似乎也被感染了。

师爱在这里流淌着！

正在成长中的小学生，无时无刻不在用自己那双敏感的眼睛观察着教师的一言一行，自觉或不自觉地模仿着教师的一言一行，所以说，教师自身就是一个活生生的教材，对学生具有强烈的示范作用。

【培元心语】

自尊心是一个人品德的基础。若失去了自尊心，一个人的品德就会瓦解。"培元教育"注重学生优良人生品德底色的塑造。对学生进行自尊心的教育和培养是"培元教育"一项重要内容。孩子的自尊心像稚嫩的小苗，一旦受到伤害，会留下难以愈合的伤口，甚至会影响他的一生。因此，作为成年人，特别是教师应保护孩子的自尊心，并注意培养孩子的自尊心。

苏联著名的教育家苏霍姆林斯基认为：学生"刻苦顽强地用功学习的最

强大的力量,是对自己的信心和自尊感。"在"培元教育"的指引下,"以平等的态度去尊重孩子"这一观点是从把孩子作为一个独立个体出发的。每个孩子从不同的家庭中来,家庭成长背景和生活经验的差异,教师应该认识到这些差异是正常的,并且充分重视和尊重孩子个体差异,平等的对待每一名孩子,重视与孩子的情感交流,经常站在孩子的角度思考问题,要尊重孩子,抓住学习的契机建立合作探究式的师生互动,师生互动应建立在尊重学生的基础上,孩子尊重需要得到满足。尊重孩子的个体差异特别要重视孩子个别情感交流。

激发和培养学生的自尊心,既能增强学生自我约束力,调动其自身向上的因素,又融洽了师生关系,有利于一个团结向上的班集体的形成,更有利于学生心理品质的自我完善。我们只要通过各种方法,使学生充分施展自己的长处,就会使其健康地发展自己的人格。我们只要善于抓住契机,就能促进学生的转化,使他们形成较强的自尊心。

(庄天能)

善就在举手一挥间

　　"老师，应小言吐了！桌子上，地面上到处都是！"几个孩子着急地跑进办公室。我急忙起身，走进教室，看到了预想中的一幕：应小言面色苍白，无助地看着眼前的一切，周围的同学捂着鼻子，露出嫌弃的表情。说实话，此刻，我的心揪了起来，看着那些说着"臭死了"的同学，看着那些故意将身子远离的同学，我想，应小言此时该有多难受，不单是身体上的，更是内心深处的。可是，我能责怪周围的孩子吗？他们只是做出了最真实的反应，只是我还未激发出蕴藏在他们心灵深处的极为珍贵的东西。

　　我急忙走向小言，把她扶起来，找了两个女生先陪她去厕所洗漱整理。然后我开始处理桌子上和地面上的那些呕吐物。我拿着纸巾、拖把、扫把等工具，默默地擦拭着，周围的孩子依然捂着鼻子站立着，谁也不想靠近。我没有说一个字，教室里格外安静，只有我收拾整理的声音。就这样，过了1分钟，2分钟……终于，有个孩子走近我，说："老师，我把这些东西先扔到垃圾房里吧。""好啊，谢谢你。"我微笑着点点头。紧接着，第二个孩子说："老师，我帮您把这块抹布去洗下。"接着，越来越多的孩子提出要帮忙。很快，在大家的共同努力下，教室已然恢复成了原本的模样。此时，两位女生扶着应小言回来了，未等我开口，几个孩子跑上前去，七嘴八舌地问："小言，你现在怎么样了？人还难受吗？""要不要先喝口水，我去给你拿水杯。""我先扶你到座位上吧，我们已经帮你清理干净了。"显然，此时的教室已经不需要我了，应小言在大家的簇拥下回到座位，我看到她脸上原本无助的神情，现在却洋溢着幸福。

第二天批改日记的时候，好几个孩子写到了这件事。应小言也不例外。她在日记中这样写道："今天我身体不舒服，在教室里吐得到处都是，我自己都觉得气味难闻，但是老师和同学们依然热心地帮助我、关心我，他们……虽然我当时身体很难受，但是我却感到很幸福。"她的作文里没有提到同学们捂着鼻子的情形，也没有提到同学们一开始故意离她远远的，她只记住了大家帮助她的情形，她只感受到了同学们的关心，她的心里满是幸福，这多么可爱的孩子！

语文课上，我让应小言读了她的日记，好几位同学立马站起来发言说昨天他们也写到了这件事，大家的脸上洋溢着的都是可爱的笑容，帮助过她的同学更是犹如得到老师的嘉奖一般，显得非常自豪，生怕别人不知道自己出过一份力一样。面对这个难得的教育契机，我对孩子们的行为给予了充分肯定，并语重心长地说道："同学们，人心是块田，你播什么种，它就结什么果，你播下的种是恶，恶就在你心田里生根开花结果，你撒下的种是善，善就在你心田里生根开花结果。所以，每个人想要有一颗善良的心，就必须'勿以善小而不为，勿以恶小而为之'。当你弯腰捡起一片垃圾时，当你在同学困难时伸出援助之手时，当你向别人说一声美好的问候时……善就已经在你心田里生根开花结果了。善其实就在举手一挥间，善其实就在微笑一瞬间。只要我们有善的念头，我们就会成为个善人。善可以给我们带来好运，善可以给我们带来如意，善可以给我们带来平安！善事无处不在，善人无处不有，只要我们心怀善意，就能创造奇迹！"

也许，那时只有我还一直记着最初走进教室看到的情景。但是我想，我已经不必多说了，孩子们感受到了"爱"带给自己的快乐和满足。接受帮助、学会感恩是幸福的；善待他人、给予帮助更是一种无上的光荣。我很高兴，孩子们内心深处极为珍贵的东西，他们自己找到了。

【培元心语】

培元教育是固本培元的教育，它重在培养学生人生发展所需要的元气。"优良人生品德的底色"是学生必不可少的元气之一。只要学生的"优良人生品德的底色"犹在，无论今后经历什么风浪，他们都会有强大的发展动力、正确的前进方向。让学生具有仁爱之心，学会善待他人，是学生人生发展需要走出的第一步，也是他们打好良好品德的基础。

孟子曰："仁者爱人，有礼者敬人。爱人者，人恒爱之；敬人者，人恒敬之。"仁者是充满慈爱之心、满怀爱意的人；仁者是具有大智慧、高尚人格魅力、善良的人。而具有"仁爱之心"则需要每个学生从心底接纳和认可它。

我们坚信，每个孩子的内心都是善良的，有时候他们只是暂未发现自己善良。教师作为教育引领者，让学生发现爱、感受爱是学生品德教育的奠基石。具有仁爱之心绝不是靠说教形成的，只有让学生在实践中真正感受到爱的力量和温暖，那么那些蕴藏心里的善良自然会被激发，随之传染给身边更多的同伴，教师的教育目的也在无形中达成。

（严倩倩）

相守六年的美丽约定

不知从什么时候开始班里的孩子们开始对班级的物品不懂得珍惜，经常会发现一些物品被损坏。虽然看图书前老师也经常强调，但看完图书地上经常会发现几页散落的图书，卫生角的卫生用品也时不时会有一些被损坏。现在的孩子生活条件非常优越，任性地要这要那，可以说在生活上、学习上物品都应有尽有，不太珍惜周围的物品，因为来之太容易，他们根本不会体谅父母挣钱的不易。怎样扭转孩子们的这些坏习惯呢？就从守护一只小小的葫芦开始吧！

"余老师，这是什么啊？那么大的箱子！""别急，别急，等下揭晓！"我笑着安抚着这些心急如焚的孩子们……

"哇，是葫芦！"孩子们发出一阵阵惊呼，看着孩子们欢笑诧异的眼神，我笑着说："是啊，余老师今天准备送每个人一只葫芦，不过呢，我们要来个约定！""什么约定啊，余老师，你赶紧说！"孩子们迫不及待地想要分发葫芦了……

"来，这个给你！""这一只好看的给你！"我边发边观察着孩子们的神情，有的孩子一拿到葫芦，就忍不住摸了起来；有的孩子一见到葫芦，眼睛都亮了，死死顶住这只葫芦，生怕葫芦逃走了；还有的孩子细细打量着这只葫芦……

不一会儿，48只葫芦发完了，我发现孩子们都看着我不吭声，我知道他们肯定等待我的约定了。看着孩子们迫切的眼神，我慢悠悠地打开话匣子："这是一只普通的葫芦，但是又是一只特殊的葫芦。因为这是六年的约定，我和你们之间！""六年？为什么是六年啊？"孩子们更加疑惑了，更加安静了。

　　"因为小学生活是六年，你们将在堇山小学度过学习的六年，在这六年中，你在学习上生活上会遇到各种各样的困难，会有喜怒哀乐的日子，余老师希望你们遇到烦恼，快乐的时候，都能摸一摸这只葫芦，它就像余老师在你的身边。这是一只宝葫芦，是可以倾诉的宝葫芦。六年后，我希望你们身边依然有这只宝葫芦，而且是一只铮亮铮亮的宝葫芦！""余老师，它会被我们摸坏吗？""不会，你越摸它，它越铮亮。就像你告诉余老师的小秘密，我会来帮你！也希望每个同学都有责任心，能好好爱护余老师送你的宝葫芦，让它陪伴你快乐的小学六年！"

　　"好啊，好啊！"同学们纷纷议论起来……有的孩子说，要好好保存，千万不能损坏这只宝葫芦；有的孩子说，要天天摸一摸，好像老师在身边；有的孩子说，这是心肝宝贝，一定要守护好……

　　果不其然，到了晚上，家长们的反馈纷至沓来，"老师，一到家，就让我找盒子，要好好收藏。""老师，今天真奇怪，孩子拿到了这只宝葫芦，就对着宝葫芦讲了半天的话。""老师，孩子对宝葫芦爱不释手，已经摸了一个晚上了！"看着家长们的留言，我笑了，我想孩子们的责任心已经生根发芽了，知道要好好守护老师赠送的礼物……

　　一只只小小的葫芦，被孩子们小心翼翼地带回了家。我知道这下小葫芦让孩子有了倾诉的对象，也有了责任心保护的欲望。

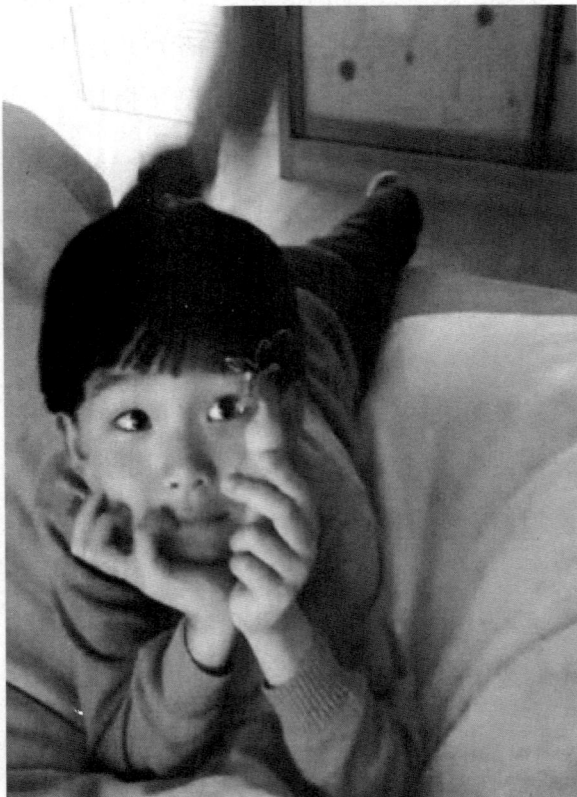

今后的六年时间说长不长，说短不短，他们将会与这只小葫芦朝夕相处、共同成长。我想六年后，当孩子们拿着已经珍藏了六年的宝葫芦，和我一起交流着这六年学习与生活中的缤纷经历，那一定会是非常精彩的……

【培元心语】

"优良人生品德的底色的描绘"是确保孩子今后发展的根基性的素养。责任感是优良人生品德的重要底色，它承载着能力，一个充满责任感的人才有机会充分展现自己的能力，而学会珍惜则是责任感培养的一个重要核心元素，是学生成"人"成'才'的重要条件。

世界上有很多东西都是需要珍惜的。从水到电，从时间到金钱，从一花一草到一叶一木，还有资源、工作、青春等，这些都是我们需要珍惜的。所以，小学阶段起始就应该培养学生珍惜的意识，让学生学会珍惜生命、时间、亲情、友情……

小学生珍惜品质的培养不仅是一种认知活动，同时也是一种情感活动。它要求教师在教育过程中，必须做到以理服人，以情感人，情理交融，感人心灵，让学生在不知不觉中受到教育，使其知、其情、其意、其行在情理交融中实现自我更新、自我完善。一只小小的葫芦，让我和孩子们有了一个相守六年的美丽约定，它承载了将珍惜品质内化为学生自身的修养和能力，促进学生全面健康成长的情感体验，牢牢地把珍惜意识培养的根基置于学生的"生活世界"之中。在今后的日子里，我想孩子们会在保护小葫芦的过程中，慢慢懂得珍惜劳动，让我们勤俭节约，领悟艰辛；珍惜朋友，让我们友满天下，处处温情；珍惜时间，让我们分秒必争，学有所获……

（余敏）

星星之火足以燎原

刚接到刘小俊这个班的时候，我只了解到，俊俊是个学习有障碍的孩子，成绩很不理想，但是他很好学，不懂就问，作业从不拖拉。与他接触了一段时间后，我进一步认识了他——一个不仅爱学习，而且负责、关心班级的孩子。看见地上有纸屑他会主动去捡，看到教室没人打扫，他会主动留下……但是，人非圣贤，孰能无过，俊俊也有缺点，他喜欢吐口水，弄得桌上，本子上都脏兮兮的。这也就成了同学们不喜欢他，甚至厌恶他的主要原因；其次就是俊俊是个学习有障碍的孩子，也就是大家所说的"弱智"，成绩极不理想，所以同学们都不跟他玩，不跟他交流，这让俊俊变得越发自卑和孤独。

"喂！你有没有搞错，干嘛把我的本子和小刘的夹在一起啊！"小吴很是恼火地冲着收作业本的组长大叫，并一把抢回自己的作业本。

"踢给我，快！""踢给我！"这是一群同学拿着小刘的笔袋在当球踢，而小刘先是奋力想抢回自己的笔袋，但毕竟势单力薄，所以只能坐在地上哭。

"干嘛碰我的课桌，你这傻子！"这是小刘不留意碰了某位同学的课桌而遭到的谩骂……

当班干部将这一件件课间发生的令人愤怒的事情告诉我时，我难以控制自己的情绪，很想立刻为小刘打抱不平。可是，孩子毕竟是孩子，光训斥他们，强行压制他们的行为，治标不治本，过不了多久，他们又会恢复原样的！

我该怎样办？如今的孩子这是怎样了？为何会如此冷漠？我该怎样帮小刘呢？为这事，我伤透了脑筋。

一个偶然的机会，在同事的推荐下，我看了一本名叫《一百条裙子》的小说。主人公旺达和小张有着很多共同点。这让我灵机一动，我要把这个故事讲给班里的孩子听，或许他们会有感触，会接纳小刘。

于是，我花了整整两节课的时间，声情并茂地将这个故事讲给孩子们听。当场就有几个孩子小声地抽泣，我明白，这下我成功了！

果真，第二天在孩子们的周记中，我看到了一行行真诚的话语，充满了懊悔和歉意。

"老师，我明白我错了，我不应该取笑小刘，以后我会跟他一起学习、一起游戏，给他更多的关心……"

"老师，谢谢您！您真是用心良苦。我此刻已经深深地认识到自己的错误，我会帮助小刘，让他不再孤独……"

"小刘，对不起！让我们一起努力吧！我相信你的成绩一定会进步的！让我们成为好朋友吧！"

……

看着这些发自肺腑的话语，我的眼角湿润了。

趁热打铁，我又在班里举行了一次名为"相亲相爱的一家人"的主题班会。孩子们透过"寻找小刘的闪光点""我们一起来努力""我们都是好朋友"等活动，变得更加团结，班级凝聚力更强了。

此外，平时只要有空，我就会和小刘一起游戏，教他做题，送他小礼物，或者搭着他的肩与他一起漫步、谈心……我的这些爱心举动不仅仅让小刘感受到了温暖，同时也进一步感化了班里的孩子。

现在，我经常会看到大家和小刘一块儿游戏，或是给他讲解题目，或是主动借给他学习用品，或是放学一起回家这温馨的一幕幕……

【培元心语】

决定孩子一生的不是学习成绩，而是健全的人格修养！这是培元教育的核心理念之一。人格反映的是一个人把握和控制自己情绪、对他人情绪的揣摩和驾驭、承受外界压力的能力，不断激励自己和把握自己心理平衡的能力。它可以决定一个人的生活方式，甚至决定一个人的命运，因而是人生成败的根源之一。培养孩子的优良人生品德的底色，让孩子拥有健全的人格至关重要。

我国著名教育家陶行知先生以前说过："真的教育是心心相印的活动，唯独从心里发出来的，才能打到心的深处。"这句话深深地震撼着我的心灵。它不仅仅体现了先生个人所具有的伟大师爱，也是先生在勉励我们这些"园丁"要"爱满天下"，因为关心和爱护每个学生是教育工作者的天职！

爱，像火种点燃心中的期望；爱，像大树撑起心灵的蓝天；爱，是一种财富，是一种力量，是一种感谢，是一种默默付出。在教育的过程中，教师要用宽容的爱心去对待每一位学生，用广博的胸襟去接纳每一个孩子。在教育的过程中，教师付出了爱，学生才能得到爱。在爱的怀抱中，孩子们才会健康茁壮地成长。

（朱虹）

野玫瑰也有春天

"老师，小轩刚才又发飙了，好像是因为你把那些枯萎的花草扔掉了。"还没走到教室，我就在走廊上听到了我们班学生小袁激动地汇报。

说起小轩，那真的是我们学校里赫赫有名的大人物。从一年级开始，这位同学就表现出了各种与年龄不符的怪异行为。到了现在，同学们和我对他自然有了几分免疫能力。但是突如其来的发飙，还是又让我陷入了烦恼。

跟着小袁同学迅速赶往事发地，这时候的小轩已经没有同学嘴里所谓的发飙，而是坐在栏杆前的台阶上，将头部埋在两腿中间，似乎不让人看到他不高兴的一面，再或者说，难道他也认识到自己发飙引来同学观看后的害羞了？"轩轩，有不开心了，Miss Zhang 知道我们轩轩不开心了，可是我不知道你为啥不开心，要不你跟我说说？"这是我一贯对他的风格，在这个孩子的教育问题上，我只能把他看成一个还未懂事的孩子，用妈妈班的味道去打开他的心扉。"我不告诉你，秘密。"轩轩的头依旧埋在腿里，他的话也总是让我又气又笑。"轩轩有秘密不告诉我，那我以后也不告诉你了。"我故意激将他，我知道这孩子单纯，没心眼，肯定会被我问出个所以来。"那不行，我还是告诉你吧，因为你把花扔了，我不开心，花不可以扔，我每天要浇水的呀。"这次他终于抬起头，把事情描述了一番。

听了这番话，我心里顿时恍然大悟了。是啊，这孩子已经为这些花浇了一年的水了。每天中午吃好饭，回到教室第一件事情就是拿起水壶去灌水，然后浇水。对于他来说，这可能已经是他的一种习惯。况且我经常在班队课上表扬他，做事情很认真，浇花一事天天都能坚持。这让他内心有了一种自豪感。

回想一下，这可能真的是他做过的最让他骄傲的事情了吧。我居然把他引以为豪的事情给中断了，他当然会很伤心。可是，我真的是很无奈，也正是因为他每天都要坚持浇花，我们班的花，即使养是最耐水的绿萝，也总是活不过一年。我想是时候跟他聊一聊了。

"对不起，轩轩，老师没想到，我以为花枯萎了，我就把他扔了。我觉得老师做的让你伤心了，要不你起来，跟着我，我们再想想有什么好的办法。"单纯的孩子跟着我就进了办公室。

他就站在我身边，我真的想不出班级里还有什么事情可以让他做，让他有存在感呢？曾试过让他发本子，可惜他认字的能力不行，总是发不对，后来自己也不好意思，拒绝发本子了。曾试过让他擦黑板，可是他每节课都要擦，而且都是用布擦，还喜欢在黑板槽里灌水。于是，我的脑海里迅速搜索上学期间学生们在班级里做的事情。突然，我的眼前跑过去一个去倒垃圾的孩子的身影。倒垃圾，不行，总是在垃圾房四周转悠，到时候人找不到了怎么办。要不套垃圾袋，现在正在抓垃圾分类，好多值日生都会忘记套垃圾袋，要不让轩轩试试。一想到这个法子，我赶紧跑去教室里搬回来两个垃圾桶和一卷垃圾袋。"轩轩，你看，教室里有两个垃圾桶，可是现在一个垃圾桶需要朋友，就是这个白色的，它的朋友就是这个袋子，你愿不愿意每天帮他套上朋友？"我一边跟他说一边示范他怎么套。他生活能力远远好于学习能力。可是，我只让他套白色的，他把黑色的也套了。我又告诉他，这个黑色的垃圾桶是不可回收垃圾，所以不需要。这孩子虽还不明白，但是他还是照着我的话，后来只套一个。

在后来的所有日子里，我们的轩轩从未忘记过套垃圾袋。垃圾袋没有的时候，他还会来找我要垃圾袋。我经常在班队课上表扬他。也因为从来没有发生过失误，因此我们班的孩子都开始崇拜他了，为他的责任心点赞。

【培元心语】

在"培元教育"的理念下，我们关注孩子五大核心素养的培养，即强大的学习能力，良好的行为习惯，健康的身心素质，出色的阅读社会能力，和优良的人生品德底色。对于大部分孩子而言，这五种核心素养都可以在他们的小学阶段得到一定的培养。

在教育的过程中，我们会碰到形形色色的孩子，聪明的，乖巧的，调皮的，等等。像轩轩这样个体的学困儿童，我们更不能放弃他，更应关注孩子的精神成长，用心培养他们的责任心、仁爱心，用美德浸润孩子纯洁的心灵，为他们最初的生命点染健康、向善的底色，从而获得精神世界的敞亮与舒展，为孩子一生的幸福成长奠基！事实证明，小轩所表现出来的责任心和仁爱心远远高于一小部分学霸。

苏霍姆林斯基说过，教育，就是要唤醒每一个孩子的美好。极小的一个舞台，唤醒了轩轩的美好，也唤醒了我们：野玫瑰也有春天。

（张萍）

一封珍贵的来信

  "徐老师，今天潘老师教我们写书信了，每位同学都给自己的好友、亲戚写了一封信，等下小涵同学帮我们去寄，我们等着收回信喽！"孩子们一个个都很兴奋，脸上都笑开了花。这时，一位同学神秘兮兮地告诉我："徐老师，还有同学给您写信了呢……"

  过了几天，我果然收到了小周同学的来信，每天和小周同学在一起学习、生活，读着他的来信我感到尤为难能可贵，这位内向羞涩的"学霸"虽然语句有些稚嫩，但是却能感受到他对我的满满信任，不禁让我回忆起四年级时发生在班级的一个"卖东西"事件。

  "徐老师，我们班还几个同学在班里卖东西：薯条、口香糖、水晶泥……""小周同学批来5毛钱一包，卖给我们2元、3元……""徐老师，小周同学在卖上网卡，还有同学找他充值打游戏，小史、小川同学也在卖……"

  沉迷网络？这可对班风和学风有很坏的影响……经过调查及个别家长的反映，事情源于小周同学。

  小周同学从一年级开始就是一个懂事乖巧的孩子，在班中成绩也是名列前茅，被同学们喊为学霸。但自从三年级开始由于沉迷于网络，经常晚睡打游戏，上课没有精神，学习成绩也急剧下降，后来由于过于沉迷，为了买装备使在游戏中更得心应手，钻进"钱眼"里去了。他变着法子赚钱：从小卖部批发零食到班级里售卖，从中赚取差价；怂恿同学打游戏，大肆渲染游戏的魅力，把同学约到自己家中，等等。这些手段使同学也同样迷上网络游戏，并向他兜售点卡，有时甚至50元面值的点卡要赚取同学100元；同学向他请教难题，也需要付钱……总之，为了钱他什么方法都会使……

我意识到了问题的严重性，赶紧和小周的父母取得联系，并及时邀请到学校面谈。据孩子妈妈反映：由于低年级时孩子比较懂事，学习能力也很强，父母想培养孩子的独立能力，对孩子的关注日渐减少，尤其是报了电脑编程之后，有时看到孩子在打电脑，就以为他在做编程习题，有时偶尔打游戏也正常，哪知道孩子居然出现了这么严重的问题。父母本以为孩子是闹着玩，可是看到儿子一天天成绩退步，做事也心不在焉，整天一副精神萎靡的样子，他们也开始意识到了问题的严重性，父母是心急如焚。送走了他的妈妈，我赶忙找孩子谈话，可是与他的谈话让我有点震惊：他告诉我父母不怎么关心他，自己在家也很无聊，就想打游戏来玩玩，可是没想到这么好玩，尤其是买了装备，简直太刺激了，他上课、睡觉、做作业时脑海中总是会出现游戏场面，反正父母也不怎么关心他，想故意气他们。这是多么执拗、偏执的一个孩子！面对着一个曾经那么活泼、优秀的孩子，就是与家长的不理解而变成了这样，想起来让任何一个老师都觉得痛心。该如何化解他与父母之间的矛盾呢？解铃还须系铃人，要想彻底改变他，就要从他的父母入手，先建立他与父母基本的沟通再说。

于是，我先去劝阻了妈妈采用打骂来惩罚孩子犯错的方式，其实孩子最初就是想引起父母对自己的关注，想感受到父母的爱，那么就用行动去感染他，毕竟他的心里住着一个"想变优秀的自己"。父母帮孩子一起解决眼前问题，归还赚取的同学钱财，让孩子体会到父母的关爱。同时，不断地要求父母与孩子促膝谈心。每当回忆起以往那个曾经优秀的儿子，妈妈也是兴奋不已。我把一些积极的正能量，以及父母对他的关爱转达给他。

渐渐地，与孩子的几次交流之后，孩子终于认识到自己对父母存在着一些误解，真情地给父母写了一封信，他与父母的误会也渐渐地得以化解。孩子的不良习惯逐渐变少了，也焕发了学习的热情，成绩逐渐进入前列。看着孩子一天天的进步，他的父母也感到莫大的欣慰。

【培元心语】

"培元教育"重在培养学生人生发展所需要的元气。"优良人生品德的底色"是学生必不可少的元气之一。让学生具有仁爱之心，学会善待他人，有正视错误并有改正的勇气，会怀有一颗感恩的心，是学生人生发展需要走出的第一步，也是他们打好良好品德的基础。

每一位孩子都渴望被温柔对待，尤其是当孩子犯了错时，他的心中充满了恐惧，想着会得到怎样的惩罚？会在同学们心目中造成怎样的影响？帮孩子理性分析了事件会造成的严重性，并且帮他一一打消顾虑：得到父母的关心，让父母成为坚强后盾一起解决问题；在班级同学中客观分析问题，及时阻止这样的事件发生，推荐当下有意义的课余生活安排；给孩子一个调整自我，重新努力的机会。被温柔对待的孩子，也会善待他人，会怀有一颗感恩的心，这是孩子人生发展需要走出的第一步，也是他们打好良好品德的基础。

（徐燕燕）

一株茶花的唤醒

"邵老师，你觉得星星花园里，谁的花最漂亮呀？""老师，阳阳的风信子开了，是紫色的，漂亮极了！""我最喜欢熙熙的绿萝了，绿油油的特别健康！"在我担任二年级导师期间，在班级的后方布置了一个"星星花园"，并给了孩子们一个权力——自由带一种最想照顾的小盆栽放在教室后边。

这次，我特意让孩子们自己写好"星星牌"，上面有小主人自己的名字及班级，并且还有小主人的寄语，希望他们可以用心去照顾自己的小花小草。果不其然，孩子们都非常用心地制作了"星星牌"，并且在上面写下了自己对植物的期望和爱护的标语。

班里有一位以自我为中心，从不顾他人感受的"调皮大王"阿哲，在听说这个消息后便兴奋不已，好像想到了某个鬼点子般偷偷乐着。看着他那诡异的神情，我的心里忽然涌现一种不祥的预感，这孩子不会带什么奇奇怪怪的植物带来班级吧？

第二天，怀着忐忑的心情来到学校一看，哗！原本了无生气的柜台上已经摆满了漂亮的花花草草，有风信子、绿萝、文竹、白掌、仙人掌……这不，晓东就为他的文竹在"星星牌"上写下了"请不要随便喂我，谢谢"。雯雯为她的白掌写下了"我不仅叫白掌，还有一个名字叫一帆风顺。"教室一下变得活力满满，大家都围着"星星花园"。

我冲进学生堆中，和大家一起驻足欣赏，讨论谁的花最漂亮，谁的"星星牌"做得最好。这时阿哲捧着他的东西"蹭"地跳到我面前，举起手中的盆子，马上叽叽喳喳地介绍："邵老师！邵老师！这是我的花，你看，漂不漂亮？"我充满好奇地打量了一下他的盆。咦？怎么是一株茶花，这不像是他的作风啊！我问："这是什么花你知道吗？""当然知道，是茶花，你看。"他说着翻过了挂在枝丫上的"星星牌"，秀了下他的大名和小主人寄语。我说："你会好好照顾它吗？现在还是花骨朵儿，如果没有精心的照顾，可开不了花呢。"他紧闭那张小嘴，坚定地点了点头。刹那间，觉得这样的场景像是一位小男子汉在做一个承诺般那样严肃。我突然也从他的脸上看到了一种坚毅！

之后，阿哲变了，天天到校第一件事就是为他的花儿浇水。太阳出来的日子，一下课他就把花儿搬去外面让它也享受到阳光的沐浴。我的天，这孩子什么时候变得这么主动积极了？以前他可从来对周围的事物漠不关心的呢，只知道调皮捣蛋欺负他人。

于是，我把阿哲叫来办公室，问他："你的茶花怎么样了呢？花骨朵要开了吗？"他黯然地摇摇头，我继续说："阿哲，老师这段时间发现你特别关心你的花儿，你可以告诉我这是为什么吗？"他马上说："因为这是我的花，我想看到她开花。"我说："花儿开花，我们用比喻来说就是花儿露出了笑脸对吧？那如果你将花儿摘下来或者是损害它了，它还会露出笑脸吗？"他摇摇头。我继续说道："花儿和我们的小朋友一样，都是班级大花园里的花朵，如果你为了自己的好处去伤害其他的小朋友，他们会露出笑脸吗？那大花园还会美丽吗？"他怔了很久，抬起头来告诉我："邵老师，我明白了，我答应你以后不会再欺负小朋友了。我会像照顾茶花一样，照顾班里的同学。"之后我们还拉了勾做好保证。

果然，从这以后，他欺负人的事件明显减少了。另外，让他担任分发牛奶的负责人，竟然也管理得井井有条，还自备了小本子做记录。同学们经常来跟我报告阿哲帮助人的好事，他妈妈也反馈他将自己不看的图书都整理好捐往山区。看到他的改变，我无比欣慰。

小小一株茶花，竟然有如此大的魔力，它使一个孩子萌发了善良的心灵之花。

【培元心语】

"培元教育"是基于对儿童的热爱尊重和可持续发展、基于对传统教育的深入反思和实践而产生的教育。"优良的人生品德底色"是人生发展所需元气的重要一块。学生如果具备"优良的人生品德底色",将会为今后的人生打下坚实的基础。如何培养学生善待他人,关心他人,拥有爱心,就需要教育者的循循善诱、谆谆教导。

一个心地善良,从小富有善心的人,他一定是一位爱真、爱善、爱美的人,既是有利于他人的人,同时也是自尊、自爱、自信、自强的人。这样的人,正是教师、家长们所期望的,也是社会所需要的。

当前,许多独生子女,以自我为中心,不擅长关心他人,常常做事不顾后果,但这也不代表"孺子不可教"。因为每一位孩子的内心都是善良柔软的,只需一个契机,就可以唤醒他们。我们作为教育者,就要耐心引导孩子去发现他们的内心深处最柔软的地方,去感受这一种善良仁爱所带来的温暖。

（邵琪俐）

送人玫瑰的温情

"同学们，明天就是六一节了，Cosplay 水浒传人物的服饰，你们都准备好了吗？"我走进教室，大声问道。

"准备好了！"同学们齐声回答。

"老师，小婷没有准备过。"坐在小婷旁边的小泽站起来说。我发现小婷正低着头，抿着嘴，非常难过的样子。

"这个衣服淘宝网上很多的。"

"你快点叫你爷爷买呀！"

"今天买也来不及了！"

……

同学们七嘴八舌地炸开了锅。小婷的头更低了，脸已绯红，身体开始轻微地抽动起来，我知道她肯定是伤心地哭了。

小婷是我们班上离异家庭的孩子，她的生活学习都是爷爷奶奶照顾的，爸爸几乎不管。我把小婷叫过来问清了原因，爷爷年纪大了，不会网上购物，爸爸已经好几天没有回家了，说着说着，她嚎啕大哭起来。我看着孩子，真的是让人觉得心酸。怎么办呢？我扫视一下全班同学，说："同学们，让我们帮帮小婷好吗？"同学们静静地看着我，不知所措。

这时，乐乐从座位上站起来，走到了我身边，说："老师，我有办法？"我示意乐乐不要在教室里说，我们一起来到了办公室。乐乐继续说："妈妈给我买了两套衣服，其中一套准备退回去。要不，我和妈妈说一下，让她不要退了，那套给小婷吧。"多么暖心的男孩，真是解了燃眉之急了，我兴奋地说：

"好呀！但是我们一定要保密，明天早上给她一个惊喜好吗？"乐乐兴奋地答应了，并借用我的手机，联系了他的妈妈，妈妈听后欣然同意，并提出衣服送给小婷了。

回到教室，我告诉大家："同学们，老师已经和乐乐想好了解决的方法，大家不用操心了。"又对小婷说："小婷，你也放心吧！明天照常来学校就行了。"小婷抬起头，饱含泪水的双眸顿时明亮起来，轻声说了声谢谢。小婷和乐乐的脸上都洋溢着快乐的微笑，小婷的快乐来自于同学的帮助，乐乐的快乐则更多的来自于"赠人玫瑰，手有余香"。

第二天一早，同学们都穿上了 Cosplay 人物服饰，整个校园成了欢乐的海洋。小婷穿着校服，嘟着小嘴，垂头丧气地趴在桌上。当我把一套衣服交到小婷的手上时，她先是一脸诧异，随之而来的是惊喜，我示意她赶紧去办公室换上吧，几个女孩子簇拥着她去了办公室。其他同学马上围住我，七嘴八舌问起来："老师，这套衣服是你买的吗？""这么短的时间，怎么送到的呢？"我卖了个关子，笑着鼓励同学们赶紧去玩吧。看到同学们一张张快乐幸福的笑脸，我的心醉了。

活动结束后，同学们意犹未尽地回到教室。此时，我问："同学们，这个'六一'你们开心吗？小婷你开心吗？"大家异口同声地回答："开心！""那么，你知道这套衣服是哪儿来的吗？"大家顿时哑口无声了。我继续说："小婷，你要特别感谢乐乐，是他把多买的一套衣服送给了你。你的快乐离不开他的帮助。"小婷立即郑重地向乐乐表达了谢意。

"同学们，从这件小小的事情中，让我们感受到了乐乐的善良及对同学的关心，让我们给乐乐送上热烈的掌声吧！"教室里立刻响起雷鸣般的掌声，每个同学都向乐乐投去赞叹的目光。我相信，今后同学之间的友谊之花将会开得更盛更艳。

[培元心语]

塑造善良、纯洁、高尚的心灵，描绘学生优良人生品德的底色，是培元教育的重要目标之一。儿童时期是人生的起步阶段，道德品质、人格理想、世界观、人生观尚未成型，从小在孩子的心灵中撒下爱心的种子，培养一颗善良的同情心，长大后才能有仁慈的品质，成为富有道德情感的正直的公民，也只有尽早地对孩子实施爱心教育，才能取得事半功倍的效果。

雅斯贝尔斯说："真正的教育是用一棵树去摇动另一棵树，用一朵云去推动另一朵云，用一个灵魂去唤醒另一个灵魂。"教师良好的道德修养将会潜移默化地影响、陶冶学生的心灵，起到润物细无声的作用。教师要真心的关爱学生，尤其是遇到困难的学生，教师要像爱自己的孩子那样的呵护、帮助学生，使学生感受到爱心无处不在。

善在我们的生活中无处不在，只是我们容易忽视。勿以善小而不为，我们身边点点滴滴的小事，都可以成就一个又一个的善举。小小的善举，举手之劳，并不需要我们付出很多，却能换来很多美好。学会为社会做点事，为他人做点事，为自己做点事，美好的生活是会在大家的不经意间创造的，是会在持之以恒中得到延伸的。赠人玫瑰，手有余香，当世界充满爱时，那我们每一个人也都会得到幸福的分享。

（崔益雯）

周记中的"爱与不爱"

课间，朱小彬跑来问我："老师，你是不是对我偏心？"

"你说的这个偏心，是偏好还是偏坏？"

"当然是偏好。"

"为什么要这么问呢？"我很奇怪。

最近，我和这个孩子有些别扭。前几天，他在语文课上大声地发出一些奇怪的声音，在引起同学和老师的注意后，咯咯地笑个不停。在接二连三的口头警告无效后，我没能克制住怒火，为了不影响上课，一把将他揪给了首导。

不久，他的周记上赫然写着："应老师态度太差了，有这样对自己的学生的吗？她看人的眼神总是高高在上，动不动就把我们交给王老师处理！我越来越讨厌她了！"

看到周记中描述的我，生气、失望、难过、痛苦、焦虑五味杂陈，心里像煎着一副中药。冷静冷静，我有权不批改这篇认识不深、有辱师尊的周记。但是这个敏感、多思，在学习上极度不自信的男孩，一定会产生更大的不满。这件事就像他心上的一个新疤，如果不及时疗愈，会不断侵蚀他的内心。

第二天的作文课上，我分享了朱小彬的周记，我应该将一个真实而赤裸的自己展现在孩子们面前。我鼓起勇气对着全班孩子说道："昨天的事，老师先要就自己的脾气向朱宏彬同学道歉。你的文章情真意切，很有力度，作为当事人之一，老师不好发表评论，我想先请你自己试着批改，下节课我们再邀请同学来修改。"他的眼里闪出一道别样的光芒，我读出了一丝意外和惊喜。

很快我就收到了他修改后的周记，他的想法有了稍许松动："作文课上，听到老师对我的肯定，着实有些意外，本来应该高兴的，可是我的心里像是被一块石头压着，怎么也高兴不起来，但应老师的态度还是不对的！"字里行间我看到了一个在成长中摇摆而不断走向澄澈的心灵，看来我们的冤家关系有了一些改变。

第二次的作文修改课上，我就这件事请孩子们写一篇评论性的文章。

课后，我悄悄地让朱小彬来办公室，来看看同学们的文章。忽然间，他扬起白净的小脸，天真地问我："老师，你是不是对我特别偏心？"

我反问道："你觉得老师对你偏心吗？"

"没有啊，可是同学们都这样说，我就想问问你。"

"你知道吗？这要看你怎样看待老师了，我对你严格要求，你却觉得是我对你不好，老师的好心就变成了坏心；如果你认为老师严厉是应该的，是为自己好，那坏心也变成了好心。"

"那你到底对我好还是不好呢？班长的作文里批评我不该上课挑衅老师，不仅自己学不到知识，还影响同学。还有还有，连最受你们偏心的周楠都说你老是特意走到我边上帮我指出作业上的问题，还老是提醒我及时完成作业……"

他打开了话匣子，这个一直认为自己得不到重视而故意上课制造麻烦的小毛孩正处于心理的矛盾期，现在一下子这么多同学都说老师对他宽容、理解和偏爱，想必一时难以接受，才会到我地方不断求证。

我微微一笑，不置可否，不仅仅为他，更为班级的孩子们能够在批判中保有对是非的理性判断。

【培元心语】

做人必须有一把良知的标尺——正确的是非观。我们在生活中做许多事情都离不开价值判断，都要讲一个好坏是非。因此，如何分辨善恶是非，就是做人的首要问题。学生优良人生品德底色的孕育需要培养他们能够对自己的言行与社会的价值进行自我判断并自我规范。是非观的培养既是少年儿童健全人格必不可少的一部分，也为孩子身心的健康发展提供了动力和保障。

为即将步入青春期的孩子们创造一方发现自己、审视自己、发展自己的天地，是我开展周记分享的初衷。这个认为老师对自己不重视的孩子，用上课捣乱、周记发泄这样的方式表达着自己的不满。在周记分享课上，如果让同学们大声评论或者老师直接批评是不能起到"润物细无声"的教育目的的，反而引起他的反感。因此，为他创造一个安静而安全的空间，细细品读同学们对这件事的看法，又对他的提问进行引导，可以让他意识到要从不同的角度看待问题，深刻领悟不能戴着有色眼镜看待事物，而班级的其他孩子也会从中审视自己的是非观。

是非观的培养需要相应的能力和情感，而且必须在一定情境中通过亲身的活动来进行。因此需要我们教师抓住机会，及时让学生在真实的情境中进行合作式、辩论式的价值观判断。

（应柿红）

2

良好行为习惯孕育篇

"21"，只是个起点

在我的班级里有个孩子叫牛牛：他古灵精怪，主意颇多；他聪明过人，却不喜欢恪守班级常规。面对这样一个棱角分明的孩子，我想仅凭教师的满腔热情肯定是不足以让其改变的。于是我的"21天变奏计划"应运而生。

"21 天到校计划"

牛牛家离学校并不远，但是每天早上值日班长反馈"晨间到校情况"时，牛牛的大名似乎总是在"迟到虫"一栏。根据牛牛家长反映，孩子的迟到多半源于"不能准时起床"和"动作磨蹭"。良好的学习习惯始于良好的生活作息。我决定先从帮助牛牛养成良好的作息习惯和正确的时间观念做起。

一天放学后，我把牛牛约到了办公室。我先从闲聊家常说起，慢慢切入核心："现在班级里有很多同学的时间观念不是很清晰。牛牛你这么聪明，你倒是来说说我们平时上学期间什么时候上床睡觉和起床会比较好呢？"听我这么一夸，牛牛思考片刻后便眉飞色舞地说了起来。而我则负责把牛牛说的一一记录下来。在我的引导下一份"牛牛专利号"作息时间表跃然纸上。

接着，我又顺势而上地说道："牛牛，你看这么好的计划我们在向全班同学提出倡议之前是不是还要试试水，看看可不可行呢？这个计划是你的专利，你愿意协助老师完成这个计划的体验性试验吗？"

因为有"牛牛专利号"在先，孩子对于我提出的体验性试验不断点头表示愿意。就这样牛牛在不知不觉中进入到了我的"21天到校计划"之中。此后每天牛牛都会在我给他提供的"体验记录表"中记录自己就寝、起床、洗漱时间点和所耗时间。从牛牛的"体验记录表"中记录的内容和他早上到校的实际表现来看，孩子基本的作息规律在慢慢形成。

很快"21天到校计划"便结束了，同学们看着以前每天迟到的牛牛，和现在每天准时到校的他，不禁好奇。

借着同学们这股好奇劲儿，我邀请牛牛作为班级小讲师向大家介绍了"牛牛专利号"作息时间表。在他介绍完毕后，同学们纷纷为牛牛送上了赞赏的掌声。就在牛牛沉浸在大家的称赞之中时，我顺势当着全班同学们宣布由牛牛来担任下个月的考勤班长。面对这突如其来的"晋升"，牛牛的惊喜溢于言表。

"21周阅读计划"

要想让牛牛把对待日常生活的这股劲继续保持并能成功嫁接到他的日常学习之中，在"21天到校计划"顺利开篇后，我的另一个新的"21周阅读计划"悄然形成。

每学期开学我们班都会有"学期阅读启动仪式"。在仪式上有一个环节是需要同学们在班级范围内自由组合"阅读PK战队"。这学期开学，我在没有任何提前预告的情况下，也参与到了新学期的"阅读PK战"中。就当大家纷纷猜测我会和谁组队时，我却从口中说出的"牛牛"的名字，让大家顿感诧异。

"阅读启动仪式"后我找到牛牛谈话："上学期你已经让大家看到了自己在生活作息上的变化。只要你拿出上学期的精气神来，老师相信这学期我们的组合战队一定也能战胜其他战队顺利进入A级战队的行列的。怎么样，你有信心吗？"看着我踌躇满志的表情和充满斗志的话语，牛牛从迟疑的眼神慢慢转变成了不住地点头。

与牛牛组成"阅读PK战队"后，为了让牛牛的阅读计划更具规律，我多次与孩子一起商量阅读书目、方式、数量等一系列细节问题。我和牛牛也慢慢养成了每周相互反馈"阅读心得""阅读笔记"的习惯。

就这样在牛牛不断的努力下，在我的不断鼓励与引导下，学期末我和牛牛的战队顺利晋升为班级"A级阅读战队"。当语文老师宣布结果的一刹那，我从牛牛的眼神里看到了从未有过的光芒。

[培元心语]

习惯若天成，未来自精彩。习惯教育是"培元教育"的基础工程，也是素质教育的基本内容。从培养学生良好习惯入手，夯实学生人生发展所需的核心元素养，需要我们从点滴之处为孩子建构足以面对未来学习生活的"浩然元气"，即诸多优良的习惯（包括生活习惯、学习习惯、行为习惯）。

改变习惯不是容易的事情，但也不是难事，可能我们更多的是需要一点方法和耐心。牛牛身上所反映出的习惯问题，相信我们在很多孩子的身上都能找到影子所在。如果我们能透过"习惯"来看待孩子的成长，加以用耐心与智慧浇灌之，那么很多的孩子都能收获属于他们童年特有的故事。

习惯的养成并不是一蹴而就，它需要时间，需要一个过程，同时还需要我们教育工作者的耐心。我们每一位教育工作者，只要留心观察身边的事物，于细微之处发现每一个小学生身上的闪光点，根据学生的年龄特征，分清事情的来龙去脉，在学生习惯养成的教育上做到有耐心，有恒心，定能卓有成效，受益终生。

（屠剑巧）

让我们的桌洞变个样

上课铃声响起，有学生弯腰在抽屉中找课本；讲评试卷时，有学生一脸焦急地找着试卷；从教室后面向着前方望去，抽屉中书本的摆放颇为凌乱，大书压小书，大本包着小本……再看看他们的书桌洞里，乱七八糟，什么都有，也什么都不知道准确位置，难怪他们找东西那么费力。

这段时间，我已多次跟孩子们强调要整理干净桌洞，但总是无济于事，收效甚微。看着身处凌乱的孩子们，如何才能帮助他们养成做事有条理的习惯呢？这不由得让我动了一番脑筋。通过几日思考，我想尝试一下"榜样示范、定期比赛、突击检查"三步走的策略，逐渐帮助孩子们养成整理桌洞的好习惯。

班会课上，我跟孩子们玩了一个游戏：看谁找得快。游戏规则是老师说出一样东西，最快从桌洞里找出来的同学获胜。游戏过程中，我分别让孩子们找了思品书、科学用具、英语第四单元试卷、跳绳和数学作业本。不出所料，五次比赛下来，都是女生最快找到物件，其中三次都是出自同一个女生青青。我趁机提问，为什么都是女生先赢得比赛，而青青能够三次获得第一呢？有一位男生说到了点子上：因为女生比男生更喜欢整理课桌洞。

于是，我拍下三位女生的课桌洞照片并在投影仪上放出来，同学们都睁大了眼睛惊叹道：好整齐啊！特别是青青的桌洞，整理得非常有规律。我让青青作为榜样介绍并示范了整理课桌洞的方法：书本和作业本分类放，书本在左边，作业本在右边；书本按照大小放，大的在下面，小的在上面；零散物品单独放。根据青青的方法，孩子们开始整理课桌洞。

下铃声响起，孩子们都完成了桌洞整理。从教室后面往前看，课桌洞整洁有序。看着自己的劳动成果，孩子们不禁相互夸赞起来。

虽然掌握了正确的整理方法，但是如何把桌洞整理内化为孩子们的自觉行为呢？为此我组织了两周一次的桌洞整理比赛。比赛要求孩子们在三分钟内将桌子上的课本、练习本、字典、文具等按照要求整理好，并按照顺序装进课桌洞。比赛根据整理用时和桌面整洁度打分。因为设置了加分奖励政策，孩子们参赛的积极性都很高，个个不甘落后。多次比赛后，孩子们从开始的生疏到现在娴熟地整理书本，收拾抽屉，桌洞物品摆放得一次比一次整齐。通过比赛，孩子们喜欢上了桌洞整理，勤整理、爱整洁的理念悄然在学生的心中播种。

乘着孩子们慢慢喜欢上桌洞整理的契机，接下来就是要把喜欢变成一种习惯。为了将整理课桌洞的习惯日常化，我特地安排了一名同学担任"课桌整理检查员"进行每日突击检查负责评选"整理之星"，并让检查员用老师的手机拍下来，通过班级投影仪进行展示。获得"整理之星"的孩子会有一份特殊的奖励，不仅有班级加分还有班级微信群表扬。这样，不仅是对养成良好整理习惯的孩子的鼓励，更是让家长协助参与其中，将整理桌洞延伸至家中书桌。通过每日检查反馈和表扬，孩子们整理桌洞的次数更频繁了，意识更强烈了，慢慢地，整理桌洞融进了学生的日常行为中。

现在班级的孩子大都养成了自觉整理桌洞的习好惯，桌洞杂乱无章、上课东找西找的情况也消失了，孩子们体会到了整理桌洞带来的事半功倍的喜悦！

【培元心语】

好习惯成就好人生。学校从办学之初就坚持把"习惯第一"领跑学生的幸福人生作为办学目标，从习惯养成的重要性着手进行整体规划，落实六年一贯的习惯培养目标。桌洞整理是学习要求学生掌握的三大类别（学习习惯、行为习惯、生活习惯）81项细化习惯中的一项。

资料显示，桌洞干净整洁的学生自我管理意识强，做事认真有条理；而桌洞乱七八糟的孩子，做事不够条理，动作慢，做事拖拉。因而整理桌洞是一种自我管理，也是学生的一种核心素养，需要从小抓起。

"思之自得者真，习之纯熟者妙。"培养学生良好习惯，绝非一日之事。

习惯的培养是一个艰巨的、长期的、细致的过程，必须持之以恒，不断强化，反复抓，抓反复。在培养学生整理桌洞习惯过程中，教师先通过榜样示范，让学生掌握桌洞整理的方法。为了让外在的提醒变为学生的自觉行为，教师接着采取了双周定期比赛的方式让孩子喜欢上桌洞整理。最后，教师采用日日突击检查的方式来强化学生整理桌洞的习惯。通过榜样示范、定期比赛、突击检查"三步走"策略，孩子们慢慢养成了整理桌洞的好习惯！

（李玲玲）

"宝座"发挥了力量

一年级新生就要入学了，座位怎么安排才是最佳选择？45个孩子，两人并排坐，22组孩子有了同桌，但意味着必有一人落单，这剩下的那个孩子多可怜，多孤单啊；一人一座分开坐，教室空间就那么大，教师巡视班级，组长收发本子，小朋友前后走动一下都拥挤得很。

这座位安排着实伤脑筋，我们几位导师商量来商量去，第一种座位安排方案出炉：三人并排坐，分成15组。好吧，一个都不落下，绝对的尊重关注每一个。

小朋友们入学了，方案试行了两周，问题也随之而来了。

"丁老师，我家xx坐在三人座的中间，出去不大方便，旁边的男孩子总不让位……"

"丁老师，我家xx有了两个同桌，上课都不能专心学习了，不是和左边的同学说话，就是和右边的同学做小动作……"

……

不光家长问题不断，任课老师们也忍不住吐槽……

科学老师："丁老师，我们科学课上经常要同桌合作、小组合作，你们班这个座位安排，同桌合作时得有一个人跑出座位，小组合作时人数又不上不下的，三个一组少了点，前后两组组合就有六个人了，又多了点……"

英语老师："丁老师，英语课上经常要进行同桌练习对话，这三个一组开展对话真的是很不方便啊……"

其实，两周观察下来，我也发现了这种座位安排上的弊端。抛开被围在中间的孩子出入不便，课上孩子们小动作滋生不止不说，把爱闹腾的孩子搭在一起简直就是自找麻烦。看来，座位整改势在必行！

整改问题又使我回到了学生入学前的思考旋涡中，怎么安排？三人座已经出局了，那么现在双人座？单人座？仔细想了想，还是觉得一贯以来的双人座比较靠谱，那么一人落单怎么解决？其实当时心中已经有了人选，这孩子各方面最难自控，把他安排在讲台边上一个人坐最合适不过了。不过理智告诉我：不行，这孩子心思细腻，别的小朋友都有同桌，就他没有，估计心里难受不说，还会诱发其他情绪。这样的座位安排，必有人落单，不如多落单几个，省得一人孤单，于是，我们班的座位便安排成了这样。

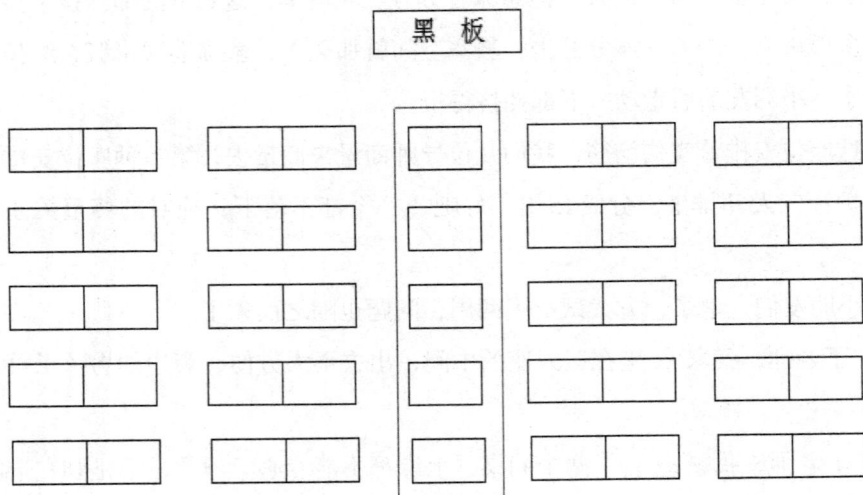

黑 板

重新给孩子们安排座位，我心中已经有了主意。小Y同学上课小动作多，就让他独坐吧，小Z同学经常会打扰别人学习，也让他独坐，小P同学总是趁人不备欺负人也让他独坐。但也不能少了品学兼优的好学生压阵，于是小C同学和小J同学也分到了独坐的行列中。一切都在我的不动声色中安排妥当。

虽然我的心中是这样盘算的，但对着孩子们我可不能这样说，于是我说："小朋友们，你们看我们现在的座位安排是不是有点特殊，有好些小朋友是一个人独坐的，这可都是老师精心安排的，这些座位可是'宝座'呀！"

"为什么这是宝座啊？"马上有孩子提问了。

"你们看，这5个座位正对着黑板，视线非常好，另外，只有老师觉得这个小朋友发展潜力很大或者是近期各方面表现都特别棒的小朋友我才会请他来坐哦！小C和小J是不是表现特别棒？（生：是……），小Y、小Z、小P虽然上课不大认真，但老师看好你们，你们坐在这里以后，肯定能遵守纪律，进步特别大……"

听我这么一说，好多小朋友露出了羡慕的神情。

"哇，这座位真好啊……"

"我也要努力，坐到那里去……"

原本担心的那些因为独坐没同桌的孩子会失落，会难过，现在反观，明明是一脸的自豪啊！

在之后的课堂学习中，小Y可能意识到老师对他的期望很大，上课小动作少了很多；小Z缺少了可打扰的对象，自己也变得专心了；小P的出其不意打不到人了，也变得自律起来了。而原本品行兼优的小C和小J，更加优秀了，期末的时候双双被评为"董山之星"。

"宝座"发挥了力量，使坐在这儿的小朋友得到了不同程度的进步，而这些小朋友的进步却赋予了"宝座"真正的意义。

【培元心语】

养成良好的行为习惯是"培元教育"核心的重要教育目标之一。对于学生良好习惯的培养过程中，说教能起到的效果只是一时，如果让学生能够自我感悟，自我要求，从而达到长效，这就需要我们老师"费尽心机"，很多时候，换个说法，换个做法，就能让事情不一样。

但凡集体，总有优中差之分，班级亦是如此。学习上的后进生亦或行为上的后进生是一个班级的必然存在部分，但每个孩子都是潜力股，我们不应忽视。"尊重关注每一个"是董小的办学理念，我们教师应时刻谨记，但我们更应多元发展每一个，好习惯滋润每一个，使每个孩子在这方乐土中学习、成长。

排座位是每位首导的必做工作之一，抱着尽量不使任何一个孩子失落，做到尽善尽美为原则，我进行了两次座位安排，第一次的安排诸多弊端，才有了第二次的整改。其实，中间的单人座位坐了几个特殊的孩子——小Y、小Z、小P，他们不像别的孩子那样循规蹈矩，遵守纪律，但老师不能一票给予否定，告诉他们因他们行为上的缺失而要单独坐，换个说法，让他们感受到被肯定、被尊重，得到的是别样的收获。

（丁月美）

"说书"让阅读更灵动

六年级上学期，我发现班里的孩子课间低头刷题的时间多了起来，看课外书的身影却少了。更惊人的是，个别女生的课桌里，还发现了校园言情小说。这些现象，让我开始思考如何引导毕业班孩子的阅读问题。

当然，每个班里也不乏有那么几个孩子的阅读面特别广，读的书内容也挺深奥。于是，抱着试试看的想法，我决定在班里开展"好书推荐"的活动，利用每天中午半个小时的"阅读时光"，让孩子们说起来。我先把要求说清楚："同学们，周老师知道大家从一年级开始甚至更早就开始阅读好书啦，这么多年积累下来，你一定也有很多读书的心得了吧。虽然，我们到了毕业季，刷题是免不了的，但学习语文可还是离不开读好书哇。从明天开始，我们按学号轮流上台来给大家介绍一本你最近看的好书。可以带着书上来，展示给大家看，说说这本书的梗概，说说书中最有趣或吸引你的内容，也可以读其中的一段话，和大家分享你的读书体会。"孩子们听了这番话，有的面露喜色，有的微微皱眉，还有的"啊"一声，好像感到有点为了。

这一天放学时，我故意在黑板上写了：学号1~5号的同学请准备明天的"好书推荐"。

第二天的中午，在大家的期待中，我们的"好书推荐"活动开始了。1号同学？请！可是，她在座位上胆怯地望着我，摇摇头，表示没有准备过。意料之中。2号同学？王同学一看就是认真准备过的。她拿起一本书，从容地走上台。清了清嗓子，定了定神，她开始"说书"了。"今天，我要给大家推荐的是……"她一边说，一边把书的封面给大家看，响亮的声音，流畅的语言和设计特别的封面吸引了全班同学的注意力。大家听得很专注，我也一边听，一边频频点头。当王同学一气呵成地讲完时，教室里响起了热烈的掌声。在这热烈的气氛中，3号同学，4号同学，5号同学，纷纷走上台，展示自己带来的书，并分享阅读感受。

就这样，一天接着一天，按着学号来，我坚持让全班每个学生都能得到一次上台"说书"的机会。"说书"能让孩子们在全班面前练练胆子，练练口才，也思考一下自己该读什么样的书。

在这个过程中，参差百态，细观也十分有趣。有的同学第一次轮到，没有准备，口头承诺下一次会准备好，上来说。可是下一次，他又忘了。如此反复，到活动结束时，也没有上台来说。有的同学性格内向，往日里很少有展露的机会，对这个活动却很重视。盛同学便是如此。她在周记里写到："明天轮到我上台推荐好书，我心里有点紧张。为了不出洋相，我拿着挑选好的书，到爸爸跟前说给他听。可是老爸说我声音太小，我只得提高了嗓音练习。后来，我又对着镜子练说了一遍，总算觉得有些底气了。希望明天有好表现。我很喜欢这个活动，加油吧！"

有一部分同学看的书挺深奥，也能"说"得很具体精彩。戎同学记忆力超强，不仅把一本《三体》看懂了，复述时情节还环环相扣，议论时增加了许多自己的想法；葛同学在推荐《人类简史》时，干脆把书中的一张介绍历史节点的挂图贴在了黑板上，根据挂图上的内容加上肢体语言来讲，俨然已经化身为老师了；连同学最感兴趣的是机器人，他推荐的好书自然和编程、机器人操控有关。除了书中的内容，他还结合了自己积累的关于航空、航海方面的知识侃侃而谈，摆足了大学里教授的派头……

渐渐地，我发现，教室里，书桌边，翻看课外书的身影又多了起来，主动讨论好书的劲头也更足了。

为了激励孩子们持续自主阅读，我还从网上买来了古朴典雅，缀着流苏的书签，在背面写上孩子的名字、相赠的留言及老师的名字。当我在放学时把书签发给推荐过好书的同学时，教室里响起了一片掌声，温暖而有力量。以后的日子，也会看到同学们课间把书签拿在手中翻看把玩，可以感受到他们的喜爱。

【培元心语】

好习惯成就好人生，良好的行为习惯是"培元教育"五大核心素养之一。从小培养孩子良好的阅读习惯，会让孩子受益终生。只有博览群书、海量阅读古今中外的名著经典，广泛涉猎百科常识书籍，才可以让孩子的智慧不断成长，最终形成一种强大的发展能力。

结合课间的自由交流阅读体会活动，语文教师可以多安排一些"好书推荐""读书体验交流"等主题活动，给孩子们搭建一个练口才、练胆量、展风采的平台。通过发挥以"优"带"普"的阅读榜样作用，潜移默化地引导学生如何选好书，如何"说"好书，进一步促进学生自主阅读能力的提高；通过个体之间不同阅读体验的分享和思想的碰撞，促进学生之间在个性、想法上的互通了解，增进生生间的友情。

有效的"阅读体验分享活动"满足了孩子们内心从自主阅读到个性化体验分享的心理需求，使之获得一定的阅读方法指导和真实的阅读成功体验。培养学生良好的阅读习惯，教师必须要向学生推荐适合他们读的书籍，教给他们读书的方法，让他们成为一个会读书会学习的人。

（周珺）

放手，是信任更是爱

新学年伊始，又迎来一群活泼可爱的小天使，他们对这个新的校园充满了好奇，在他们眼里所看到的是和过去不一样的校园世界。

新的校园翻开了一页页孩子们新生活之书。这书里，有欢笑，有忧伤，也有成长中的烦恼。每当中午吃饭时间一到，孩子们就显得格外兴奋，吃饭时总是和小伙伴们叽叽喳喳的讲个不停，而意外总是在这种时候发生。

"老师，老师，我汤倒翻了。""老师，他的菜喷到我这里了。""老师，王XX把饭掉到地上了。"……诸如此类的情况循环往复的发生，使老师们疲于处理孩子们出现的问题。饭后每个孩子草草收拾了自己的餐桌和餐盘，看似他们都整理了，但是当我放眼望去，只能用4个字来形容———一片狼藉。

如果每次饭后，都要留几个懂事、能干的学生和我一起重新打扫，毫无疑问，这是一种教师资源的浪费，时间长了，对那些懂事、能干的学生也不公平，最重要的这也和学校倡导的"好习惯，好人生"背道而驰。

观察了周边的班级后，我发现老师事必躬亲的帮助并不能帮助孩子们更快、更好地养成良好的就餐习惯。于是，我下定决心做一个"旁观者"，在学生遇到在自己能力范围内可以解决的问题时，坚决不施援手。

一次主题班会课上，针对中午就餐的问题我和学生进行了一次沟通。通过言语引导，我让孩子们自己说说吃饭时经常出现的问题，并把它们在黑板上罗列出来，然后让他们好好回忆并思考为什么总是出现这几个问题。经过讨论，孩子们发现原来影响他们吃饭的罪魁祸首是讲话。吃饭时说话，让他们不能专心吃饭，所以一会儿调羹掉地上了，一会儿汤倒翻了，搞得满地都是饭菜；吃饭时说话，情绪一激动，自己嘴里的饭菜就跑到同学地方了。

最后，我和孩子们约法三章：食不语，若参与讲话则默认了同学的饭菜碰到你的餐盘，你将不能投诉；管理好自己的一亩三分田，自己吃饭时不小心掉到桌上或地上的，饭后一定要自己捡起来；吃剩的饭菜一定要倒入指定的盆里。

为了让学生知道如何正确地将剩下的饭餐倒入盆里，我特意从食堂借来了餐具，并用橡皮泥代替饭菜，向学生们演示了如何有条理、科学的将剩饭剩菜倒入盆里，同时保持好桌面以及地面的整洁。

通过一系列措施，让学生们知道何为正确的就餐礼仪，同时也让他们明白了明知故犯是要自己承担相应责任的，别人没有义务一直无条件的帮助你。

刚开始在老师们"袖手旁观"下，部分学生难免会出现失误，餐后的收拾也可能会慢一些。但是随着时间的推移，很快每一个学生都做得非常好，而且不需要任何帮助，此时在对比其他老师不放心放手的班级，我们班的餐后整理可以说是既快又好，孩子们基本可以做到吃完饭就可以排队离开食堂，作为值日生的同学只要稍微检查一下，查漏补缺，就可以离开食堂了。

【 培元心语 】

"培元教育"要让我们的小学教育实现其根本使命：给学生的人生起步以最珍贵的礼物，当学生走出校门时已具有发展的"元气"，具有适应个人终身发展和社会发展需要的浩然"元气"。良好的行为习惯就是"元气"所包含的五大核心之一，也是实现"培元教育"的六大途径之一。

小学生尤其是一年级的学生，他们的行为习惯正处在成形之中，可塑性大，可变性强，俗话说"嫩枝易弯也易直"，所以加强小学生良好行为习惯的教育是非常有必要的。而良好行为习惯的养成也非一朝一夕可以完成，在培养的开始或是过程中会遇到各种各样的问题、困难，这时候务必要通过家长老师的引导以及孩子自身的努力去克服，大人们的施以假手只会破坏孩子们良好行为习惯的养成。

万事开头难，良好的就餐习惯的培养，在刚开始实施时确实有一定难度，不是每一个学生都能做好，但是不管做得好坏，每个学生通过自己的努力，最终学会并养成了良好的就餐习惯，这不仅是一种能力的培养，潜移默化中也有助于孩子自信心的养成，更有利于他们的健康成长。

（陈琪）

给阅读插上"绘"飞的翅膀

"老师，老师，什么时候才能轮到我上来讲绘本啊？"

"Miss Zhuang，我都准备好了很久了，我很想把我读的绘本讲给小朋友们听！"

"Miss Zhuang，我会背了呢！"

"好想天天能讲绘本啊！"

……

听着小朋友们此起彼伏的你一言我一语，议题却都没有离开英语绘本阅读，我的心里是甜滋滋的！从一年级寒假推广英语绘本阅读的第一天开始，我的内心其实是很忐忑的，最后效果会怎么样？会不会半途而废？心中一点底都没有。要知道，班上许多孩子都是英语零基础，好多爸爸妈妈跟我反映："老师，我们家上小学之前从来没有接触过英语！""老师，我们家对英语的接受力太差了！""老师，我自己的英语早就还掉了！"一个新的阅读学习模式的推广，没有想到会遇到这么大的阻力。

不过不试就放弃可不是我的风格。为了万无一失，在正式推行之前，我做了一个摸底试验，让孩子自主报名，准备好PPT讲一讲已掌握的绘本，并强调了有成长币奖励哦！可惜的是，即使有成长币的诱惑，每个班级10个名额也没有报满，孩子们上来讲的时候，也比较紧张、拘束，效果一般。但是，这反而坚定了我推广英语绘本阅读的决心，因为我深知阅读的重要性，即使孩子们只在原有基础上每天增加1个新的词汇，那么坚持一年就有365个，6年下来，那将是多大的一笔知识财富啊！

为了能让孩子们有坚持下去的动力，我每天都会认真批改他们发上来的视频作业，发音有误，不够标准的地方，都会@到人，读得好的及时表扬，有待进步的及时给予鼓励。寒假33天，即使到深夜，也会今日事今日毕。也许是我的认真感染到了家长，也许是我的表扬与鼓励感动了孩子们，参与英语绘本阅读的孩子越来越多，他们对待阅读的态度也越来越端正，上交的作业质量也越来越高。

随着时间的推移，孩子们的进步越来越明显，从开始一个句子三四个单词都是磕磕绊绊到后续的长句子也能一口气不打岔地阅读下来。孩子们也从开始时的抗拒，到慢慢接受，再到现在的习惯阅读渐成，态度上来了个180度大转变，绘本阅读的魅力逐渐显现，给了我，给了孩子，给了家长们莫大的鼓舞。

这个寒假，伴随着孩子们英语绘本阅读兴趣的不断激发而结束了。紧张忙碌的第二学期开始了，出于孩子们学习压力，沿用寒假那套方法肯定不行。我调整了策略，根据孩子的英语水平自主选择绘本内容，以滚雪球的方式，每天新增一页，每天都有新的进步就是最大的进步。试行一周，发现孩子们的接受度还可以，于是决定继续沿用。

时间一久，孩子们又有点腻烦了，如何给英语绘本阅读注入新的生机呢？每周都有一个英语晨读，是不是在这短短的15分钟时间内做一下文章呢？让孩子们上台讲绘本，每周5名，每人控制在3分钟内，5个星期就有一个轮回了，这不是让孩子们展示的绝佳机会吗？顺便也能从另一面检查阅读成果。

第一次报名的场面就非常火爆，跟之前的那次绘本摸底情形完全不同。由于是主动报名，小朋友积极准备，他们的表现可圈可点。于是，每周的英语晨会时间就成了班上小朋友心目中最期待的时光，也成了爸爸妈妈们"守群"的美好一刻。因为我会将孩子们在台上表现的那一动人瞬间用照片，用视频记录下来，及时发到微信群里，让爸爸妈妈看看自己的孩子是多么优秀，表现是多么棒，并把这份优秀带给其他孩子，形成一股一起向上的凝聚力。

一学年下来，英语绘本阅读已经在孩子们心目中扎根了，这一好习惯，也在孩子、家长、老师的共同努力下渐渐培养起来。

【培元心语】

"好习惯好人生"，帮助孩子养成阅读好习惯是教师义不容辞的一件事情，会让孩子受益终身。英语绘本将直观有趣的图画与精炼传神的文字整合在一起，迎合了小学生形象思维的特点，是激发阅读兴趣、培养阅读习惯的有效手段。

作为一种新型模式，英语绘本阅读以其独有的声情并茂、生动有趣的特点，突显出别具一格的使用价值，它使传统的英语教材从平面走向立体，让刻板的语言教学变得生动起来。绘本阅读过程中，学生会有意无意地将生活经验与绘本内容相对应，进行自主的重新构建。在这一过程中，学生锻炼了观察能力，培养了想象力，将被动的"要我学"慢慢内化为积极的"我要学"。恰恰是这种静止问题动态化，引导学生主动地动口、动手、动脑，使外部的学习活动逐渐转化为学生自身内部的智力活动，大大激发学生学习兴趣。

良好的阅读习惯是学生英语阅读能力提升的重要条件，抓住小学阶段的英语学习，培养学生的阅读习惯，能够让学生终身受益。作为教师的我们应当在引导孩子们加入到阅读行列中的同时，采取不同的形式与他们一起阅读、一起分享，科学地帮助孩子们养成"绘本"阅读的良好习惯，给阅读插上"绘"飞的翅膀。

（庄英）

好习惯源于细节培养

走上教育工作岗位第一年，学校让我担任一年级一个班的导师工作。一段时间相处下来，感受最强烈的就是这班孩子中，还有相当一部分学生急需培养良好的学习习惯。由于这些孩子刚从幼儿园升上来，年龄还小，天性使然，大多聪明伶俐、反应敏捷，却好动贪玩，注意不能持久，上课爱做小动作，作业完成不够积极主动。

这其中，一个叫小元的小朋友，情况更是糟糕，日常习惯非常不好，可以说是"劣迹斑斑"了，常见他穿梭在走廊上、教室里、翻滚在过道上、拿着铅笔盒当球踢……

说小元真的"很会玩"一点也不过。早上来穿着崭新的校服，俨然一个小帅哥，没过一个小时，一个"小土人"就出炉了。为了拓展玩的花样，文具、生活用品也都遭了殃，一个个"光荣牺牲"，成为了他游戏的好拍档；为了节省出玩的时间，课桌也沦为了他的阵地。

就这样，一个混迹江湖的"混世小魔王"就被我锁定了。

我想，懂得和遵守"常规"是培养小学生良好习惯的基本准则。为了有的放矢地对他的现状进行矫正，我决定从细节抓起，就让他从认真学习理解《小学生守则》《小学生日常行为规范》中的有关内容开始。为此，我结合学校编制的"习惯三字文"为他度身定制了一份"守则"：

勤洗脸，勤洗手。

不乱跑，不打滚。

静下心，坐坐好。

衣整洁，习礼仪。

在制定了这个"守则"之后，我细心给他解释了其中的意思，还告诉了他许多习惯不好导致的危害。然后要求他把这个"守则"背下来。自然而然，规则出笼的前几天，他积习难改。为了坚定他的信心，我时不时地问问他。

"你觉得大家喜欢乱跑随地打滚的脏小孩吗？"

"不喜欢。"

"那你觉得你今天做到了守则吗？"

"可能吧……"

看着他低下了头，我趁热打铁。

"那你觉得施老师是不是要求得太过严格了？"

"没有。"

"那继续坚持住可以吗？做得好，大家都会更喜欢你。做得不好，大家会一起帮助你，可以吗？"

于是乎，"援助计划2.0版本"上线了。为了拔除这类不良的习惯，班里特地召开了一次班会，几个监督员手上还下发了小表格，每天对守则上的每一句话进行评判：做到了，画一个笑脸，对他说"你真棒"；没做到画上一朵花，"加油"二字送给他。同龄人的帮助和老师的认可，以及提前沟通好的家校联系，小家伙的进步与日俱增，在学校逐步有了可喜的改变。

这不，家里的好消息也传到了学校：晚上爸爸在家办公，小家伙已经能够在一旁静静地看书了。妈妈烧完晚饭叫父子俩吃饭，爸爸就放下手头的工作去吃饭，还没提起筷子就被小家伙制止了，"爸爸你没洗手，不许吃饭！"，爸爸只得接受了小家伙的监督，乖乖地洗了手。

鉴于这样的表现，我在课前大大的表扬了他，还让他也加入了"卫生监督员"的行列。这个举措让他更加主动地来配合我的引导和教育，大有一种"翻身农奴把歌唱"的感觉，一下课就美滋滋地整理起了桌面、桌洞、位置周边的地方……

不但如此，小元的邋遢形象也完全被"劳动能手"所替代。早上来学校穿戴整齐得体，回家的时候也是整洁的样子。我还偷偷地问他："小元，你做得很好，现在你可以去帮助其他小朋友了吗？"

"没问题。这个我在行！"

"好，fighting！"

【培元心语】

良好的行为习惯是"培元教育"核心元素养之一。培养孩子良好的行为习惯必须要求他们从点滴小事做起。让养成教育达到"随风潜入夜，润物细无声"的境地，需要着眼细节，从点滴的养成教育抓起。习惯不是一朝一夕的事情，是经过反复而形成的，它需要一个漫长的过程。

学生良好习惯的培养源自日常生活的点滴细节。小学阶段的儿童可塑性强，是进行习惯养成教育和训练的最佳阶段，笔者从细节抓起，着手对某些学生理解、训练上有困难的有关内容进行重点指导、训练，及时确立好教育点，因地制宜地对学生进行教育，可以更有说服力和具体可操作性。

"纸上得来终觉浅，绝知此事要躬行"。行为习惯的培养不能只停留在内容上、宣传上，更重要的是落实到行动上。作为教师应扮演好监督者的角色，从细节抓起，留心观察学生的举止，及时改错误、抓典型、树榜样，使学生在训练中培养习惯、强化行为，扎实开展好行为习惯的训练和培养。注意引导学生自觉调整道德认识，积淀情感体验，不断学会生活、学会做人、学会学习、学会生存、学会创新、学会合作。为了孩子们灿烂的明天，让我们从注重每一个细节，培养每一个良好的习惯开始吧！

（施宇杰）

课堂上的纸飞机

这是三年级的一堂普通的英语课。

虽是一节家常课，但我还是进行了精心的准备。因为要教学一些玩具类单词，为了吸引学生的注意并达到较好的教学效果，我特地从儿子的玩具箱里淘来了模型飞机、玩具车来辅助教学。果然，玩具一出现，小朋友们的兴致就高了，朗读单词也更带劲了，教学开展得很顺利，课堂气氛相当活跃。

心里正偷偷乐着着，忽然发现坐在角落的一个男生始终低着头，两只手不停地在动，像在折什么东西，还不时地转过去跟后面的同学说几句话。

他叫小鑫。小鑫家境富裕，父母为了让孩子赢在起跑线上，就给他报了很多培训班。当然，也包括英语。于是，仗着自己已经"领先"同学一步，他对课堂学习产生了轻视的心理，觉得反正自己什么都会，还听什么呢？于是，上课常做小动作，或是东张西望，心不在焉，有时还要去影响其他同学，是个让老师"头疼"的孩子。

一想到他屡屡违反纪律，我的心头有点冒火，真想冲过去把他手里的东西夺了，狠狠批评他一顿，来个"杀鸡儆猴"。我板着脸快步走向他，没料想他倒是眼疾手快，立马把手上的东西往桌里一塞。可能是意识到老师这次真的生气了，小鑫畏畏缩缩的，不敢动了。我从他的桌里掏出了一只纸飞机，他的脸上红一阵白一阵的，紧张地看着我，脸蛋上的肉还一抽一抽的，用指甲掐着裤边，仿佛在做心理准备，迎接暴风雨的到来。正准备撕纸飞机时，我愤怒的目光和小鑫惊惶的眼神相碰，不由得心软了，这孩子，只是调皮了一点，并不是真的"无药可救"啊。

罢了罢了！既然之前的"批评疗法"对他毫无成效，那我不妨换一种"疗法"。先给他搭一个台阶，让他顺阶而下吧。

于是，叫小鑫站了起来，把纸飞机放在桌上，指着问："What's this?"他回答道："Plane."这时教室里鸦雀无声，学生们以为接下来我要狠狠批评这个爱做小动作的小鑫了。我又问道："Where is the plane?"他答道："It's on the desk."接着，我把他的纸飞机放到了我带来的 toy box 里，再问："Where is it now?"他答："It's in the toy box."

"Yes, you are right. You are a smart boy. But..."我瞟了他一眼，慢悠悠地说道："纸飞机这个 idea 倒是不错，不过最好上课之前就告诉老师，不可以上课偷偷折哦。要处罚的！罚你……罚你跑腿去我办公室拿些纸来。"

小鑫出去后我就继续带领学生学习句型"Where is …? It's on/in/under…"

最后的拓展环节，我没用之前带来的模型玩具，而是让学生每人折一只纸飞机、一艘船，或是剪一辆汽车放在桌子里，或是椅子上，然后用"Where is … It's on/ in/ under…"来进行问答。

而小鑫以"将功补过"的心态第一个举起了手，和同桌有创意地地编出"Where is the plane? It's in my hand."这样的对话。有的同学则将纸车放在铅笔盒里：It's in my pencil-case. 有的则大胆地走上讲台，把东西放在我的 toy box 下面，"It's under the toy box."学生们争先恐后地举手说着自己编的对话。

下课铃声响了，我把手中的纸飞机抛向空中，"Look！ Where is the plane?""It's in the sky."全班哄堂大笑。此时的英语课堂，俨然成了学生们快乐学习英语的殿堂。离开教师前，我留下一句话："小鑫，把教室的纸片全部收拾干净，垃圾桶倒掉。"

"唉！"男孩子看似无奈地叹气声中有着庆幸、有着欢喜。

后来上课，小鑫还是那个小鑫，偶尔还会做小动作。但是我一个眼神飞过去，他马上就能领会。不过，我感觉他粘着我的时间多了，上课发言也比以前踊跃了。事情在往好的方向发展，不是吗？

【培元心语】

良好习惯的养成是"培元教育"的六大教育行动项目中最重要的一个，养成良好的习惯甚至比学习知识更重要。小学阶段是一个人行为习惯和品德塑造的启蒙阶段，也是教育效果最有效、最深远的阶段。良好的学习习惯带来学习的高效率，并且形成终身受益的学习品质。

课堂上面对每一个意想不到的"插曲"，教师要有"不管风吹浪打，胜似闲庭信步"的气魄。学会用理智驾驭感情，不要愤怒，切忌意气用事，学会随机应变。用心捕捉稍纵即逝的教学资源，让它成为我们课堂的亮点，让学生在获得知识的同时，也获得心灵的启迪。这样的教育没有强制性，有效且恰如其分，给人一种"润物细无声"的感觉。教师在呵护学生稚嫩的童心，积极诱导学生使他们感到自己是个发现者、研究者、探究者的同时，必须加强引导，及时调控，激发学生的学习兴趣和让学生养成良好习惯。

学习习惯的培养来自于学习过程本身。所谓习惯使然，只有在平时教学过程中，重视学生习惯的养成，才能让学生自觉投入到学习过程中。对于一些自制力比较差的学生，教师更应该让他学会持之以恒和自觉反思。

（钱余）

实实在在的"示范"

下午3点半，孩子们就要放学了，校门口挤满了来接孩子们放学的家长。一位值周老师和门口的保安师傅打了一声招呼，学校的大门打开了。孩子们陆陆续续整齐地排着队伍出来了。

过了大约10分钟，只听见一位家长说："我们家小明今天做值日，不知道要多久才能出来呢！"另一位家长接过话茬："我们家也是今天做值日，但是他们动作很快的，你看，出来了！"其实，每次三年级这个班的放学值日速度都很快，而且班级卫生打扫得非常干净，地面没有果皮纸屑，卫生工具摆放有序，十分高效。大部分班级的值日生在放学后都需要15到20分钟的时间来打扫班级卫生，可唯独三年级的这个班级往往只需要10分钟的时间，而且卫生标准完全达到了学校的检查要求。

又过了10分钟，小玥做完值日背着书包高高兴兴地出来了。一见到小明，家长就很好奇地问："小玥，你们班做值日怎么这么慢呀！人家班级的10分钟就出来了，你这都20分钟了，这么磨蹭！"小明一脸委屈，说道："才不是我们磨蹭呢！地上都是垃圾，有什么办法呀！我们动作已经很快了，大家都分工的！"

说到这里，大家一定会觉得奇怪，两个班级的值日生人数都差不多，大家也都是分工合作，扫地、擦黑板、排课桌椅、倒垃圾、摆放卫生工具，无非就是这些常规工作，可是效率为什么会差那么多呢？真的是一个班的学生比较磨蹭吗？其实事实并非如此。放学了孩子们都想早点回家，没人会在这个时候磨蹭，学校采取的小组合作值日方式也不允许团队里有人偷懒，那么影响效率的唯一差别就只能是工作量了。正如小明所说，地上都是垃圾，打扫起来自然就慢了。

不少老师经常会教导班里的孩子："你们要提高劳动效率，可不能偷懒呀！早点干完就能早点回家了！"但是三年级这个班的老师就有一个秘诀，让班里孩子们在放学值日上的效率大大提高了。原来，这位老师平时就要求孩子们每一节课下课都看一看自己座位底下和旁边的地上有没有垃圾，如果有垃圾就及时捡起扔进垃圾桶，班里有专门的小助手负责提醒和检查，如果这位老师发现了某个孩子的座位下有垃圾，他会走到孩子的身边，亲手捡起垃圾，并且跟孩子说："某某某，你看，你的座位下面有垃圾，我帮你捡起来了，这样我们的班级就更加整洁美观了。"如果是机灵的孩子，他马上就会很不好意思地接过该老师手里的垃圾，主动去丢进垃圾桶，就算是不那么机灵的孩子，也会感到羞愧，让老师帮忙捡了垃圾，他日后的卫生意识就会更强了。此外，这位老师经常在早上到校后就开始打扫班级的走廊卫生，不少孩子看到老师一大早在扫地，就会自觉跑过去说："老师老师，我们来扫吧，你去忙吧！"

久而久之，在这位老师的"示范"下孩子们就养成了良好的卫生习惯，班级地面上本来就没什么垃圾，大部分孩子又都养成了良好的卫生习惯和较强的劳动能力，值日的效率和质量自然就提高了。

【培元心语】

小学阶段是基础教育的起始阶段，更是进行良好行为习惯培养的关键时期。习惯的好坏，不但影响孩子的生活、性格、行为等，还直接关系到学习和工作的成功与否，甚至会影响孩子的将来。因此，"培元教育"育人工程把重点落实在培养学生良好的行为习惯上，在"细、实、活"上下功夫，力求收到较好的成效。

小学生活充满好奇，但他们明辨是非的能力较弱，有时不知道什么是对的，什么是错的。因此，教师教育学生最有效、最直接的方法就是示范。示范的形式也很多：可以是教师自身的示范，也可以是典型人物的示范。典型人物有名人、有英雄人物、有普通人、有童话故事中的小动物等，他们都有良好的行为习惯，为了便于学习，激发兴趣，可以以生动形象的故事形式给学生讲解示范。

俗话说，我们能从一个孩子的身上看到他父母的影子。这句话充分说明了家庭教育潜移默化的作用，同理也揭示了学校教育对孩子品行塑造、习惯培养的关键作用。教师唯有以身作则，身体力行，给孩子们作出最好的示范，才能促成孩子养成良好的习惯，达到我们想要的理解状态。

（韩杰）

我和阅读有个约定

一年级时，我班的班级阅读的模式基本上以"共读"为主，孩子们每天上学时，会携带一本老师规定的书目和一本自己最感兴趣的课外书，在一定的时间段进行阅读。经过一个学年的书香熏陶，我发现，孩子们对书的兴趣越来越浓厚了。

为了继续增强学生的阅读兴趣，扩大阅读面，到孩子二年级时，我想，可以在班级里试行共享式的"班级图书角"模式，号召每个学生至少带四本自己读过的认为最精彩的书籍分享到"班级图书角"，供全班同学借阅。班上四十几个孩子，一个人4本，那也有160多本，那些书放在家里也是"睡大觉"，还不如拿到班上来，这样我们每个人都能看到160多本精彩无比的好书，多好啊！

孩子如期带来了自己心爱的书目，我鼓励孩子们自己动手，在书本上贴上姓名标签，并整整齐齐地摆上书架，我们的"图书角"火热开张了！孩子们纷纷凑上前，兴奋地望着书架上琳琅满目的书本，双眼好像都要放出光来。呵，好一群爱书的孩子！我很欣慰，也为自己想出的这个好举措而沾沾自喜。

可好景不长，才不过两个多月，班里就有孩子隔三岔五地前来向我"报案"："杨老师，我在图书角上分享的书少了！""老师，我的书消失了一个礼拜才回到书架上。"更有孩子向我"实名举报"，说亲眼看到某某同学将一本书放进书包，带回家了！

孩子眼中无小事，在他们看来，这些行为都可以称得上是"滔天大罪"了。虽然当初和孩子们定下了"阅读约定"：每天放学前必须及时归还当天所借书本，不能带回家。不过有些孩子显然违反了我们的约定，许是书本太精彩了，实在不愿意放下；许是孩子小，一时忘记及时归还了……总之，我意识到，孩子的阅读兴趣虽足够浓厚，但规则意识还未真正形成，他们的阅读习惯需要继续加强。

我必须想一些办法，落实一些更具体细致的措施，去引导学生先形成良好的阅读习惯，这样才得以使我们的班级图书角真正发挥它的价值。

于是，在第二个学期，我开始推行"班级图书专柜认领制"，在班里设立几个图书专柜，每月由几个孩子报名认领，每个孩子认领一个书柜，分享自己最喜爱的书。并且，他可以作为该专柜的"图书管理员"，拥有对该书柜的绝对管理权。

我还和孩子们定下了新的"阅读约定"：

1. 借书时须向专柜"图书管理员"进行登记。

2. 一本书允许最多借阅3天，可以带回家阅读，但必须爱护书籍。

3. 还书时须在管理员处回答和该书有关的两个问题，均回答不出者，管理员有权拒绝你的再次借阅。

有些孩子自觉性不够，就发挥小图书管理员的作用加强管理；有些孩子太喜欢阅读，不愿意放下，那就允许他们将书带回家好好品味；有些孩子只喜欢随便翻阅，不喜欢深入阅读，就用小小的奖惩措施推他们一把。

果然，有了新的"阅读约定"之后，半个学期以来，我未接到一起书本弄丢的"报案"。只不过在开学前两周内，有管理员曾"投诉"过个别同学不好好阅读，归还时回答不出问题，但在"不得再次借阅"的制度"威慑"之下，很多孩子也很快自觉改善了自己的阅读方式，阅读习惯越来越值得人称赞！

今天课间，同学们为了借书，在教室里排起了长队；有些孩子在管理员那里不紧不慢地办理还书手续；一有空，孩子们就会随手翻阅起自己借阅的书本。

看到这一切，我突然间很感动。在不知不觉中，孩子的阅读习惯发生着潜移默化的改变。这些都在我意料之外，孩子们对这新的"阅读约定"渐渐熟悉和适应了。可见，只要有了合适的方法，并持之以恒，我们的孩子便能更快地养成良好的习惯。

【培元心语】

培养孩子"良好的行为习惯"，也是"培元教育"的重要目标之一。一般来说，习惯可以在有目的、有计划的训练中形成，也可以在无意识状态中形成。而良好的习惯必然在有意识的训练中形成，这是好习惯与不良习惯的根本区别。任何一个好习惯的养成都不会是轻而易举的。

良好的阅读习惯，是一个人终生的宝贵财富，也是他终身学习的坚实基础。要实现我们心中的教育理想，使我们的学生能够学到真正的知识，而且学得比我们强，我们需要并且能够做到的，就是帮助学生养成良好的阅读习惯，帮助他们从热爱读书和主动读书开始，从小就做一名好读书、读好书、多读书的新时代少年。

学生的阅读能力直接影响着阅读教学的质量，而良好的阅读习惯是形成阅读能力的有力保证，因此，培养良好的阅读习惯是阅读教学的一项重要任务。培养孩子的良好阅读习惯，同样需要有符合孩子胃口的、适合孩子身心发展规律的有效措施。在班级图书借阅制度的推行上，笔者通过几次实践和反思，摸索出适合孩子心理特点和年龄特点的几条措施，成为约定俗成的规则，在兴趣的激发下，在机制的作用下，孩子们也逐渐养成了良好的阅读习惯。

（杨挺）

向空椅子倾诉

　　一年级的孩子天性活泼，上课积蓄的能量到了下课时间自然是要"释放"出来的。孩子们天性爱玩，他们的小打小闹我看作是孩子的天性使然。然而，有一点令我感到头疼的是，总有一些孩子喜欢课后在走廊里奔跑，稍有不慎就会摔倒，轻则擦破皮，重则撞出一个个淤青。我用过许多教育手段试图纠正这种不良习惯，例如粗暴的批评、禁止一段时间的课后活动等等，但却收效甚微。

　　一天，小 D 向我报告，说小 A 和小 B 又在走廊奔跑了。我叹了口气，暗自思考有没有更好的办法来解决这个问题。上课了，我看了看孩子们，说："今天老师又看到有同学在走廊上快速奔跑……"话音未落，我就看到小 A 和小 B 悄悄地低下了头。我接着说："同学们，现在请想一想你有哪些话想对他说的，五分钟后老师会请同学发表自己的意见。"

　　五分钟很快就过去了，孩子们不用我提醒就安静了下来，那一双双眼睛充满了期待。我搬了一把空椅子放在讲台上。孩子们紧紧地盯着我。"同学们，现在那位在走廊奔跑的同学就坐在这把椅子上，虽然我们看不见他，但是他能听到我们讲话。""啊？""这椅子上没有人啊？"教室里顿时炸开了锅。我示意他们安静下来，并请值日班长小 C 发表自己的意见。小 C 说："这位同学，在走廊奔跑不但会让自己受伤，还会撞到老师同学，请你学会慢慢走，不要再跑啦！"其他的孩子很快就领悟了我的深意，纷纷举手。男孩小 E 说："今天你运气好，没有受伤，如果刚好地上有一块香蕉皮，或者有积水，那你肯定要摔跤了。有一次，我没看到地上的水走过去就滑倒了，所以我现在都不敢在走廊上奔跑了……"

　　孩子们你一言我一语，他们已经把空椅子当作真正在廊道奔跑的同学了。

小 F 说:"这位同学,如果你在午饭后奔跑,会影响你消化的,时间久了,你就会变成一个长不高的小孩。"他一本正经的样子惹得其他孩子哈哈大笑。批评最激烈的当属小 G 了,他皱着眉头,用手指着空椅子愤怒地说:"如果你在走廊奔跑时,被值周老师抓到了,那我们班就拿不到绿章了!"他可真是个有着强烈班级荣誉感的孩子呢。

我用余光扫了扫小 B 和小 C,他们虽然装作若无其事,但眼中分明有不安和紧张。最后我请小 B 和小 C 做了总结。小 C 吞吞吐吐地说:"这位同学,在走廊奔跑是一个坏习惯,你应该及时改正,我们会监督你,让你不再犯错。"小 B 红着脸说:"别的同学都能做到慢走,为什么你就做不到呢?只要你知错能改,大家就会原谅你的。"说完就"嗖"地坐了下去。看来他一定已经意识到自己的错误了。

最后我简单地总结道:"刚才许多同学都发表了意见,在走廊奔跑的习惯确实不好,不但容易摔倒,撞到其他正常行走的老师同学,而且'嘭嘭嘭'的脚步声会影响其他班级还在上课的同学。老师既希望也相信有这种坏毛病的同学能够及时改正,就像刚才小 B 说的那样,只要知错能改,那你就还是老师的好学生、同学的好伙伴。"这时,我看到小 B 和小 C 垂下许久的小脑袋又抬了起来。

让我感到欣慰的是,从那以后班里走廊奔跑的现象大为改观。经历了这次班级教育活动后,孩子们的心中都打下了深深的烙印,那就是绝不能像坐在空椅子上的人那样在走廊奔跑。

【培元心语】

著名的教育家叶圣陶曾说过:"教育就是养成良好的习惯。"董山小学提出和实践"培元教育",将培养学生的核心素养和可持续发展能力放在首位。全面实施"培元教育"要抓根本,这个根本就是习惯的培育,董山正是从培养学生良好行为习惯入手,夯实学生人生发展所需的核心素养。

小学生由于身心发展的特点,自控能力较差。我们常会在班级观察到,有许多行为习惯是老师三番五次强调的，例如吃饭时要做到食不语，上下楼梯要靠右行，走廊上不能奔跑等等。但学生就是控制不了自己，在老师多次提醒以后坏习惯依然会"死灰复燃"。老师苦口婆心的说教和简单粗暴的惩罚要么会被学生当作"耳边风"，要么会伤害学生的自尊心，甚至引起学生的抵触心理，对学生行为习惯的养成效果不大。

这种情况下，就需要教师用教育的智慧来纠正孩子的不良行为习惯了。比如，用空椅子倾诉的方法，既保护了孩子的自尊心，又教育了孩子。无论对犯错的学生，还是对旁观的学生都起到了良好的教育作用，这是真正走进孩子内心的教育。

（朱以盛）

一场"斗智斗勇"的博弈

每个周末的休假对我来说，总是感到又激动又隐隐担忧。开心的是孩子们经过一个周末的休息整顿，回校时个个精神饱满，学习气氛很浓。但是我也忧愁，一些"问题学生"原先存在的问题也常会在每周一"旧病复发"，新新就是其中表现最突出的学生之一，他的主要"问题"是不能字迹端正地完成作业。为了帮助他字迹端正地完成作业，我挠破头皮，心思可没少花。

新的一周开始了，果然，我最担心的事情还是发生了。新新交上来的作业字迹"龙飞凤舞"，看得我眼花缭乱、头昏脑涨。我不想耽误他的其他课程，所以利用课间陪伴让他把擦掉的作业补上。就这样，我牺牲了休息时间，他也牺牲了游戏时间。可孩子毕竟是孩子，从他不满的眼神里，可以看得出他是多么的不情愿。我故作同情状，对他说："想出去玩儿？一个人待在老师办公室重写作业没意思，是吧？"他点点头，"那你能不能从今以后保证字迹端正地完成作业？"他坚定地点了点头。

他交上来的作业，一改往日的脏乱差，字迹端庄、清秀漂亮。我不失时机地表扬了他，他马上挺直了腰杆，露出了会心的笑容。我鼓励他："一定要将'好好书写'的好习惯坚持下去。好好书写作业，学习成绩也会进步的！"他自信地点点头。我也满意地笑笑。

语文课后，我布置了当天的语文作业——抄写词语，并且提醒孩子们尽量抓紧时间在课间完成。只要孩子们不贪玩，集中心思每个字一笔一画地写，这样的抄写任务并不会花费他们很多的课余时间。紧接着，我就去办公室批改作业。

一上午过去了，午间我去了趟教室，发现好多孩子已经将语文作业交在批改桌上了。我一本一本地翻阅批改，发现这些先交上来的作业书写态度很认真、很端正。这时，我突然想起早上刚刚受到表扬的新新。哎，他怎么不在教室，他又跑到哪里去了呢？我马上急切地问孩子们："新新在吗？"目光也随之扫视了一遍教室。孩子们四处张望，回答道："他不在，他去玩了！"我心想："这孩子作业不会是已经交上了吧？今天可真乖。"

我继续改，一本春蚓秋蛇之作映入眼帘。一看封面，我气打不出一处来，果不其然是新新的作业。于是，我马上发动班上的小机灵去找新新回来。新新一见我阴沉沉的脸色就觉得大事不妙，他怯怯地说："徐老师，我错了，我马上拿回去重新写，放学前会交给你。"

放学时间一到，学校又热闹起来。我在教室口一望，看到新新正端正地坐在座位上写作业，就去做别的事情了。大约十几分钟后，我回办公室一看，发现桌面上躺着一本作业，这字迹歪七扭八，草草了事，一看就是新新的，他趁我不在交了作业逃回家了！看来也只能借此到他家里去"告状"老人。

我驱车赶到新新家，他妈妈迎了上来，说："徐老师，他这个态度实在是无药可救。"我望了望在角落的新新，"吧嗒吧嗒"地掉着眼泪。我走过去帮他擦掉眼泪，抱了抱他，并安慰道："新新，爸妈和老师想让你拥有一手好字，是出于真心。平时我老盯着你，看你的字迹端不端正也不是故意针对你，而是我明白只要你认真就可以写一手漂亮的字。做事结果不满意的最大原因不是'我不会'，而是'我本可以'。爸妈和老师希望你能做个严于律己的孩子。"他似懂非懂地点点头。

第二天，新新交上一份份赏心悦目的作业。后面一段日子，他的书写也有了一定的起色。我知道，这孩子爱贪玩，今后还肯定会出现书写潦草的情况，但是我会一直和他"斗智斗勇"下去……

【培元心语】

"让好习惯滋润一生"是董山小学的办学理念，全面实施"培元教育"要抓根本，这个根本就是习惯。良好的行为习惯影响着孩子的成长和发展。

小学生的良好习惯养成教育是"培元教育"的重要内容。在小学生的行为习惯培养中，良好的学习习惯是养成教育重要一环。良好学习习惯养成教育，是整个习惯教育体系的重点内容。

良好的学习习惯的养成是一项十分复杂且十分具体的实践过程，培养孩子任何一种良好学习习惯，需要教育工作者坚持做长期而细致的工作。在小学生良好学习习惯养成教育过程中，教师要根据小学生的心理特点和学习特点，明确培养目标，重视从点滴小事中开始培养学生的良好学习习惯。

培养包括写字习惯在内的良好的语文学习习惯，是一件繁琐的工作，需要我们付出大量精力，并坚持不懈。如果说一阵，抓一阵，以后就放任自流，很可能会前功尽弃。只要我们勤思考，肯探索，把自己当作学生探求知识的同行者，一定会找到更好的办法培养学生的学习习惯，提高我们的教学效率。

（徐婉婉）

用"要"代替"不"

又到了午餐时间，我巡视着正在吃饭的一年级学生，刚走过这头，身后就传来了嘻嘻笑笑的声音。

"嚼东西的时候不要说话！"我板着脸提醒那两个聊着天的孩子。被老师发现了，两个小鬼马上低下头，各吃自己的，吃两口还不忘偷偷瞄一眼，看看我是不是已经离开了。这边安静了，我又去检查另外一边学生的就餐情况。

这时，身后又传来了声音。还是这几个学生！突然，其中一个孩子做了个鬼脸，逗得周围几个人也学起来，又吸引了旁边的同学，这下子炸开了锅，一桌人都没了吃饭的心思。我径自走过去，用手指重重地敲了敲桌子，说："不要嬉皮笑脸，吃饭的时候不要讲话。"可几个调皮鬼还不罢休，一心想把自己的"功夫"都"展现"完，我很是无奈。

怎么办呢？我强压住心头的怒火，努力让自己冷静下来，要不改变一下语言的模式，也许会是一个有价值的尝试。想完，我轻轻走过去，对着孩子们说："吃东西的时候要安静，你们知道为什么吗？"孩子们看着我。"会呛到哦。喷的一桌都是饭，会很难受。而且，大家都很乖很安静在吃饭，只有你们吵闹的话，看起来很不礼貌。"他们好像没有想到老师会这么认真地问他们，但是想了想好像也没办法反驳，我于是说："有什么好玩的可以等吃完饭午休的时候讲，那个时候有更多的小朋友听你说话呢！好不好？"孩子接受了，冲我点点头。

这天中午，这几个平时让我费心的孩子，格外的安静，早早吃完饭，去倒了餐盘。我特意表扬了他们。

自习课上，大家都在安静地看书，只有好动的小然一个人在磨橡皮，切橡皮，还把橡皮灰扔到附近同学的桌子上。要是平时，我马上会板着脸呵斥："自习课是让你们安静看书的，不要玩橡皮！""你看看周围小朋友都被你影响了！""全班就你不听话，你怎么就坐不住呢？"有了午餐时的这段经历，我一反常态，轻轻走到小然座位旁，弯下身来轻声说："这个玩法是你想出来的啊？很有创意。可是橡皮呢，是应该帮助我们把写错的字擦去的，是我们学习时的好朋友，我们要好好爱护它才可以哦！"小然不好意思地停下了手。

我又问："你知道，这节课应该做什么吗？"

他环顾四周，说："看课外书。"他显得有点委屈，说："老师，我从家里带的这本书中午就已经看完了，我不想看……"

哈哈，原来这是个拉不下脸和同学借书看的小帅哥！我从班级的图书角找了一本绘本，递给小然："有问题可以找老师解决呀，要说出来才能帮你想办法，是不是？记住，要在正确的时间做正确的事。"瞬间，小然眼神中好像有什么被点亮了。

"不要在马路上奔跑。"换成"在马路上我要靠边慢慢走。"

"不要从楼梯上一次跳几个台阶。"换成"我们还在成长，骨骼很脆弱。跳楼梯很危险，我们要慢慢走。"

……

一段时间下来，我慢慢地发现，只是把"不要"换成"我要"，把强制性的话语换成温柔的鼓励，却收到了意想不到的教育成效。

【培元心语】

小学阶段除了学习任务，更重要的是养成良好习惯。董山小学十分重视学生的习惯养成教育，从学习、生活、行为三大领域，对小学阶段习惯做出了具体规划和要求。在习惯培养的过程中，有许多需要说"不"的时刻。然而，当我们说了"不"，下了这样"明确"的规定，有时却并不能百分百有效，简单地叫孩子们"不要做"可能会适得其反。

一种话可以有两种表达。如要让孩子愉快做事、养成好习惯，应该用正面的语言说。因为孩子也和成人一样，不希望老是被否定、被指责。说"不"的老师带着焦虑和担忧。听"不"的孩子感受到的是被无形的大手阻止的能量。而"焦虑和担忧"的情绪无法支持孩子形成情绪上或动机上的力量，感受到"被阻止"的孩子最大的渴望不是安全，而是去消除这种消极的感受。

正面积极的语言不仅能够使孩子养成良好的语言习惯，还有助于培养他积极乐观的心态，这对孩子的心理成长将会大有益处。那么，就让我们继续把"不要"换成"要"，传递给学生一份信任和尊重；把目标具体化，给学生一个具体能掌握的方向。

（刁凯论）

做一个有"粮"心的人

天气比较炎热，近期孩子们的胃口似乎不是特别好，每天中餐时能吃掉三个菜的孩子寥寥无几，有的孩子甚至连两个菜都吃不了，只能吃一个菜左右，两个大大的倒菜桶里，几乎快被学生们倒掉的饭菜挤满。"锄禾日当午，汗滴禾下锄，谁知盘中餐，粒粒皆辛苦"这四句诗很多孩子都能背诵，但做到节约粮食的很少。城里的孩子不懂粮食的来之不易，我决心在班里好好发扬下光盘意识，并评选"光盘小达人"，行动之前，首先得做好思想工作。

中午吃完饭回到教室时，我跟大家说："小朋友们，你们和爸爸妈妈去吃过哪些大餐？"

孩子们七嘴八舌地议论了起来，有的说是海鲜大餐，有人说是肯德基，也有人说和爸爸妈妈去欧洲旅游时吃过好几个国家的美食。我跟大家说："小朋友们，你们知道吗？津巴布韦是这个世界上最贫穷的国家，在这个国家里，对那里的小朋友们来说玉米粥和大豆已经是大餐了。"孩子们纷纷瞪大眼睛，张大嘴巴，露出了惊讶的神情。

"可老师感觉我们食堂里被小朋友们倒掉的饭菜都要比他们吃的要好上不知多少倍。每次看到食堂里那些剩饭剩菜啊，我总想着，要是老师是会飞的超人该有多好，每天将同学们吃不完的饭菜送到津巴布韦，就可以养活很多贫困家庭的孩子，可以救活很多饥饿的人民。说不定哪天诺贝尔委员会一高兴，就把"和平奖"颁给我了。"教室里一片笑声，有几个小朋友异口同声地说："老师，我们以后再也不浪费粮食了。"

此时，我用多媒体打开几张津巴布韦的照片，一个头大眼大、但很瘦的津巴布韦儿童进入了小朋友们的视野。"这是摄影师在津巴布韦拍到的几张照片，婴儿严重营养不良、也不知道他后来有没有幸运地活下来，饥饿的孩子们有的在鸟巢中找食物、有的在捡卡车上掉落的米粒。"大家看着那几张照片，顿时教室里陷入一片沉默。

我继续说："你们每天浪费的食物是津巴布韦的小朋友们想吃都吃不到的，对他们来说可是大大餐了。"这时，几个经常剩下很多饭菜的孩子羞愧地低下了头。

"可是我们班有几个是真正一粒饭不剩的呢？这些粮食朋友，有多少真正变成了强壮身体的营养？看倒菜桶就知道了。小朋友们，当你们以饭菜不合口味而抱怨，甚至把大量饭菜倒掉时，你知道食堂叔叔阿姨为了这每一餐付出了多少努力和心血吗？食堂叔叔阿姨每天很早就要上班为大家准备，为的是能让大家吃上香喷喷的午餐，午餐后他们又在一刻不停地忙碌，把餐具卫生洗刷打扫完。每周为了定菜谱，食堂叔叔阿姨也费尽脑筋，先要保证给同学们足够的营养，然后再研究所配的菜品和烹制方法，尽量做到每周不重样。为了照顾小朋友们的口味，他们不断地捉摸新菜品。小朋友们，知道了这些，你还忍心浪费这些凝聚着他们的关爱与辛苦的饭菜吗？"这时孩子们纷纷摇头。"老师相信珍惜粮食每个小朋友都能够做到，让我们一起参与光盘行动吧，尽量吃完碗中的最后一粒饭，不留下任何剩菜，争做光盘小达人！"

此时，我不失时机地拿出一份承诺书，上面写着6个大字：争做光盘小达人！"响应老师这个号召的小朋友们，请在上面签个名。"小朋友们纷纷在纸上"画了押"。然后全班一起喊了口号"光盘行动，我能行！"

那之后的一段日子里，吃完午饭，我班的学生在看到我时，几乎都会面带笑容地冲我说出下面的话来："老师，我今天又光盘啦。""老师，今天我也是光盘小达人了。"

就让"光盘"成为一种习惯！让"光盘"成为一棵幼苗，在孩子们的心田中生根发芽，苗壮成长。从我做起，从现在做起，不再错过每一粒饭的营养。

【培元心语】

"良好行为习惯的养成"是确保孩子今后发展的根基性的素养，也是"培元教育"五大核心素养之一。"一粥一饭，当思来之不易；半丝半缕，恒念物力维艰。"自古以来，勤俭节约就是我们中华民族的传统美德，它也一直体现着我国人民的文明素质和文明程度。但是今天在我们身边，餐桌上浪费的现象却屡见不鲜，铺张浪费的就餐习惯跟我国"勤俭节约"的传统背道而驰。

作为班级导师引导学生用实际行动积极加入到节约粮食的队伍中，不再错过每一粒米的营养，把节约粮食的理念变成自觉行动，让节约引领风尚，让校园成为无浪费的校园，弘扬中华民族节约粮食、尊重劳动、珍惜幸福的传统美德。

杜绝浪费，节约粮食，做一个有"粮"心的人，从小做起！培养孩子养成节约粮食的好习惯，就从让孩子承诺做件可贵的小事做起：不剩饭，不剩菜！

（凌怡）

3

自主学习能力提升篇

错误也是一种资源

　　小昊是班上特别机灵、活泼的男孩，总能给大家带来很多乐趣，但是对于学习总是静不下心来。如果你问他一个学习上的问题，他总会瞪着一双圆溜溜的大眼睛，问道："是什么？"那萌萌的样子，总把老师弄得哭笑不得。

　　周一的早晨，他像往常一样背着书包，高高兴兴地来上学。一进教室，他看到我正在批阅作业，就轻声地跟我打了声招呼："老师早上好。"咦，这很不像平常的他哦。我抬头一看，呀，眼角边怎么有一道伤口？我马上走过去询问："小昊，这脸怎么啦？"他低着头就是不吱声。"什么时候弄伤的呀？是不是跟小朋友打架了？"他双手不停地攥着衣角，怯生生地说："没，没有啊。这是我星期天的时候弄伤的。"我一把把他拉过来，问道："疼吗？"他摇摇头，说："老师不疼，这其实是我妈妈打的。"打在儿身痛在娘心，这孩子肯定又做了什么不合常规的事情。"那你做了什么事惹妈妈那么生气？"我好奇地问。"没什么呀，就是我在做算术题7+6=13，老是把答案写成14，妈妈教了我很多遍，我一直要错，然后妈妈才打了我。"孩子表示这样简单的算式已经会了。这不，当天的口算作业中又发现了类似的问题。看来妈妈的方法还是没有奏效，于是我决定跟小昊深入谈一谈，一起找找背后的原因。

　　"妈妈教了你很多遍的问题是你真不会呢？还是有其他原因？"我慢条斯理地问道。这孩子平时上课的时候常常是特别好动，每次点名也只能稍微安静一会儿，过不了多久又开始捉弄起其他小朋友了。为他的这种学习状态，也想了很多办法，但这些方法在他身上屡试屡败。妈妈也是急坏了。他思考了一会儿说："我没有好好听。"听到这话，突然间我被他的勇气打动了，连忙夸赞他很勇敢；看我一番夸奖，他更是好奇地看着我。

前面的谈话让我对这个孩子有了全新的了解。于是我又问道："妈妈教你，你没有好好听，当时你是怎么想的？""其实这些我都知道，但是每次碰到的时候还是要错。"是啊，在教学中我们常常会遇到这样的问题，有些孩子总是写错字，或者同一道题目错了一遍又一遍，虽然老师和家长重新给他讲解，并让他及时订正了，但是下一次遇到的时候还是会犯同样的错误。问题到底出在哪里呢？很多时候让我们百思不得其解。细细想来，小昊也说了，他是知道的，但作业时常常要出现错误。于是问道："这道题你明明知道，怎么老算错？"他想了很久后告诉我每次一写快，或者不留神就把错误答案给搬上去了。我问他有没有想过怎样避免这些错误呢，他摇摇头，瞪着他那双圆溜溜的大眼睛看着我，半天想不出方法。"你每次下笔的时候有没有提醒自己呢？""没有，老师下次遇到这样的问题时，我一定会提醒自己的。"小昊脸上露出了微笑。自从这次谈话以后小昊同学很少在这个问题中出现错误。

【培元心语】

学习能力的强弱，将会决定一个人的未来发展和命运归途。在知识大爆炸时代，迫切需要让孩子拥有强大的学习能力。强大的学习能力包括阅读能力、记忆力、专注力等方面。运用学过的知识解决问题，学会有效的学习方法，是"培元教育"培养学生强大学习能力当中重要抓手之一。

在孩子的学习过程中，常常会遇到这样的问题，同一道算术题或同一个字错了一遍又一遍，虽然订正了，但是下次遇到的时候还是会犯同样的错误，有时我们会感到无奈，明明已经讲解了很多遍。每次指出错误的时候，孩子一下子又恍然大悟。其实这些问题也就是孩子学习上的意识问题，他们并没有意识到自己的问题到底在哪里。这需要引导学生关注自己的错误，加强作业专注力，避免重复犯错。

学习是一个长期的、持续的犯错误又不断地纠正错误的过程。它是学习过程的构成部分，是达到学习目标的不可避免的过程。而纠正错误的行为主体应是学生本人而不是别人，纠错本身就是一个从思考错误到解决错误的过程，它绝对不同于教师包办的就事论事的纠错行为，教师的主要作用应该是发现、引导和帮助。教师发现学生的错误后不必逢错必纠，而应视具体情况，通过提示学生纠错、互相纠错和诱导纠错等方式培养学生的自主纠错能力。

（蒋维娜）

"过渡期"慢慢来

　　记得那是2016年9月的第一天，第一次与407班全体同学简单见面后，我回到办公室发现桌上静静地躺着一张奖状——崔崔习作入选证书。就这样，我来到这所新学校的第一次单独找学生"说话"的机会就顺利而至啦。

　　崔崔听到我喊他的名字，惊慌腼腆地小跑过来，眼睛不敢与我对视，只是轻轻地接过我手中的奖状就回去了。我有些疑惑，因为他脸上似乎没有异常欣喜惊讶的神情。后来才知道他是咱们班的"写作一把手"！获奖对他来说已是家常便饭，自然少了初次的兴奋。

　　没想到看上去如此腼腆低调的崔崔同学竟是深藏不露的高手呀！原来，在妈妈的坚持鼓励下，他从一年级开始就坚持用拼音写日记。他妈妈对他的付出可谓是"全方位无死角"。当然，崔崔同学自己也很努力听话。在老师和家人眼里一直都是个乖巧懂事的好孩子。

　　初来乍到，我对孩子们的印象只是些许"耳闻"而已。自然而然，对崔崔同学初印象就是"好孩子"啦！在后面开始的教学生活中，我对他的要求也是只增不减。在基本的教学要求外，我更要求他学会自主学习，自己掌握学习方法，而不是像以前那样一切听从老师和妈妈安排。

　　可是慢慢地，我发现崔崔同学学习成绩呈下滑趋势。简单的词语听写，竟然也开始出现连续错误。我一下子也懵了，摸不着头脑。是我要求太高了吗？可是基础的字词听写连续过关，对崔崔来说根本不是大问题，更谈不上高要求。在一次与崔崔妈交流的过程中我开始意识到了问题。崔崔妈说现在在家的听写她不帮忙，孩子都是自己解决。至于他的完成情况，崔崔妈也不清楚。在了解孩子学习情况后，崔崔妈显得很是着急。她觉得自己还是不应该放手，一放手孩子就出现这样的情况，一个劲地自责……

在崔崔的学习上，前面三年崔崔妈都是寸步不离的。回家陪伴写作业，写完作业检查……崔崔的考试分数，曾经决定了他们家庭幸福指数的重要标识。在这样的陪伴与强压下，崔崔慢慢失去了自主能力，在他的潜意识中，学习首先是为了让妈妈开心再者才是考虑自己的感受。现在，妈妈突然放手，当然会让崔崔迷失方向、不知所措。

我也开始慢慢焦虑起来，不知到底应该怎么做才好。但我坚信，让父母放手，才能让孩子走得更远。虽然自己心里着急，但只能安慰崔崔和崔崔妈，让我们一起努力，慢慢来。孩子的"过渡期"而已，迟早都会经历，我们不怕。

一次单元小测，崔崔出现了严重的失误。我把他叫到办公室，他自己看到试卷上的分数，双手攥着衣角，开始不知所措起来。我轻声询问他最近的状态，他的眼神始终躲闪着，不愿与我对视。我从他的眼神中明白了他也清楚自己的状态不理想，清楚自己最近经历着什么。于是我不再纠结于此，开始与他逐题分析错题，由错题展开引导他认识自己真正的不足与今后可以努力的方向。他红着眼点了点头，若有所思……

之后的一段日子，我耐心等着崔崔的改变，即使出现问题也不会把焦虑显露出来。我在电话中跟崔崔妈提到了"半放手"的方式，比如听写词语，可以选择让崔崔自己把要听的词语录下来，再进行逐一听写，但检查由妈妈负责；或是让妈妈报词语，但检查由崔崔自己负责。这样既让崔崔可以慢慢学会安排自己的学习任务，又可以让家长了解孩子的学习情况。

久而久之，崔崔的状态开始变得越来越稳定，也可以从他脸上看到更多自信的微表情。反馈听写情况时，能看到他挺直腰板儿淡定地坐着；单元小测时，能看到他轻松地挥动着笔杆；课间活动时，也能看到他畅快地玩耍。崔崔妈也向我表示，现在在家他自己会制定计划表，按计划严格执行，在一些"学术问题"上还有了自己的想法，愿意与妈妈尽情争辩。

在三方合力的共同配合下，崔崔顺利度过了"过渡期"，学会了更高效地安排学习。也许，在这个过程中，他慢慢懂得了"学习是自己的"。

[培元心语]

基础教育课程改革要求学生的学习方式从他主学习转向自主学习。要求学生具有搜集和处理信息的能力、获取新知识的能力、发现和提出问题的能力、分析和解决问题的能力以及交流与合作的能力。"强大的学习能力"也恰好是董山小学"培元教育"五大核心元素养之一。

四年级孩子开始从被动学习主体向主动学习主体转变。虽然有了一些自己的想法，但明辨是非的能力还是十分有限，经常会遇到自己难以解决的问题，这时候父母的引导仍至关重要，若一下子要求孩子成为一个独立的学习个体，孩子仍会非常迷茫。"三升四"的过渡期，每个孩子都会呈现出不一样的状态。唯有放慢速度，家校配合，方能顺利度过。

通过家长的"半放手"方式和教师的"耐心引导"方式，让孩子自己认识到身上的长处短处，由被动学习慢慢向主动学习转变，让孩子在这个过程中掌握自主学习的能力，渐渐独具分辨是非的能力和关于学科知识的思辨能力。我们唯有充分发挥学生自主学习的潜能，积极促进学生学习形式的改变，激励学生主动参与，主动实践，主动思考，主动探索，主动创造，才能全面提高学生的素质，才能使我们的教育焕发出生命的活力。

（陆佳）

Mind Map 让学习更轻松

知识整理课是我校的特色课程之一，根据不同年级孩子的思维特点，我们采用不同方式的整理课模式。低年级的孩子认字不多、书写慢，且知识点也相对简单，我们采用以口头表达为主的整理方式。到了中年级，则开始采用整理单式对所学的知识进行回顾整理。但是，一些概念课的知识点非常繁多、细碎，学生非常容易搞错、混淆，该怎么整理呢？

我想起了近几年比较"火"的 Mind Map（思维导图），找来了一些资料，开始研究"思维导图"教学，是不是可以尝试一下呢？考虑到平时课堂教学时间有限，我决定采用"以点带面"的教学战术。

"先让一部分人富起来"

我把目标锁定在了社团，三年级第一学期我开设了"思维导图"社团，参加社团的孩子们便成了先"富"起来那批人。从思维导图的背景开始介绍，我让孩子们充分感受了思维导图的作用，接着由简至繁，讲授了思维导图的制作原理、方法、注意点，同时还很好地进行了实践，引导孩子们把思维导图运用在生活中、学习上。

基于第一次社团教学的成功惊喜，我与其他老师合作，一起对上一次的教学内容和方案做了调整，继续在第二学期开设了"思维导图"社团。这样，就带领了两批人先"富"了起来。

"先富带动大部分地区"

《平行与垂直》一课中，学生在35分钟内就接触到"平行""垂直""相交""平行线""垂线""垂足"等多个概念。要运用这些词语来正确描述直线间的关系，这对于理解接受能力差的孩子来说是非常困难的。这时候，如果采用思维导图的形式，对细碎的知识点进行分类归纳整理就能让学生更好地理解、内化。

这是第一次我在整个班当然数学课上介绍思维导图的整理方式，也是大部分孩子第一次接触"思维导图"这个词，对它充满了好奇。当然，之前上过社团课的孩子已经非常熟悉了。课后，我让孩子们选择自己喜欢的一个单元的内容，用思维导图的形式进行整理。很明显，我能一眼找到那些上过社团的孩子的作业，其余孩子只是根据自己粗浅的理解做了貌似是思维导图的整理。怎样在短时间内让这些学生也学用思维导图来整理知识，榜样的作用是不是可以发挥一下呢？

幸好，班级里已经有近10位同学可以很出色地制作思维导图。于是，我一方面我将这几位同学的思维导图作品在教室内展出，让他们当小老师选择1~2位徒弟组成学习搭档；另一方面，我把思维导图的教材在班级内进行传阅自学，尤其是针对平时课堂任务完成快的同学，这部分学生的接受能力、阅读能力本就较强，自学教材对他们难度不大，学会之后又可以当小老师帮助其他同学。

就这样，"先富带动后富"，班级里绝大多数孩子在这样的模式下已经认识了真正的思维导图，并能够熟练地运用思维导图进行知识点的整理。

"最终达到共同富裕"

榜样的作用还在继续：每当有优秀的思维导图作品出现，我便会在一旁批注出"出彩之处"并在全班进行展示，大家会在下一次作品中让自己的作品增加这些"出彩之处"。

孩子们的潜能总是让人惊叹！一段时间过后，在榜样的影响下，他们不仅梳理出全面的知识点，还能对具体的例子准确讲解；他们不仅善于分类和整理，还展示出对难点和易错点的详细分析；他们不仅关注到新旧知识点的联系，还呈现出探索新知的过程和方法；他们不仅强调出重点和关键词，还能用画图的方法说明其中的道理。

虽然，现在孩子们主要还停留在"老师要求我们做思维导图"的阶段，不过我相信在榜样引领之下，"思维导图"会成为孩子们一种主动的学习方法，成为"强大学习能力"的组成之一。

[培元心语]

"培元教育"指引下的学习强调"自主第一"，以促进学生强大学习能力的养成为目标。自主知识整理课引导学生从原有的知识经验中，生长新的知识经验，进行知识的处理和转换，进而培养学生自主学习的能力、自我建构的能力。

使用 Mind Map（思维导图）进行知识整理，可以让学生自己探索整理出来的内容，使学生成为教学过程中的主体，教师作为引导来充分发挥学生的主观能动性和创造力，这样更有助于帮助学生找到适合自己的学习方法，提高自学的能力，培育强大学习能力。

在学习思维导图这一课外内容的整个过程中，让已经学会的社团学生作为"榜样"，带动班级其他学生去向他们学习，组成一个个小的学习圈子，进行互帮互助的自主学习。这样"先富带动后富，最终达到共同富裕"的榜样引导型教育活动，促使教师跳出课堂教学，统观教育的全过程；促使学生主动习得，让学生的优良学习能力得到了的提升。在学生已经具备了一定自学能力的中高段，可以说是一种高效的教育活动模式。

（林婧轶）

比比谁的医术高

每当学习完一个单元后，我就经常会习惯性地安排一次摸底测试。卷子改完发下去后，我也常常会对孩子们说"把卷子拿给家长看"或是"请家长签名"之类的话。但是有的学生反映，"老师，别让家长看卷子了。""老师，不让家长签名行吗？我们受不了'男女混合双打'。""男女混合双打？"我吃惊地问。"就是爸爸＋妈妈一起打我这个可怜的'乒乓球'。"当然，孩子们可能夸张了一些，但我能想到家长们的表情和语气："这么简单的题都不会。"；"脑子丢哪儿去了？"听了孩子们的话，我想了很多……

拿卷子给家长看，只是想让家长了解孩子这一段的学习情况，以便引起家长的重视并帮助孩子，没想到却是这个效果。我知道，并不是所有的家长都这样，但我仍觉得我这种做法伤害了孩子们的自尊，我开始反思……

如果不靠家长，靠学生自己会怎样？学生能对自己的试卷进行正确分析吗？抱着试一试的想法，我决定让学生自己对错题进行分析，找出错误的原因。

刚开始，大部分学生都写一些诸如马虎、不细心等词语，但有的学生分析的比较透彻，比如，张文雅写道："$8 \div [（40.75-9.5）\times 0.4]$"这道题看起来很简单，我认为我的口算能力很好，一看是"$40.75-9.5$"，这么简单，一下子写了个30.25，然后就做完了这道题。检查的时候，又用口算来检查，没发现错误，就再也没检查这道题。试卷发下来后，我后悔莫及，我太骄傲了，我记得有一句话是骄兵必败，以后我在做题的时候，不放过任何一个哪怕是看起来非常简单的问题。包文超写道：求30的百分之九十是多少？本来我知道怎么列式，但由于粗心把"30×0.9"写成了"30×0.7"，虽然得27，但把算式写错是最不应该的，我下次考试一定要认真！认真！在课堂上我挑了几个分析比较透彻给学生们念了念，没想到反应很强烈，纷纷要求对试卷进行重新分析，我把试卷又发了下去。

第二次试卷收上来的时候，我笑了。

学生1：纯属判断失误，只记得书上说过"在乘法算式中，如果一个因数大于1，那么积就大于另一个因数"，所以一见到"一个数乘以1.05，积比原来的数大"我毫不犹豫地打了个"√"，万万没想到"0"这个特殊的数。要是我多举几个例子，就不会出错了。

学生2："$3.528 \times 0.05 = 0.1764$"，这道题本来计算正确了，但在横式上写得数时却写成了0.17625，唉！这道题真不该出错呀！可把我害惨了，我一定努力，认真，争取下次考的更好！

学生3：一发下卷子，鲜红的97映入我的眼帘，在别人看来97分已经是很不错的成绩，可是题错得实在冤枉，"3.8与4.5的积减去7.5除以5的商，得多少？"本来算式列对了，可在计算$7.5 \div 5$的时候，得数却写成了1.7，于是一个"×"跃然纸上。唉！！！

学生4："一个平行四边形，底是6.5分米，高比底短0.6分米，这个平行四边形的面积是多少？"这道题错得不应该，好成绩简直可以说是从我的手指缝里溜走的。刚开始做的时候，本来写的得数正确，可后来检查的时候，看到底是6.5分米，就认为高是0.6分米，于是连题都没有再读，就用竖式验算，验算结果和得数不一样，当时还挺高兴，检查出来一个错误。可一发卷子就傻眼了，后悔死了。回到家，妈妈说：'每次考试都得留点遗憾，要不是这样，不就稳拿100分了吗？'我决定，下次争取多多努力，考试认真检查，认真审题，不留下遗憾。加油！

……

一个小小的决定，一个意想不到的结果。如果长此这样做下去，会怎样呢？

【培元心语】

学习是一种动力，是一个人成才进步和发展的力量源泉。学习能力，尤其是自主学习、终身学习的能力正在决定和影响人的未来发展。"培元教育"通过学生强大学习能力的培养，为其今后人生发展奠定坚实基础。小学生如果具有反思能力，就能进行自觉有效地自主学习。利用错题培养学生的自我反思能力是提升学生学习能力的有效途径。

错题是学生学习过程中司空见惯的一种现象，它反映着教与学的质量，折射着课堂教学的效率。在日常教学中，对错题学生往往只停留在简单订正的层面上，而未能对产生错误的原因做很好分析。对数学学习中出现的错题，应当成为学生自我学习评价、自我反思、促进自身发展的有效途径，成为学习良好习惯习得的重要部分。

学生是学习的主体，学生学习的过程是一个由学生自己建构知识的过程。这就要求教师在教学中，将学生的错误作为一种资源，让其成为教学起点。教师要及时捕捉学生出现错误的问题所在，巧妙地挖掘其中的错误资源，通过分析、比较和学生自我探索、自我体验等方式，把错误转化为新的学习。

（胡燕芸）

"聪明本"的魔力

"同学们，今天晚上我们要开家长会，晚上"聪明本"要给你们的爸爸妈妈欣赏欣赏，今晚没有"聪明题"哦！""不行，不行，我要'聪明题'。"全班小朋友你一言我一语，"呜呜哇哇"的声音此起彼伏。

突然，从下面冷不丁冒出一句："老师，离放学还有半小时呢，你把'聪明题'写在黑板上，放学前我们就可以完成它，不影响晚上的家长会"。听他这么一说，其他小朋友眼睛都亮了起来，异口同声地说："对呀，对呀，老师你赶紧出！"

"今天就算了，给你们放假，轻松轻松！"

"嗯……不行，老师，我们可以的，真的可以的！"孩子们用期盼的眼神看着我，"讨"着要"聪明题"。我心里暗暗自喜，这些小家伙真是可爱，每个孩子都超级有上进心，看来"聪明本"的魔力可真不小。

为了满足孩子们的需要，我立马把"聪明题"编写在了黑板上。教室里一下子安静了下来，有的孩子抬着头冥思苦想，有的孩子正在剪剪画画，还有的孩子脸上绽开了笑容，嘴里还不停地说："有了，有了，我想出来了。"看他们的神情，别提有多高兴了！

以往孩子们只要听说今天没有作业，整个教室的学生都会沸腾欢呼起来，脸上会充满强烈的幸福感。而我们这群可爱的孩子不但放弃了这种"幸福"，还"讨着""抢着""争着"老师给他们布置作业。

"聪明本"的魔力为何如此强大呢？

让我们先来认识一下吧！它是从二年级开始我们班每个小朋友新交的"好朋友"。一本薄薄的本子，里面积累了孩子们智慧。每天我都会根据白天学习的内容和孩子的兴趣自己创编一道"聪明题"，孩子们自愿地选择式地去尝试挑战，如果有困难可以寻求他人的帮助。其实每一次创设的"聪明题"孩子们只要稍微跳一跳便能摘到"桃子"，完全有能力完成。偶尔还会适当的"放放水"，让他们觉得好简单。第一学期我们与"聪明本"，亲密接触了两个月，孩子们甚是喜欢，对"聪明本"的爱也日益增长。

再来看看我们这群可爱的小朋友吧！二年级的孩子爱幻想，富有挑战性，又有些"小大人"气。他们反感机械单一的作业，容易产生消极应对情绪。而"聪明题"正好满足了他们的胃口，它可以是精彩规律的显现，可以是思维宝藏的探险，也可以是动手能力的挑战，还可以是生活应用的实践，等等。这灵活多样，具有挑战性的"聪明题"，激发孩子们强烈的求知欲，满足他们浓郁的好奇心，使学生个性得以充分的张扬。

有了这两个月的亲密接触，到了第二学期，"聪明本"不但成为了孩子们的良师益友，还有了自己的"舞台"。星期一到星期五期间，每个孩子可以选择某一天的"聪明题"在班级里像模像样的当小老师来个"现场指导"，也可以在小范围四人小组里当当小老师，还可以通过视频、语音等方式成为网络小老师，放在班级群里供大家学习和质疑，这些方式孩子们可以提前自主安排选择。

有了这个大舞台，孩子们对"聪明本"更加热爱，说起来头头是道，看、听的小朋友们羡慕不已，也跃跃欲试。他们的数学能力也潜移默化地提高了，更让人惊讶的是："老师，老师，你这样的聪明题我也能编出来一题。"我想这就是"聪明题"的魔力吧！

【培元心语】

"培元教育"注重以培养学生自主学习的能力为核心造就学生强大的学习能力。把课堂还给学生，把学习的主动权交给学生，让学生自主学习，给学生充分的学习时间，放手让学生自主学习，创设自学的"气氛"，让学生的学习主动性得到充分的发挥，这是培养学生自主学习能力的主渠道。

新课程的作业已不再完全是课堂教学的附属，而更是重建与提升课程意义以及人生意义的重要内容，创新数学作业势在必行。以好玩、好学的创新性数学作业为载体，是培养孩子良好的数学核心素养的突破口。一题有价值的创新作业设计，不仅能深化理解所学的知识，更为重要的是能使学生在有价值的引导下自主建构学习的过程，以动态生成的方式完善知识建构。

认知心理学指出：经历积极的情感体验能够对学生产生积极的影响。对于小学生而言，兴趣是激发他们学习的最佳动机，一题趣味十足，挑战十足的作业一定能喜迎学生主动思考，主动探索。基于学生和数学的了解，以"聪明题"为突破口，为学生自主学习提供方向，学习过程中以多元方式，多元评价为桥梁，引领学生积极、主动地发展，进而提升数学综合素养。

（汪科波）

放权，让试卷讲评活起来

平时的讲评试卷课上，我通常都是一讲到底，一灌到底，让学生把错误答案改成正确的答案就算完成任务。有时即使来点提问的做法，也不过是让学生注意，点缀而已。

昨天进行了单元测试，今天的这节数学课我准备延续以往的模式进行试卷讲评。进行简短的小结之后，我开始分发试卷。"下面请报到名字的同学上台来。"我响亮地报着学生的名字：邹志超，马昕宇，马弈慧……孩子们乐不可支地一个挨着一个，走上讲台，掌声一片。

"呀，你看我多粗心。""哎，我忘记单位名称了。""唉，这里我原来已经发现，可老师收了，我来不及改了。"看着底下孩子一脸的认真，满口的自责，我顿生一计，何不让学生上台进行自主讲评。就这么办，让学生说说，说不定能产生更好的效果呢！

"同学们，请大家先自己把考卷订正好，不会的可以先不做，然后可以自荐到上面来进行讲评，每个同学都有机会！"

"什么，叫我们去讲评试卷？"孩子们显然有些惊讶，有几个便窃窃私语。是呀，每次测试后，总是老师讲评的，怎么这次让我们讲呢，孩子们你看看我，我看看你，小脸上满是疑惑。

"有谁愿意第一个上来？"我微笑着发出邀请。

"老师，怎么讲呢？"大胆的李泽一问。

"你注意老师平时怎么讲的吗？可以说说这个题目的意思，也可以说说解答时要注意些什么。或者也可以像老师一样提问提问，补充一些类似的问题啊。"我开始暗示。

"老师，我不敢。""没关系你就上来吧。"平时班级里几个男孩特别大胆，邹志超落落大方地上来了。

我来讲第一题，这个填空要注意填上合适的单位名称。比如：小明从家到学校要10( )，小明从家到学校，应该是比较近的，应该填"分"。10秒钟只能从教室前面走到教室后面，不可能这么近的。10小时就更不可能，要从早上走到晚上了。还有小红的身高132(厘米)。写上米就错了。老师上课时我们量的门才2米讲得很好啊，真不敢相信孩子们还挺会说的。

"谁再来讲讲其他喜欢讲、有话讲的题目呢！"这下几个孩子争着来说了。

"老师，我来！""老师，请我！"短短的一节课被急促的铃声叫停了，我没有像往常的试卷讲评那样，心里窝着火，责怪孩子们这个粗心，那个不认真，堆积着满腹埋怨，数落着孩子的不足，孩子们幼稚的发言启迪着我。从他们对老师的信任，对试卷的理解，对数学的感悟中，我明白了许多：分数不是考试的唯一，分数不是评价孩子的唯一，分数的背后有许多精彩的故事，孩子如何从容的处理问题，解决问题，才真正是我们需要了解和思考的话题。真的，无需喝彩，孩子的脸上写满了自信。

【培元心语】

"培元教育"指引下的儿童学习把关注的目光从"知识的习得"转移到"能力的习得"，从"课堂学习"延伸到"课外学习"，从"校内学习"拓展到"校外学习"，重在培养学生从"学会"到"会学"。

20世纪30年代后期，法国出现的著名的"布尔巴基"学派，就是由一批年轻人经常集会，在一起探讨各方面感兴趣的数学问题，取得的数学成就硕果累累。以学生为主本，让学生自己去探索、发现，再创造，最能调动学生的积极性，最有利于培养数学能力，特别是创造性能力。

学生是学习的主人，教师是学习的组织者、引导者与合作者。落实在试卷讲评课中，让学生自主进行试卷讲评，是顺应新课程标准要求，实现多元化、人性化的评价观，也培养学生强大学习能力的新举措，是将学生真正当作学习的主体的一种体现。

　　试卷讲评教学的成败在于其是否能激发学生积极向上的学习斗志，以及是否能培养学生的理性思维能力和迁移利用知识的能力。所以，讲评试卷时，教师要提倡平等交流和讨论，让学生"知己之能"，从而萌生超越自我的自信，切不可伤害学生的自尊。

（叶玉梅）

合作学习从有序开始

科学实验课上，在学习了食盐在水中的溶解情况之后，我又向学生提问："白糖、面粉能溶解在水中吗？"话音刚落，教室里就热闹起来，同学们跃跃欲试。看着孩子们兴奋的样子，我快速地跟他们讲解了实验步骤以及注意点，没等我说开始实验，学生们就开始动手了。

在实验过程中，问题又来了，经常有学生跑来向我"告状"，班级里个别调皮又有点强势的孩子，霸占着实验器材，不让其他的同学碰，自然，小组成员无法一起来完成实验任务。有的小组的成员都各忙各的，当实验结束后向学生提问有什么收获时，四个人还在争论不休。汇报交流阶段，一个小组在汇报展示时，经常有其他小组好动又有强烈探究欲的学生继续进行自己的探究，意见不同时，总迫不及待地想要说出自己的看法，打断汇报……课堂只好在混乱之中结束了。

下课后，我不禁陷入了思考，学生们真的有进入到探究活动中吗？这种情况下他们是不是真的有收获呢？不得不承认，这样的小组实验合作的效率低下，小组合作学习充其量也只是徒有其形而无其神，不能真正起到发挥学生主体作用，反而会影响学生的发展。怎么样才能提高小组合作的效率呢？

第二天，我跟孩子们讲："在开始上课之前，我们每个小组给成员都分配下任务吧！确定好各组的组长、材料员、实验员、记录员等。"孩子们很配合地开始讨论起来，最终各个小组根据组员的特点安排了各自的职务，让每个孩子都当上了"官"：组长负责协调统筹整个实验；材料员负责领取发放整理材料；记录员负责讲实验结果及时地做好记录；汇报员则要求大声清晰地将小组的实验结果分享给全班同学。这样每个学生在实验过程中都分配到了任务。

在磁铁这课的实践过程中，材料员负责拿去老师准备好的材料（磁铁、铜片、回形针、铝片、铁片、布条、纸片、木块、铁钉、玻璃片等）；组长在材料员领取材料后分配组员任务，每个人动手操作两种材料；记录员将实验的结果以打钩打叉的形式记录在实验记录单中。实验结束后，材料员整理材料放回原处。交流阶段，汇报员将磁铁能否吸引这些实验材料的结果在全班面前汇报。实验在孩子们有条不紊地操作中完美结束，这样的安排让孩子们意识到每一个职位都是不和或缺、不可替代的，不仅增加他们对自己的认同感，而且他们会更加积极主动地参与到实验中。

久而久之，也有孩子跟我提出来："老师，我不想当记录员了，也想体验下做汇报员。"这当然可以啦！面对孩子对自己的职位不满意的情况，我向孩子们建议可以在小组内进行"轮岗"，比如每个学生担任某个职务一月，这样既有利于保持新鲜感和合作的兴趣，学生各方面的能力又都得到提升。

渐渐地，科学课变得有序起来，这样的分工让学生们在有限的时间内完成了实验的结果，每个孩子不仅学习到了科学知识，也培养了他们之间的情感和团队精神。

【培元心语】

让学生拥有自我发展的能力、自主学习的能力、合作竞争的能力、自我反思的能力……让学生拥有强劲的发展后势和持续发展的能力，才能让学生轻松地走出知识的殿堂，走向美好的人生，这是"培元教育"的第一等目标。

合作是信息时代的特征之一，有效合作需要个体具有良好的合作能力。因此合作能力是现代人必备的科学素养之一。科学课倡导以小组合作的学习方式来提高学生的学习能力。在实验探究过程中，学生不仅能学习科学知识，更能习得乐于合作分享的能力，学会与他人建立起真诚的、亲密的关系，进而培养表达理解能力、人际融合能力、解决问题能力、团队合作能力与协调沟通能力。因此，科学实验是提升学生强大学习能力的重要途径和学习载体。

　　科学合作学习面向全体学生，给学生充分的学习自主权，促进生生间的互动交流。为达到学生共同发展的目的，教师应特别注意在小组内学生分工合作的组织与分配工作，力求组内每个人"尽其所长，补其所短"，切实培养小学生科学课程合作学习能力，帮助学生养成良好的合作学习习惯和合作学习技能，激发学生学习科学的兴趣和积极性，促进学生科学素养的养成，为未来科学技术人才的培养打下坚实的基础。

（姚珂）

化"险"为"夷"的教学机智

美术课是孩子们十分喜欢的课程，但是每个孩子的能力有差异，脾气秉性也有不同，所以在不同形式的课堂上难免会出现各类小插曲。

那是一堂孩子们最喜欢的黏土造型课，"今天我们上课的主题是用黏土做你喜欢的小动物，谁来说说你最喜欢什么小动物，它有什么特点，你想用什么颜色来搭配制作它呢？"还没等我说完，只见周哲同学已经在下面偷偷地玩起来黏土，心思完全没有在听讲上，于是我走到他的身边用打趣的口吻说道："哟，周同学，看样子你的小动物马上就要诞生啦？"周哲同学用不屑的眼神看了我一眼，继续毫无顾忌地捏着自己的小动物。

"接下来老师示范一只动物的做法，大家看看老师都用了哪些手法呢？"话还没说完，周哲同学突然起身朝垃圾桶走过去，"恶狠狠"地将手中一大团五颜六色的黏土扔进了垃圾桶。我疾步冲到垃圾桶前，堵住了他回座位的路，"站住，你为什么不打报告，私自走到垃圾桶前，破坏课堂的纪律，你这样做对吗？"。他被我一连串的发问镇住了，"因为我不会做小动物，我觉得自己做得乱七八糟，很不满意，就把黏土扔了"。

如何在不打击孩子创作自信心的情况下，又能进行心灵的教育，让他尊重老师，遵守课堂纪律呢？我的思绪在飞速打转，哦，有啦！"你为什么把黏土都扔掉了，多浪费呀？"周哲满不在乎地说："黏土都混在一起了，颜色脏脏的，不能用了。"我俯下身将垃圾桶里的黏土捡了起来，并对全班同学说"好了，老师现在要来示范动物的做法了。"大家都十分惊讶，用一块脏兮兮的黏土怎么创作呢，尤其是周哲更是睁大了眼睛看着我。

我将一大块黏土分成几个部分，先揉出动物的身体，接下来搓出动物的脖子和尾巴，"你们猜老师要做什么呢？"同学们说什么的都有，"因为现在动物的特征还没有出来，等一下你们就知道了"。我捏出了动物脖子和背上的刺，用小的黏土做了四肢，用工具刻画了眼睛，又很细致地捏出来牙齿。"哇，是一只恐龙！""我最喜欢恐龙了""老师你好厉害啊！"这时候周哲的眼里是对我满满的佩服，也是十分渴望我将这只恐龙送给他。"周哲你来说说，刚才老师是怎么做出这只恐龙的呢？""嗯。老师，你用了揉一揉的方法做了身体，捏出来他的脖子，搓出了他的腿，还给恐龙捏了刺……""那你会用老师的方法捏一直恐龙吗？""我会了！""你扔掉的这团橡皮泥是不是真的没用了呢？""不是的，是我自己不好，没有认真听老师上课。""其实你很聪明，只要你上课认真老师把知识说完再慢慢做也来得及，如果你能答应老师以后上课不随意走动，做一个尊重老师的乖孩子，老师就将这只恐龙送给你。""好的，李老师，我一定做一个好孩子""好的，其他同学都替我监督，如果你不能说到做到的话，老师可是要收回这只小恐龙的哦！"同学们都起哄地说："老师，我们帮你监督。""那就感谢同学们了，下面同学们就用老师刚刚介绍的几种方法，抓住动物的特征进行创作吧！"

那节课上，我的一个随机应变的小"把戏"，让每一个孩子都觉得我十分厉害，非常崇拜我，觉得只要认真听课了，手就能变得和老师一样巧。好吧，那就让课堂多几个这样的化"险"为"夷"吧！

【培元心语】

"培元教育"提出要以自主学习能力的培养来促成学生强大学习能力的形成。在学生自主学习的过程中，教师应重视学生的学法指导。学法指导是教师在教学过程中通过各种有效途径，引导学生掌握、选择和运用一定的学习方法，以提高学习能力的一种教学法。在具体的学法指导过程中，教师的创新示范作用是培养学生自主学习能力的前提。

作为一名美术教师，需要依靠丰富的专业知识储备，高尚的人格魅力去影响、感染学生。面对教学中的偶发事件，抓住时机，适当地进行教学示范，发挥学生学习的主动性、积极性，引导他们自主参与学习全过程，不仅能提高课堂教学效率，更能增加学生对教师的崇拜感。

学生自主学习能力的培养，需要我们教学者营造一个好的环境，再通过在校期间的这种"训练"，在教师的"主导"下，学生逐步养成"自主"的兴趣，"自主"的能力，"自主"的习惯，当他们离开学校走向社会的时候，就是真正的"自主学习者"了。

（李霜菊）

牵着一根线去散步

"诶呀，老师我画错了！""老师，我也画错了，我能把这张撕掉再重新画吗？"几乎每一节美术课，教室里都会传来此起彼伏的此种"画错"之声。

于是，我总会问学生："画成什么样才算对呢？"座位上的小家伙们一个个弯着脑袋答不出一个所以然来。

叮铃铃，上课铃声响了，又一堂一年级的美术课开始了。

"小朋友们，你们认识线条吗？你在生活中见过哪些线条？"我首先提问道。

"有波浪线、直线、粗的线、细的线……"孩子们争着抢答自己对线的认识。

"那谁愿意到黑板上来画一画你喜欢的线条。"话音刚落，小手纷纷举起。

【听音乐画线条】

孩子们根据不同节奏的音乐，随意自由地画自己想画的线条。

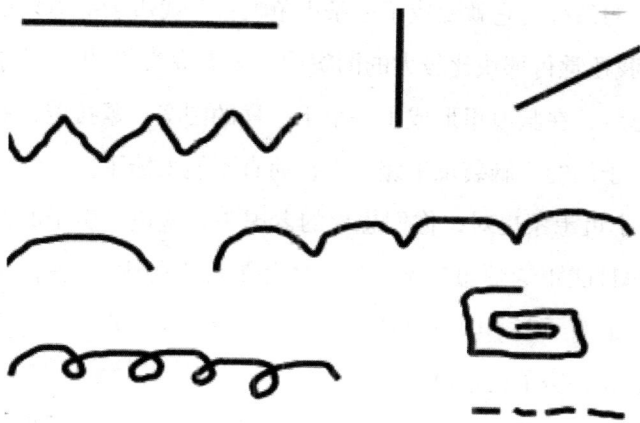

"小朋友们，现在黑板上有好多种不同的线条，你觉得哪条是对的？哪条是错的呢？"我故意这样问着。

一个小女孩急急忙忙地举着手站起来说："都是对的，都没有错。"

"说得太好啦，线条的长短、粗细、曲直千变万化，我们45个小朋友画得线条都有可能是不一样的。你们看，老师这随手一画的三种线条也都不一样。所以呀，画得不一样很正常，但都没有错哦，无论怎样的线条都是对的。"我边画边解释着。

小家伙们点点头似乎懂了一些。

【画线条挥想象】

在白纸的任意处画上一个点，从这个点出发，让一条线在纸上随意散步，最后回到该起点，完成散步。

这种不需要太多思考，完全放松的绘画状态孩子们都很喜欢，线条的散步任务很快就完成了。

"刚才老师也在黑板上带着我的线条在'散步'呢，散步完了之后，我突然在画面中发现了一条鱼的身影。"我接着卖关子勾引孩子们的好奇心。

"在哪里？鱼在哪儿呢？"孩子们一个个睁大了眼睛盯着黑板上的画面。

"你看，这几条线相互交错刚好形成了鱼身的样子，所以我简单地添加上眼睛和尾巴上的条纹，它就变成了一条小鱼啦！"我边示范边兴奋地说着。

"老师，我还觉得那块比较大的图案像一个老虎头。"机灵的小不点马上按着我的想象思路，在脑海里形成了一个不一样的图案。紧接着，一个个不同的想象纷纷从孩子们的小脑袋瓜里蹦出来，简直不能太棒了！

"老师的小鱼想象也对，你们想象的老虎头、鲨鱼、房子的都对，没有一个是错的，而且能跟老师想的不一样，才是最厉害的呢。"我肯定了孩子们的想象，也再次证明了美术课没有错，线条弯一点，粗一点、短一点没有错，想象成小鱼、老虎、房子更是没有错。

于是，孩子们放开了，思维的火花四处迸发，一幅幅佳作跃然纸上，趣意盎然。

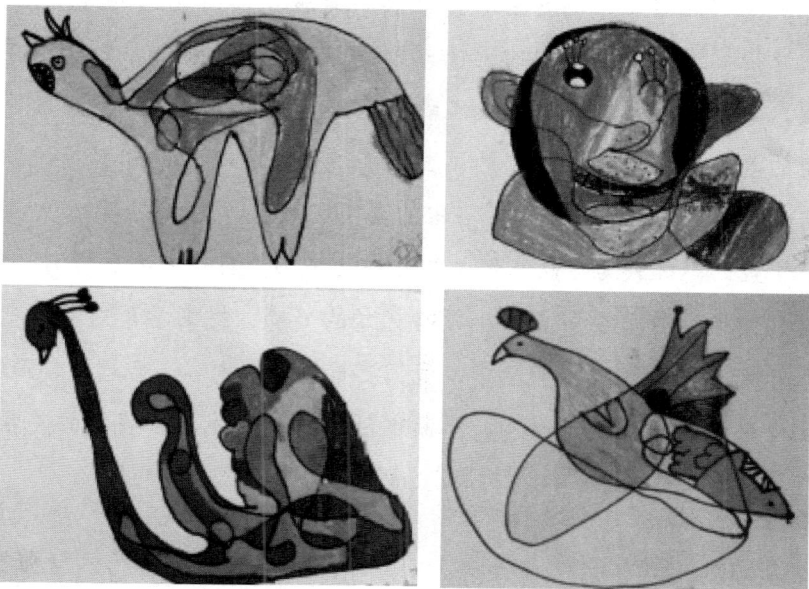

几年来的教学生活中，这是我所上过的学生最为活跃的一节课，学生在放松状态下的创作激情是自然引发构成的，学生的创新思维也在课堂上得到了开发与表现，学生的用心性和主动性得到调动。在新课程标准中，要求美术课程要充分发挥学生的能动性、自主性、创新性，要把激发学生学习兴趣、学习积极性作为组织教学的主要环节，我想我在这堂课上算是充分体验到了。

【培元心语】

"培元教育"围绕"为学生的成长培育浩然元气"这一主题，围绕学生核心元素养培养的方方面面，而其中美育是教育的一个重要组成部分。传统的美术学习方式，过分地突出和强调的是机械的模仿及强调知识的接受与技能的掌握，学生的学习被控制在"你说我听，你示范、我模仿"的被动接受过程当中，学生的学习积极性、主动性被冷落。作为教师应当积极制造给学生自主体验、自主选择、自主创作的空间，这既提高学生的美术学习兴趣，也提高学生的自主学习能力。

一声声"画错了"的声音背后，其实是孩子们对自己的极度不自信，成人的评价标准束缚了他们的天性与天赋。其实，儿童美术教学不在于传授本领，而在于激励和唤醒，成人看起来不完美、不完善、不正确的恰好是儿童的童趣所在，孩子心中的画面更多的是一种心理和精神需求，有时候就是一种神似，它并不是生活当中的真实反映。

小学生的思维较为活跃，但是往往缺乏足够的自律能力和学习目的性。针对这些问题，教师要引导学生领略艺术的美感，提高学生对教学活动的主动参与性。具体到美术教学中，我们要根据教学内容，合理地创造条件，引导学生善于思考，乐于学习，不断创新和进步。我希望我们的美术课是自由的，孩子们可以大胆地"折腾""创造"，放飞想象的翅膀。

（张学宁）

让学习来得更"主动"些

"哎！"远远就能听到办公室里我的叹气声。

"怎么啦？"

"哎，你说说这帮孩子，态度怎么这么差，错得一塌糊涂！"看着眼前的错题纸，我忍不住吐槽道。

一直以来，我都认为学习其实是查漏补缺的过程。不懂没关系，重要的是如何将不懂的知识内化为自己所知道的。假如把学习看作一节课，那么这节课的重难点无非就是这个内化的过程，也是我们需要花更多的时间，更多精力去突破的。那么错题就是"学习"这堂课中至关重要的学具。考虑到一年级小朋友的生理及心理情况，让孩子们自己整理错题集是不现实的，再结合一年级题型的灵活度远不如中高段，我决定这个错题集就由我来整理。

第一单元结束之后，我精挑细选了一些典型的，易错的题目出了一张错题纸。周末的作业之一就是回顾错题。在传递错题纸的过程中，小家伙们一个个皱着眉头，唯一的想法大概就是周末又多了一项作业。当下我就预料到这张错题纸的完成度不会太高。

果不其然，虽然早有预料，但当看到一张张东错一道，西漏一题的答卷，还是忍不住叹气。问题产生了就要想办法去解决，回想起分发错题纸时一张张不情愿的小脸，我得想个办法。

第二次带着错题纸进入教室，我可不急着发了，先问道："小朋友们，你们知道老师手上拿的是什么吗？"

小徐速来是班里的小霸王，一下子抢答道："肯定是错题纸呗！还能是什么呀？"

我笑着摇摇头："不对！"

"那是口算纸？"班里的小机灵猜道。

"还是不对！"

"那是什么呀？""我猜不到了！""老师您快告诉我们呗！"一下子全班的好奇心都我勾起来了。

"这是——"我故意拖长了音，"一个小法宝！"

"啊！我才不信呢！"还是小霸王小徐第一个表达出她的不服气。

我继续娓娓道来："这个小法宝啊是专门用来让你们变得越来越优秀的！现在有些小朋友做完题总是发现错的都是原来自己会的，是不是这样啊？"

好多小朋友不由自主地点点头。

"这个法宝啊，就是专门帮助你们对付这些小毛病的！只要你们回去认真看，认真思考，你们就能变得越来越优秀！不相信我们就试试看，下周我们一起来看看效果！"

到了约定的日子，一张张焕然一新的答卷就是办法有效的最好证明。既然有效，我就趁热打铁，跟小朋友们约定了下一次错题大闯关的日子。

闯关结果一出来，我一脚还没迈进教室，小朋友们都自觉在位置上坐得端端正正的，一双双小眼睛里满含期待。其中小徐的眼睛最会说话，好像在叫着老师快告诉我们结果呀！

我暗自发笑，清了清嗓子，公布了这次闯关的获奖人员！一个个获奖的小朋友拿着通过自己努力得来的荣誉，脸上笑开了花。我的脸上也露出了笑容，为的是孩子们发现主动学习所得到的乐趣。

【培元心语】

"培元教育"着力培养学生强大的学习能力，具体包括能自主运用科学的学习方法，以快捷、简便、有效的方式获取准确知识、信息，并能加工和利用信息，独立分析和解决实际问题。"培元教育"指引下的儿童学习把关注的目光从"知识的习得"转移到"能力的习得"，重在培养学生从"学会"到"会学"，强调了学生学习的主动发现精神。

新课程积极倡导"自主、合作、探究"的学习方式。只有先培养学生主动学习的意识，才能谈得上合作和探究。因此，探寻培养学生学习的有效途径显得尤为重要。学生从一开始面对作业的不情愿到后面期待下一次的闯关，这一切都体现学生是学习的主人。成功的喜悦能激发学生积极向上的学习斗志，错题集的回顾能培养学生的理性思维能力和迁移利用知识的能力。

教学过程中，学生知识的获得，必须通过学生积极思考和实践活动，必须激发学生在学习过程中的积极性、主动性和独立性。因此，教师理应把课堂还给学生，把学习的主动权交给学生，让学生自主学习，给学生充分的学习时间，放手让学生自主学习，创设自学的"气氛"，让学生的学习主动性得到充分的发挥。

（陈梦圆）

小老师们的大课堂

周二下午第二节课，下课铃声刚一响起，教室里已没了人影。噢，对了，下一节是社团活动课。"字母王国""小眼睛学百科""读来读往"……每个孩子一心想着自己喜欢的社团项目，他们早已迫不及待地奔向社团教室了。我也早早准备好自己的教案和折纸材料，起身赶往"玩转折纸"社团活动室。

来到教室一看，人已经基本到齐了，好几个小朋友见我来了，立马就围上来。"老师，我今天想教大家折轮船""老师，老师，你请我吧，我已经准备好了""老师，上星期你说我表现最好了，今天你会请我第一个上台吧"……一番七嘴八舌，他们看起来是那么愉悦。是的，一星期前我便答应了他们，这周的社团课要请小朋友来当当小老师，教一教其他同学完成一样折纸作品。原来还担心没人愿意上台来，想不到他们的热情竟这样高涨，这倒使我有点犯难了，该选谁呢？

经过一番考虑，我选择了小A同学第一个来当小老师，而我则充当她的小助手。小A同学是个心灵手巧的小姑娘，平时话虽不多，但看得出来她非常喜欢折纸，是我们折纸社团的忠实小粉丝。每一堂课她总是听得那么认真，折出来的作品工工整整、栩栩如生，总被拿上台来展示给大家看。

准备好实物展台和折纸材料，在同学们的热烈掌声中，小老师便初次登台了。颇为文静的小姑娘，虽然声音略小，但上了台倒也不胆怯，马上就进入了小老师的角色。"今天，我要教大家折的是手提袋，请大家先拿出一张正方形的纸"。小A边说边学着我平时的样子，把自己的纸放到了实物展台上，给大家起到了一个很好的示范作用。待所有同学准备好纸之后，她又开始了第二步的教学讲解："然后请把你的纸对折，把这条折线压一压……"一步、两步……

她讲得仔细，下面的同学学得也认真。不一会儿，在她的示范教学下，好多同学都完成了这一次手提袋的折纸作品。当然，第一次当小老师，中间免不了有很多的小插曲："老师，我今天忘带纸了""老师，她折得太快了，我前面的没看清楚""这一步怎么折呀，我折不好"……但是，小老师的课堂中，更多的是收获，"谢谢小老师，我已经折了3个手提袋了""老师，你看，我的手提袋漂亮吗""我要把它送给我的好朋友"……

第一次的小老师课堂效果不错，所以第二次也紧锣密鼓地接上了。这一次，我邀请了一位男生小B来当老师。别看他是个男生，对于折纸，他的热情一点儿也不亚于班级中任何一位女孩子。虽然他的作品折得并不那么细致工整，但他总是有很多奇思妙想，把作品装饰得独一无二；虽然他在课堂上有时也并不那么专心听讲，但那一定又是他在帮助其他同学，教他们怎么折了，他是个热心的孩子……我相信，能言善道的他一定会是位出色的小老师。果然不出所料，小老师一上台，便把我惊住了，声音洪亮，条理清晰，俨然是个有模有样的老师。在教学之前，他还向大家展示了已经折好的作品——青蛙，并且告诉大家这次的作品一共分为7个步骤，折起来很简单。简单易学，台下的同学也按捺不住了，就等小老师开课呢。教学的过程中，小B的认真仔细再一次印证了他是位出色的小老师，比如他会告诉大家因为要折青蛙，所以他选择了绿色的纸张；比如在每一步完成后，他会仔细看一看，确保大部分同学都能跟上他的节奏，要是哪一步很多同学没完成，他会停下来再重新折一遍；比如对于一点儿也不会折的同学，他会等全部教学完成后，再单独教一遍……

一次、两次、三次……越来越多的同学参与到了小老师课堂中，虽然他们还略显稚嫩，虽然课堂有时也会失控，虽然他们的作品还可以更加精美……但他们的表现远远超出我的想象，班级中那个腼腆的小女孩也能勇敢地举起手展示自己；那个看似顽皮的小男孩为了当好小老师，整整练习了一个周末，竟然教学了那么复杂的小兔子……

小老师，大课堂，一路看着孩子们的成长，我真心为他们感到欣喜、感到骄傲。

【培元心语】

拥有强大的学习能力是培元教育核心的重要教育目标之一，小老师课堂正是为学生创设了一种体验教学成功的机会，让学生在扮演教师角色的过程中通过个人努力，与他人的合作来体验和认识自己的能力，激发学习的兴趣，从而拥有强大的学习能力。

社团课上为孩子们开辟小老师课堂，让他们走上讲台，不仅有效地激活了课堂气氛，也让班级里蕴藏的资源得以充分利用，更调动了学生的学习积极性。小老师课堂让学生真正成为教学的承担者，不但锻炼、培养了一个又一个小老师，使其在与同学的互动中，感受到教学的新鲜感，获取教学的成就感的同时，锻炼他们自主学习与应用的综合能力。

放手孩子，让出讲台，让他们展示风采，以当"小老师"为载体，积极营造适合学生进行自主学习的环境，时刻把握以学生发展为本这根主线，引导、深化、促成学生自主学习经验的形成，这样最终才能达到"教"是为了"不教"。

（劳佳丽）

"小泡泡"见大文章

又是一个寻常的周五课间活动时间,因为下雨,孩子们只能在教室外面的走廊上玩耍。我一边在教室的助教桌上批阅孩子们昨日的成长足迹,一边正苦恼着本周的"一周一画"题材。

突然间,孩子们的声音大了起来。我连忙跑出教室,看到孩子们一个个整齐地站在走廊边沿,一双双眼睛都齐刷刷地盯着地面。我正好奇着孩子们的兴奋点,这时,小郑同学跑来跟我说:"老师,你看,地上有好多泡泡!"

泡泡?今天没人带吹泡泡的玩具啊!定睛一看,哦,原来是雨从空中落在地上的水面撞击形成的。看来刚才的声音定是某个观察敏锐的孩子突然间发现,然后引起的小轰动。以前我竟未仔细观察过,正感叹着孩子们对于自然的观察力,脑子里便有了一个好主意:既然孩子们如此着迷这泡泡,不如这周的一周一画就写"雨泡泡"吧。

有体验才会有想法,写之前可得带孩子们好好观察观察。"孩子们,你们觉得给这泡泡好玩吗?"孩子们异口同声地说:"好玩!""我们撑起伞仔细去看看吧。"孩子们有秩序地从雨具箱里拿出伞,兴冲冲地跑到雨中蹲下来。我也蹲下来,与孩子们一起观察。小郑同学说:"老师,这泡泡很特别呀!"蹲在旁边的小许同学接上话来:"是呀,你看这泡泡,有的大有的小,每个都长得不一样。""我觉得可以用'亮晶晶'这个词语来写泡泡。""我在书里还看到过'晶莹剔透'这个词语,也可以写雨泡泡呢。"孩子们踊跃地发表着自己的看法,嘴里蹦出了一个又一个的新鲜词汇,其他孩子倾听得异常认真。

这时,调皮的小王同学伸出小手指轻轻一碰刚冒出来的泡泡,泡泡便破了。我摸摸他的头,问他:"什么感觉?"小王同学挠挠头,有些不知所措。"再碰一下,其他同学也可以试试。"唰,好几根小手指都伸了出来,手指所到之处雨泡泡全部被"消灭"了。"真好玩。""这泡泡好脆弱，一碰就破了。""我觉得天上的白云也是这样的感觉。"上课铃声在孩子们谈论声中响起来了，体验暂时结束了。

下午的语文课，我利用三分钟的时间带孩子们回味了上午的"泡泡盛宴"，讲解了雨泡泡形成的原因。放学布置完"一周一画"的作业，竟没有像往常一样有孩子发出"哎"的声音，全都高兴极了！小王同学说："就算老师不布置这个作业，我回家也想写雨泡泡。""我也是，我也是。"附和声，此起彼伏。

周一收完作业，我期待地把厚厚的一叠"一周一画"放在面前开始批改。果然，孩子们没有让我失望，那些说到的新鲜词汇都恰如其分地在文章中，小细节写得清清楚楚，连平常"惜字如金"的小姚同学、小郑同学都写了好几句话呢。可真是"小泡泡"见大文章啊！

【培元心语】

"培元教育"指引下的儿童学习把"强大的学习能力"放在重要地位，要求关注的目光从"知识的习得"转移到"能力的习得"，从"课堂学习"延伸到"课外学习"，从"校内学习"拓展到"校外学习"，重在培养学生从"学会"到"会学"，重在培养学生参与学习过程的自主性与自觉性。

这是通过一个孩子的小发现而引发的随兴上的一堂语文课，抓住了孩子们的兴趣，培养了孩子们观察力和主动性，使他们通过观察发现泡泡的形成，外形特征和用途，并学会运用各种感官感知多种多彩的泡泡，进而在此基础上完成"一周一画"的作业。

学生是学习的主人，教师是学习的组织者、引导者与合作者。学生自主观察到了"雨泡泡"现象，他们对于新鲜事物是非常有好奇心的。教师不能视而不见，更不能抑制好奇心，组织和引导学生去观察，去体验，从而提升学生的自主学习能力才是明智之选。正所谓"实践才是检验真理的唯一标准"，学生实践过后才会对其印象深刻，在不知不觉中锻炼了"学以致用"的能力，这对之后的学习之路才能有更大的帮助。

（高佳柳）

一本属于我们的"书"

明天就要放寒假了。"你们两位，走，去我办公室搬宝贝去！"两个小男生一听，两眼放光，放下手中的玩具，兴冲冲地做起了跟屁虫。

一踏进办公室的门，我指着三堆作文本："喏，宝贝！"两个男生的脸就像打翻的颜料桶。其中一个胆大的，嘟囔着说："应老师骗小孩子，这怎么是宝贝呢？"我笑笑不说，两个人不情愿地走出了办公室。

上课了，同学们都拿到了自己这一学期所有的周记和作文，有的薄，有的厚，有的已经破败不堪，有的还崭新得像没使用过似的。底下都在窃窃私语："宝贝在哪里？这些是宝贝……"不能再卖关子了，我清了清嗓子："这个寒假，我们要把这一学期写作的努力变成一本书，一本属于你们自己的书，因此我们班要举办一次书籍装帧大赛。"

教室里炸开了锅，看看学生一脸的茫然，我忙趁热打铁，出示本次比赛的要求：

1. 小组合作完成一本，书的第一页为封面，设计一个你们小组独一无二的封面。

2. 第二页为序言，序言可以由小组代表写，也可以每个人写一部分。

3. 可以挑选或者全部使用写过的文章，有条件的可以把内容打印出来。

4. 要有书名、出版社、定价、宣传语等。封底也要有一定的设计。

5. 建议完成时间：一周之内。

教室里的各个小组都开始摩拳擦掌起来，看样子大家都对自己创造一本书很感兴趣，这个开头已经起到了一半成功的效果。

开学了，同学们陆陆续续将装帧好的"寒假月刊"拿了来。很多小组的书包装精美，还配有贴切生动的插图，很是美观。书，排成一排，我在每个书的左上角夹上一个夹子挂在教室后面展出，那整整齐齐的书本，真让人舒服。

同学们流连在这些书本之间，不仅看书，还要选书，这不仅是对认真制作的小组的鼓励，也是对不认真对待的小组的鞭策。

终于，激动人心的颁奖时间到了，同学们选出了最厚"书"两本，最美封面三本，最美书名三本，最有创意的"书"一本，还有一项"烂番茄书籍"，要在备注里写暂时不评。如此一来，基本上每个小组都获得了一个奖项，从而得到了来自同学们对他们努力付出的肯定，还有一个未获得任何奖项的小组也对他们起到了威慑作用。

最有分量的奖莫过于最佳序言奖，有些序言还是家长亲自参与的，这着实让我感到惊喜。我仿佛看到一位位无时无刻不在关爱着孩子成长的家长。

其中一位家长写道："恭喜你们，拥有了属于自己的第一本'书'。这本书不能说有多优秀，但它必定意义非凡！因为这本书记录着你们近5个月的学习和生活的美好时光，而每个人的人生又有多少个这样的五月呢，况且当你们想要回过头来细细品味时，它就在那里，这一切是多么令人欣喜！我期待着你们的第二本、第三本'书'的问世。"

一次书籍的装帧大赛，让每个人都收获满满。转眼暑假又到了，这一次的书又会带给我怎样的惊喜呢……

【培元心语】

"培元教育"的元核心素养要求学生具备强大的学习能力，也就是能自主运用科学的学习方法，以快捷、简便、有效的方式获取准确知识、信息，并能加工和利用信息，独立分析和解决实际问题。

学生是学习的主体。语文课程必须根据学生身心发展和语文学习的特点，爱护学生的好奇心、求知欲，鼓励自主阅读、自由表达，充分激发他们的问题意识和进取精神，关注个体差异和不同的学习需求，积极倡导自主、合作、探究的学习方式。教学内容的确定，教学方法的选择，评价方式的设计，都应有助于这种学习方式的形成。以一本来自学生、反馈学生、立足学生的书为自主学习能力发展的切入口，以小组合作为表现形式，这是对语文课程标准中的"积极倡导自主、合作、探究的学习方式"的有益探索。

语文学习应注重听、说、读、写的相互联系，注重语文与生活的结合，注重知识与能力、过程与方法、情感态度与价值观的整体发展。制作一本本小组的"书"既符合语文教育的传统，又具有现代社会的学习特征，有利于学生在感兴趣的自主活动中全面提高语文素养，有利于培养学生主动探究、团结合作、勇于创新的精神。

（应柿红）

自主整理打开高效学习之门

"又到了大家最喜欢的知识整理课，今天我们一起整理第六单元的基础知识部分。"话音刚落，孩子们已经自觉地翻书动笔整理起来。这是我们班每天知识整理课的常态，这堂课很轻松，我的作用似乎只需要说开头的第一句话就够了。看着孩子们镇定自若，有条不紊地认真挑选整理内容的情景，我脑海里顿时浮现出第一次上整理课时的镜头。

对于刚入学的一年级孩子，别说整理知识了，就是自己的衣衫也常常整理不好，可我还是这样一次一次地把主动权交给孩子，领着孩子渐渐去找整理的感觉。记得第一次的整理课20分钟，我们却只整理了第一小题的生字，孩子虽然做得慢一点，但是每个人都动笔整理了，然后，渐渐有整理小能手愿意上台来展示他们的知识整理点，并告诉大家自己是如何整理的。转眼到了三年级，孩子们已经开始通过自主整理、小组合作、汇报展示等多种方式，逐步优化他们的整理内容。

你瞧，有的小组已经完成了各自的整理任务，开始进行轻声讨论了。小陈说："你这个'的'字短语不够好，把我找到的这个替换进去吧。"小王说："我觉得自己的这个挺好的，不想换。那我们举手问老师。"看着举起的小手，我知道这个小组一定又有问题争执不下了。

我走上前去，只见他们捧着各自的整理单，让我来主持公道。我笑着对另外两个小组成员说："你们来帮老师想想办法，怎么看？"那是两个腼腆的孩子，一个叫小金，一个叫小梅，他们平时在小组里也一般不发言，更别说参与到争论中了。他们低头不敢作声。我等了一会，小陈推了推他俩说："你们说说嘛，我听大家的意见，如果你们都说这个短语好，那就不换了。"这时，小金抬头，轻声说："我跟小陈一样，觉得这个短语不够好。"小陈咧开了嘴，就像找到了亲密的战友。小金接着说："但是，我觉得小陈找到的这个短语也不好，因为上个单元这个词语已经整理进我们的知识整理单了，重复好像不太好。"小梅也忍不住发言了："其实我找到了一个短语。"小王连忙凑过去，一看："你这个挺好的啊，刚才干嘛不说呢，我们就用小梅这个吧。"大家一致同意，又埋头优化起各自的整理单来。

我悄悄走开了，听到小陈嘀咕了几句："早知道不叫老师来了，这么小的事我们自己就能解决。"是啊，他们自己就能解决，知识整理的目的不就是让他们自主吗？老师认同的短语不是最好的，小组一致认同的那个才是最适合的。

经过一番讨论，几个小组讨论的声音逐渐静了下来。我知道该是小组汇报展示的时间了。各个小组代表从容不迫地走向讲台，在投影下，他们滔滔不绝起来："第一部分是我们小组整理的短语，请大家跟我读。""第二部分，我们整理了一些喜欢的句子。因为这些句子都用了修辞手法……"就这样，有补充的小组继续进行发言，20分钟很快过去，孩子们在一边修改一边听讲的过程中进行再次自主优化。"最后大家不要忘记完成'同伴互评'和'自评'哦。"我叮嘱道。其实，很多孩子早已评价完毕。愉快而高效的一节整理课就这样结束了。

三年来，虽然知识整理的内容和方式在不断变化和调整，但是随着孩子们自主整理能力的提高，他们的整理速度和整理的质量都在进步。不知不觉，我在知识整理课的存在也可有可无了吧。学生的课堂，不就应该交给学生吗！

【培元心语】

"知识整理课"是董山八学践行的一门具有创新性和探索意义的课程。它在培元教育的理念下，围绕"体现自主、加强合作、策略学习、巩固知识、养成习惯"这几个核心理念，引导学生学习，让学生动起来，让课堂活起来，充分提升学生的自主整理能力。

"强大的学习能力"不仅仅是指向一般的识字、读书、学习能力，还指向更加重要的自主学习能力，我们希望在培元教育指引下的孩子们通过知识整理课的实践启发，从"知识的习得"转移到"能力的习得"，从"学会"到"会学"，让"自主第一"促进学生强大的学习能力的养成，为他们将来综合能力的发展和美好未来建立坚实基础。

自主整理知识过程本身就是一个学习反思的过程，它可以将知识进行优化组合，将思维方法进行有效训练。放手让学生用自己喜欢的方式去自主整理，有助于学生对自己整理讨论的知识会有更深刻的印象。个体的智慧是有限的，群体的智慧是无穷的，学生的自主学习常受教师、同学的影响，自主学习不排斥教师的指导和学生的帮助。因此，自主整理也要发挥团队的作用、合作的作用，开展好小组合作，通过同学间整理内容的交流，提高整理的质量，促进全体学生整理水平和学习能力的有效提升。

（严倩倩）

4

健全身心素养优化篇

"打架"也能成"艺术"

"老师，宇聪和荫飞在打架啦！"两个孩子气喘吁吁匆匆跑进办公室。看样子俩孩子的架势还不轻，仅仅靠同学劝说已经招架不住。

我很快就出现在了教室。果然，两个男生就像被点了穴似的僵持在原地，互相抓着对方的衣服不放。宇聪见我进去，一脸尴尬，而荫飞则不以为然，依旧瞪着眼睛、撅着嘴巴，甚至还能清晰地感觉到他的呼呼喘气声。其他学生见我进去更是鸦雀无声，一脸严肃，好像等待着一场能预见的"暴风雨"的到来。

因为俩人相对静态，我想着如果可以，就再等等，或许他俩的情绪会自动消逝。于是我只是看了他俩一眼，便按部就班地和学生互相问好。

班上的学生见我迟迟没有处理此事，一脸的纳闷，而宇聪更是乖乖地一边掐着对方的手，一边从刚才坐着的状态，到起立，鞠躬，问好，连贯地完成了上课见面仪式。见此情景，观战的孩子们面面相觑，然后"噗嗤"一下，都笑出了声。

"今天这是要给我们上舞蹈课吗，两位？"我笑着对两个孩子说。宇聪不好意思地想把手从荫飞身上撤回来，谁知荫飞依旧不肯放。这让宇聪着实尴尬了，他笑着看着我，也只能将手依旧搭在对方的肩上。同时，俩人还来了一个手臂上来摆的动作。同学们都看得偷偷小声笑。

这时，我拿出一本大大的绘本示意给孩子们看。因为封面上的字很大，同学们异口同声地一字一顿地读出声来："打架的艺术！"读完后两个孩子你看看我，我看看你，表现出一脸的迷茫。

我一瞥荫飞，此刻，他的神情已比刚才要缓和很多。但因为毕竟是在众人面前，他需要找个台阶下。于是我一边读，一边走到他俩身边，随手轻轻一拍荫飞的肩膀，示意他坐下，他没有任何反抗，悄悄坐下。宇聪当然也能领会老师的意思。此时，其他同学已经完全沉浸在我的阅读分享中，根本没有理会他俩的变化。书读完了，大家也已恢复平静，于是课照常上。

课后，我找来两位同学，并没有询问他们这次打架的来龙去脉，只是很坚定地跟他们说："我确信你们两个能解决好这个问题。"荫飞却不服气："他先说我的！"我见宇聪在一边低头，斜着眼看我，眼神中透露出大概是他先开口的意思。但是打架这个事，也说不出个绝对的谁对谁错，无非就是当时的情绪无法忍受，手先于大脑了而已，于是我对他们表明："现在我对找出是谁的错或者指责不感兴趣，只对解决问题感兴趣。"

两人回到教室后，放学前又来找我，宇聪表示以后不会随意地去说人家以赚小便宜。荫飞也表示不应该动手，可以对同学用语言沟通。而班级里的其他同学呢因为看到了整个打架过程，便也着手写了一篇各自眼里的"打架的艺术"。嗨，因为人物动作凸显，又是亲眼目睹，感受深刻，这样一篇写人的文章也真是一次很好的练习了。

经典的书籍是很有力量的，这两个打架的孩子一定想不到原来"打架"居然也能成"艺术"。"看客"们不再是看客，打的人也不再觉得台阶难下，这次班级打架事件真不失为一次很好的写作素材，还实现了一举多得呢！

【培元心语】

"培元教育"着力于学生健康健全身心素养的培育与塑造。班级如同一个小社会，学生在这个小集体中不仅要学习知识，更要学习如何和同学相处。这日常的相处之道还是孩子们以后走出学校非常珍贵的财富。因此，引导学生学会处理和同学之间的矛盾，让孩子们学会有效地控制自己的情绪，自觉地进行心理调节，是有效促进他们身体健康以及心理健康的重要一课。

如何更有艺术性地处理孩子间的打架事件呢？是当着大家的面狠狠地辱骂一顿，让俩人各自气冲冲地回到座位上，还是让他们平静地从中吸取一些经验教训呢？我选择了后者。当然事后与两个孩子的交谈同样需要坚定和善的态度，相信他们能处理好事情。这样的立场一表明，孩子们真的会去想办法，思考如何解决这个问题，而不会把关注点放在发泄情绪上。

我们的教育除了要关注孩子的学习成绩外，更应该关注他们的身心素质健康全面地和谐地发展。为此，教师应该让学生充分认识到良好的为人处世的方式，才会让自己与周边的生活和谐，平时的一言一行都要冷静、谨慎、宽容、乐观，如此才能培养自己良好的品行，才会有益于身心的健康，让自己快乐地生活。

（曹丽君）

鼓励，是一剂成长的良药

"老师，这个问题我知道！"课堂上高高举手的手就是小唐的，每一次我提的问题，他都跃跃欲试。看着他现在这副自信满满的样子，很难与以前那个羞于开口的男孩子形象挂上钩。

我对小唐的初次印象还停留在一年级时的那一次家访。

2015年暑假的一天，我和另外两位导师顶着烈日，走进了小唐的家里。爸爸妈妈非常热情地邀请我们进屋坐下。妈妈赶紧对小唐说："老师来了，你要主动跟老师问好啊！"孩子不好意思地开口了："老师——好。"看着孩子害羞了，妈妈赶紧打圆场，说："老师啊，我们的孩子有点腼腆，不怎么说话，但是很听话的。"在妈妈端茶倒水的时候，小唐同学不知所措，只是在一旁看着妈妈忙前忙后。等妈妈招待完我们，他便一言不发地坐在爸爸旁边，有点羞涩，甚至胆怯，目光躲闪，不敢正面瞧我们。

我仔细地打量着这个孩子，双脚并拢，小手放在膝盖上，英俊的小脸蛋上少了些许阳光和自信。比起儿子，他的爸爸倒显得十分健谈，看得出在家里的威信："我工作忙，平时不怎么管孩子，都是他妈妈在管。但儿子就怕我，我瞪大眼睛他就不敢说话了……他胆子小了一点，希望老师以后多鼓励他。"

从父亲的言辞中，我们能感受到小唐的爸爸十分严格。而小唐的妈妈比较宠小唐，很多事都替他包办了。这样的教育也许就是孩子缺乏自信的原因了。

如何找到教育的突破口？也许可以在教学课堂中去尝试。"小蝌蚪游啊游，找妈妈，他们遇到了谁？"我的问题一抛出去，班上总有那么几个孩子迫不及待地举起手。紧接着，一双双小手像雨后春笋般拔地而起，每一双小手都想成为本堂课的主角。该叫谁回答呢？我的眼睛正在那几双争先恐后的小手间游离不定的时候。忽然，一个坐得笔直的身影吸引力了我，那不就是小唐吗？

当他的双眼与我的视线交汇的时候，他赶紧低下了头，但双手放得很平。这不正是消除他胆怯心理的契机吗？我提了提嗓门对大家说："刚才你们的表现都非常积极，但我要特别表扬一个孩子，他虽然没有举手，但是他坐得那样端正，说明他听得十分认真。他就是唐瑜锴同学。课堂上不仅仅是积极举手，最重要的是认真倾听别人发言。我们把掌声送给他好吗？"我的话音刚落，同学们的目光都投向了小唐，随即而来的是一片响亮的掌声。小唐同学的脸唰地一下红了，坐姿却变得更加坚挺。

他的表现验证了我刚才的猜测，这孩子需要更多像这样的肯定。从那以后，即便他没有举手，我都会我时不时地在课堂上叫他发言。起初，他的回答并不令我满意，但我总能想方设法地找到理由表扬他的进步之处。比如：嗯，你的声音比之前更响亮了；你读书的样子十分投入；你的读音十分正确……慢慢的，这孩子竟然肯主动举手回答问题了。这是多么大的转变！看似一些不着边际的表扬，但对小唐而言，却似一剂剂良药，浇灌他那颗弱小的心灵，让他的自信心一天天发芽。

转变之后的他带给我的是更多的惊喜。有一次，我正在教《惊弓之鸟》这篇文章。这种逻辑性比较强的文章，需要学生更多地深入思考："想一想，更赢怎么知道这是一只受过箭伤的鸟？"问题有点难，举手的学生寥寥无几。出乎意料的是，小唐高高地举起了手："老师，课文里写着——更赢听到这只大雁的叫声跟别的大雁不一样，才判断出这是一只受过箭伤的鸟。"我高兴地称赞道："你跟更赢一样，善于观察，能从文中找到依据，真了不起！"

从此，小唐的自信心就这样一点点被激发起来了，他对语文的学习兴趣日趋浓厚，作文经常被老师当作范文在班上朗读，他的语文成绩也稳步上升。从一开始的不敢开口，到后来的大胆举手，再到后来成为其他学生的榜样。小唐的成长正是鼓励这剂良药所发挥的疗效。

【培元心语】

健康的身心素质是"培元教育"的五大核心元素养之一。这就要求学生的心态积极乐观，具有较强的心理适应能力，形成个人独特的气质和品格。自信心对于孩子学习能力尤其重要，这是良好心理素质的体现。教师若能保持不断鼓励儿童，使他们超越自己的限度，便能帮助这些儿童发挥他们学习方面的潜力，转而激发儿童的学习动机以及自信心。

除此之外，教师的鼓励，对于学生学做人、学做事等方面健康发展的渗透作用，不可忽视。鼓励，是开启学生心理情感大门的钥匙，益于建立和谐、融洽、合作的师生关系，创设轻松、愉悦的教学氛围。适时、充分、恰当对学生进行鼓励，往往会受到事半功倍的教育教学效果。

（张凯）

莫把"偶然"当"必然"

自从看到央视《中国诗词大会》节目这么红火后，我突发奇想，为何不利用读书课时间，在班里搞个"班级诗词大会"呢！我先在班里说了一下我的想法，想征求孩子们的意见，没想到一呼百应，孩子们都跃跃欲试踊跃报名参加，下课铃声一响就有一群孩子围着我七嘴八舌给我出谋划策。他们个个都跃跃欲试，纷纷想在比赛中崭露头角。

为了让比赛能够更加公平、公正，按比赛规则，我帮他们进行了小组整合，根据小朋友的能力强弱，个性特点进行了微调。面对整合后的小组，大家无任何异议。于是，比赛准备工作就开始了。

张同学和陈同学分在了同一组别里。张同学是一个诗词高手，一副志在必得、舍我其谁的样子，陈同学原本则是调皮捣蛋的代表，但是为了共同赢得这场比赛，两人进行了友好协商，相互约定要一致对外，谈得相当融洽。

整个比赛组织得井然有序，大家都虎视眈眈地想夺取这个冠军。比赛正激烈地进行着。

几轮过后，局面就不知不觉地发生了变化。

张同学与陈同学的赛前洽谈似乎慢慢成了泡影，原因就是陈同学也是一个很爱表现的孩子，但因为太爱抢镜，结果因违反赛规，被倒扣了行为分，比赛因此而一度落后，这让好胜心极强的张同学忍不住了，于是小组内矛盾激化，陈同学赌气罢赛，张同学则孤军奋战……

再放眼其他小组，局面也并不乐观。

本着友谊第一的原则，在前几轮的比赛中几个小组之间比分非常接近，决胜关键就放在最后的一轮"飞花令"中。所谓"飞花令"就是给出一个字，如

"月"，你要尽量多地想出带"月"的诗句。但冠军只有一个，于是各种抨击就开始了。有的小组指责组内成员不给力的，不帮着一起想；有些小组怪题目不公平，别人组给的字简单，能想出很多，自己组的字太难了……教室里一下子炸开了锅。

当我宣布冠军小组的一刹那，立马得到的反馈不是掌声，不是遗憾，也不是羡慕，而是一个个的不服气！现场再次被议论声淹没了……

再来看张同学和陈同学，两人已经由组内的合作伙伴，一下子变成"敌人"，张同学已经整个抽泣不止，错失冠军，让她整个人都崩溃了。而陈同学则在一旁喋喋不休。"这比赛也太没意思了！还不如不比赛呢！""不公平，重新来！""我一定能赢的！"

我微笑地看着每个孩子，静静地等待他们平静下来。继而，语重心长地说："孩子们，通过这场精彩的比赛，我看到了你们的努力，也在比赛中看到了你们的出色表现，你们都是成功的个体，老师情不自禁要为你们鼓掌！但是，成功并不仅仅属于个人。赛前很多小组都信心满满，稳操胜券，赛后却不尽人意。这都没关系，冠军只有一个，很多时候是有偶然性的，你们在这场比赛中收获了更多的学识，积累了更多的比赛经验，这比什么都宝贵！重要的是，我们都要学会战胜自己，学会取长补短，学会在日后的其他比赛中越挫越勇，广阔的天地正等待着你们展翅飞翔！"

孩子们个个眨巴着眼睛，刚才的针锋相对已渐渐褪去……

【培元心语】

"培元教育"理念下，希望我们的孩子人人都能拥有健全的身心素养，自信、阳光、自立、自强。因此，做好孩子的心理辅导，引导孩子管理好自己的情绪，正确面对挑战，面对失败，是我们送给孩子成年之前的重要礼物。

比赛失利后出现了一部分叫嚷的孩子，他们表现出了明显的情绪变化，那还有一部分沉默着的孩子呢？他们的内心是不是也是这样的不服气呢？

他们是否有好的排解方式呢？以后再遇到这样的事情，大家是否受得了呢？现在的孩子觉得表扬是应该的，获奖是应该的，谁都不服输，谁都认为自己很厉害。孩子们拥有可贵的进取心，这是令人高兴的事，但是一旦事与愿违时，孩子们内心的"小我"就会无限膨胀，这更值得我们去关注。

我们需要培养孩子的健康情绪管理。卡尔·威特认为，情感的自我控制是一个人必备的基本素质，也是一个人走向成熟的心理要素之一。丰富多彩的校园活动文化构建有助于启发学生兴趣，发展学生特长，陶冶学生情操，形成阳光向上的积极心理品质。我们要善于抓住契机，全面渗透积极心理品质培养教育，真正做到教育无小事，事事塑品质，在进行诠释与引导的过程中形成积极的情感体验，在体验中完成心理品质的自主建构。

（李萍）

让 "蜗牛" 和 "兔子" 同驰骋

要开运动会了，当我拿着运动会项目报名表走进教室时，那些早已风闻的孩子已经摩拳擦掌，大有想在运动会在一展雄风的架势，纷纷举手报名自己的强项。也有些孩子在讨论这次运动会谁有实力在各个项目中取胜，教室里顿时一片沸腾。我满意地看着跃跃欲试的运动健儿，脑海里似乎已经看到他们捧着奖状站在领奖台上。而这时，几个埋头看书写作业的孩子映入我的眼帘，引起了我的的注意，仿佛这周围的一切跟他们毫无关系，我不禁有些生气，太没集体荣誉感了！

我示意全班安静，点名让其中一个埋头看书的胖男孩小言站起来，问他运动会期间他准备做哪些事。小言一脸茫然地看看我，嗫嚅道："不知道啊，反正我体育很差，跑也跑不动，从来没参加过什么项目，那就做啦啦队员吧。""啦啦队也很重要啊，可以为我们运动员加油助威提高士气呢！"我鼓励他道。"哦。"小言还是毫无表情地应了一声，垂下眼睛坐下了。我继续讲解运动会期间的要求，但那几个一脸平静的孩子仍然无动于衷，好像游离于我的讲解之外。下课后，我拿着报名表闷闷地走进了办公室。

报名表上的名字俨然是往届的体育骄子，而班里那几个体育成绩薄弱的，对运动会漠不关心的孩子，他们冷漠的表情却深深印在了我的脑中。是啊，年年都是啦啦队，让他们自己也对自己失去了信心。怎么办呢？让他们参加？这可是竞技类项目，是班级的荣誉，可不是随便找个人顶替上去就好了，更何况每个项目名额都有限，总不能搁置了那些体育强的孩子。突然我的眼前一亮，这不是有几个团体项目吗？"摸石过河""无敌风火轮"，都是孩子们大课间操在玩的运动项目，他们都很熟悉的。我心里盘算了一会，要不让他们上！就算倒数第一，也要让这些孩子参加！

下午，当我把团体赛摸石过河的名单宣布时，那几个体育成绩薄弱的孩子瞪大了眼睛，一脸茫然地看着我。我微笑地说："那么，就请团体项目的同学们努力练习，争取在比赛中勇夺冠军吧！"听到我的暖心鼓励，他们瞪大的眼睛顿时散发出期盼的眼神。

在将近半个月的准备过程中，参加"摸石过河"的几个孩子经常一有空就拿着海绵垫去操场上练习，大改平时懒懒散散的习惯。

运动会终于来了，孩子们八仙过海各显神通，喜报频传。到了团体项目"摸石过河"了，队员们早已排好队候在场地，几个孩子红着脸跟我说："俞老师，我好紧张。"小言问："俞老师，输了怎么办？"我摸摸他的头，说："只要你们享受这竞赛的过程就好了，其他的不用去想。"那释然的微笑浮现在他们脸上。

随着一声号令，孩子们手忙脚乱地上阵了，虽然练习了一段时间，但毕竟比不上其他班那些手脚麻利的体育优等生，不一会儿，已经被迅速拉开了距离，有几个孩子开始垂头丧气。我见势马上上去给他们大声加油，为他们拍照，孩子们马上又振作起来，铆足劲地努力。最后一个是小言，胖嘟嘟的他一改平时慵懒的迷离状，拿着海绵垫吃力地起身下蹲，汗珠密密地挤满额头，几次摇摇晃晃险象环生，但终究一摇三晃地到了终点，他看着我尴尬地笑了笑。

结束了，比赛结果无疑是倒数第一，孩子神情沮丧地围在我身边。我让他们谈谈感受，一个说："俞老师，我平时练得不够，如果让我多准备一年，我一定会比得更好。"一个说："俞老师，这个项目以后还会有吗？如果有的话我继续报名，这次我从平时就开始去练！"另一个说："虽然我这次比得不好，但是我总算参加了一个运动会项目，我觉得很有意义。"……瞧，这不就够了吗？孩子们，这就是我们参加比赛的意义，在体育健身中更高更强，挑战自我，实现自我价值。

多好的一次倒数第一啊，"蜗牛"和"兔子"一起驰骋在体育赛场的绿茵地上，它让我的学生们收获了比运动成绩更可贵的拼搏精神，也让我实现了育人的目的。

【培元心语】

魏征说："求木之长者，必固其根本；欲流之远者，必浚其泉源"。根不固则木不长，源不深则流不远。从学生发展的角度来看，固本培元，不急功近利，就是要求我们教育工作者在教育过程中扎扎实实走好每一步，一切以学生为出发点，奠基学生生命成长的坚实基础。

我们的教育除了要关注孩子的学习成绩外，更应该关注他们的身心素质健康全面地和谐地发展。体育是非常重要的健身健心的方式，体育运动一般都具有艰苦、疲劳、紧张以及竞争性特点。学生在参加锻炼时，总是伴有强烈的情绪体验和明显的意志努力。所以通过体育运动可以培养学生顽强拼搏、吃苦耐劳、坚持不懈、克服困难的思想作风，有助于培养团结友爱、集体主义和爱国主义精神，有利于培养机智灵活、沉着果断、谦虚谨慎等意志品质。

然而，我们平时的体育竞技类项目，更多关注的是运动成绩拔尖的少数学生，却忽略了班级大多数运动成绩平平的孩子，以至于那些只能充当"啦啦队员"的学生，失去了对体育竞技项目的参与热忱。不管孩子是"兔子"，亦或是"蜗牛"，作为班级导师，应该放弃所谓的"面子"工程，真正对每一个孩子进行同理心换位思考，让每一个孩子都能积极参与到学习每项技能的过程中来，激发孩子学习、生活的自信心和进取心，形成豁达、乐观、开朗的良好心境，为学生全面素质的养成培育"发展元气"。

（俞瑜）

让童心不再孤独

在我们班有一个男孩子，名叫小易，一年级入学时，一到教室，便坐在座位上开始脱鞋子玩耍了，这"释放"的感觉不禁让老师们一惊。于是，这孩子成了我们重点关注的对象。

久而久之，我们发现这个孩子总是喜欢用手打一下别的小朋友，或者用脚去踢人，闹完之后就开始满教室跑，以至于同学们都害怕甚至不愿意和他一起玩了。课堂上，他从来都是只顾着自己玩笔玩书本甚至画画，也不知道要写作业的。

慢慢地，这孩子在学习上彻底跟不上了，语文数学英语全亮起了红灯，这真的是让老师们心急又无助。几位任课老师一起联系了小易的爸爸妈妈。聊了很久，又从孩子爸妈口中了解到很多，幼儿园三年基本上都是阿姨抱着的，从小被"菲佣"给带得不大言语了，在医学上他属于能力正常略低的轻度孤独症儿童……一件件、一桩桩的信息，老师们都详细记录在案，共同商讨对策并付诸实施。

"我来和你玩吧"

趁小易不在的时候，我和全班47个孩子都约定了一件美好的事情，那就是陪玩，其余47个孩子，每天由3个孩子轮流下课主动陪小易玩耍。孩子们都很配合，也很喜欢助人为乐，都愿意尝试做这件事情。当然，前提是我已经找小易沟通了不准打人或者踢人。孩子们在和小易陪玩的日子里，也收获到了很多不一样的东西，其实小易心地还是很善良的，只是想和别人玩，想拥有自己的朋友。

慢慢地，一个月之后，见效非常快，小易不再打人了，也变得开朗了，甚至还会自己主动找同学玩了。从最开始的，其他孩子下课后过来和小易说："我来和你玩吧！"到现在小易主动找同学说："我们一起玩吧！"短短一句话，让老师们都甜在心里。

"我来陪你读吧"

为了让小易的学习也有所进步，我每天安排了一位小老师，亲自教他读当天新学的内容。现在的小易已经不惧怕亲近其他同学了，明显变得友好了。"小老师"们也是其乐融融地教小易朗读，他们会利用自己的空余时间跑到小易旁边轻声对他说："小易，我来陪你读吧。"

功夫不负有心人，小易慢慢开始对学习有了兴趣，成绩也有了一丝的好转，只要是他在之前的成绩上有了一分几分的进步，我们就会立马表扬夸赞他，这样子他的自信心也慢慢地有了一些。我们不在乎成绩能提高多少，只愿能静待花开，开放属于小易自己的花期。

"我来教你写吧"

小易写的字就像机器一样，中文字很大很大，英语字母就像书本里印刷的，假以时日才能有所改变。小可和小倩这两个和小易坐得最近孩子想好了法子，来对我说："老师，让我们两个教小易英语吧。我们离他最近，每天上课也好下课也好，可以先给小易写好第一个字母，然后让小易按照我们的字母把剩下的写好。"

就这样，这两个女孩子担当了重任，他们每次都会认真地辅导："小易，我来教你写吧，我把每一排得第一个字母和单词给你写好，你就照着我的样子写下去，放心。我会坐在你旁边看着你写的哦。"放心这两个字在小易看来是多么地喜欢和亲切啊。

每一次，小易写好了一面字母就会匆匆跑来拿给我看，我每一次都会鼓励他写得更好，每一次都会给他一些小奖励。从最开始的匆匆跑进我办公室侧着身子斜着眼睛对我说："我写好了。"到后来变成正脸对着我说，这是一件多么令人欣慰的事情啊。

对小易的教育是细水长流的，我们不期盼他会有突飞猛进的改变，甚至于现在成绩还是在三四十分左右，但是我们更希望看到的是小易不再被评估"孤独症"，让他的心中留下一些刻骨铭心的美好记忆。

【培元心语】

一个孩子，一个世界。欣赏学生不是一个口号，而是一种承诺，更是对德育智慧坚韧度的考验。培元教育着眼于培育健康的身心素质，这一点是作为一切的基础，有了健康的身心素质才能在以后的社会生活中适应和立足。秉承"尊重关注每一个"的学校办学理念，需要我们善待每一个孩子的世界，每一个独立而开放的世界。

我们的身边，总有些不合群的孩子，性格孤僻，行为怪异，不仅脱离周围的小朋友，而且明显地影响孩子的进取心，甚至损害身体健康。积极主动地为孩子创造与小伙伴交往的条件，鼓励孩子多与小朋友们一起游戏，多参加各种运动，在和小朋友们一起跑跳、玩耍的过程中不仅促进了身体的生长发育，而且对于培养孩子良好的性格、健康的心理也是极为有益的。

小易的路会很长，我们希望在成长道路上，小易会变得更加阳光和活泼，自信和独立。让关怀在身边，让孩子不再孤单。只要我们用心去呵护每一颗心灵，他们会比我们想象中的还要光芒四射！

（杨赛绒）

收获，在"意外"之后

这是春暖花开的季节。校园里，明媚的阳光下，几株月季开得正旺，粉色的花瓣娇艳欲滴。清香流转，透过开着的窗户，悄悄钻进花丛边的教室里。

第一幕：山穷水尽找出路

这是一节普通的五年级品德与社会课《家里的烦人事》。在备课的时候，我一度也犯过难。现在的孩子都是独生子女，家里五六个大人护着宠着，蜜罐里泡大的他们会懂得家庭的繁难吗？曾经有人评价这一代孩子是"最没有责任感的一代"，要培养他们的"家庭责任感"又谈何容易。再则，中国的传统是"家丑不可外扬"，这些半大不小的孩子会那么坦率地把家里的烦难事公布出来吗？一个个问号在我的脑海中此起彼伏。

思忖良久，我决定，这节课先从"幸福"入手。上课时让每个学生拿一张全家福照片来，向大家介绍一下自己的家庭成员，回忆并介绍自己家庭幸福愉快的生活往事。让"幸福"为"烦恼"铺路。等学生进入状态、打开话匣之后，再过渡到对家庭中烦恼事的回忆和表达，帮助学生归纳出解决家庭烦恼的一些基本策略。最后视教学的情况决定要不要把"父母离异"这个比较特殊而敏感的话题拿出来。

第二幕：课堂惊现痛哭声

上课时，教学正在按照我的预设顺利进行。果然，照片一拿出来，孩子们记忆的闸门便打开了。我不断地走到各小组去听听同学们幸福的故事，分享大家的快乐。这时旁边一个小组有人站起来说："老师，鹏鹏不肯说。"我连忙走到鹏鹏身边说："鹏鹏，怎么了？身体不舒服吗？"鹏鹏先是低下头，然后非常委屈地哭泣起来。哭声并不是很大，却足以惊动那些正沉浸在幸福回忆里的孩子们。大家都把狐疑的目光投过来，有几个人开始窃窃私语。我微微有点着急——这课得往下讲啊，稍顷，我决定采用最传统的办法——"下课后再说"。我轻轻抚摸着他的头说："鹏鹏，老师知道你一定有难过的事，不过我们现在正在上课。等下课后，你再告诉我好吗？"他哽咽着点点头，竭力想制止自己的抽泣。这时旁边一位同学小声说："老师，我知道鹏鹏为什么哭。是因为他爸爸妈妈最近离婚了。"我的心突然一颤："鹏鹏，是真的吗？"他的泪水一下子又涌了出来，头随即深深地埋了下去。

第三幕：柳暗花明巧解怀

怎么办？每个孩子都求助似的看着我。教室里一片寂静，间或被一两声低低的抽噎声打破。我一边轻轻拍着鹏鹏的背，想让他的情绪稳定下来，一边迅速思索对策。看来这课照计划是上不下去了。我轻声安慰了鹏鹏几句，然后转头对全班同学说："同学们，鹏鹏的心情其实我们每个人都可以理解。爸爸妈妈分开了，在孩子的心中留下的伤痕是难以估量的。但是父母选择离开，并不代表他们不爱你，因为无论如何也不能改变你是他们两个的孩子这一个事实。在我们的书上，就有这样的两封信，它们真切地表达了鹏鹏的父母所有离异的父母对孩子的心声。"

大家都低头去读那两封信。教室里寂静无声，气氛显得格外凝重。

等到大家都把头抬起来的时候，透过他们的眼神，我忽然发觉这些孩子好像骤然间长大了。

我说："大家都读完了两位家长写给孩子的信。你现在是不是对他们的心声有了更深的了解呢？那么，同学们，我们现在应该如何帮助鹏鹏呢？"

孩子们纷纷举手，于是有了下面这一段精彩而感人的对话——

生1：爸爸妈妈虽然离婚了，但爸爸还是你的爸爸，妈妈还是你的妈妈，这种血缘关系是不会变的，他们对自己孩子的爱是不会变的。

生2：鹏鹏，别难过。你的爸爸妈妈虽然离婚了，但他们还会像从前那样关心你的。

……

鹏鹏使劲地点了点头。

【培元心语】

"培元教育"关注孩子健康身心素养的培育。现如今，单亲家庭不断增加，学校里单亲子女也日益增多，这些学生往往存在自卑心理，少有欢乐。如何促进他们形成健全人格，帮助他们真正地走出"心理健康"的阴影，成为我们教育工作者必须正视的问题。

陶行知先生说："真教育是心心相印的活动。唯独从心理发出来，才能打到心灵深处。"对于那些单亲家庭的孩子来说，更需要教师利用每一个教育契机，注入无私的爱来抚慰他们心灵中最敏感的创伤。课堂教学中的以生为本，就是要以每一个鲜活的、个性的、决不雷同的生命为我们教育教学之"本"。唯有此，我们的一切教育教学活动才可能具有针对性，才可能真正走进每一个生动的儿童的内心世界。

孩子的世界，与成人截然不同，倘不深入了解，不分青红皂白一味蛮做，便会大大阻碍于孩子的发展。特别是特殊家庭的孩子更应引起我们的关注。让双亲家庭孩子与单亲家庭孩子团结互助、平等相处，一起欢笑，没有讽刺，没有歧视，帮助他们形成健全的个性和正常的人际关系。

（朱秋娜）

体验甜蜜的"忧愁"

课间，坐在教室后排的女生突然走上来，交给我一张纸条，低着头说："老师，我收到了一封情书。"台下传来嗤嗤的笑声，是从女生周围传来的，看来，情书有不少目击者啊。那位情书的作者是什么表情，我没来得及去看，尽管我挺想看看的。但被一封情书就吓得乱了阵脚的老师，岂不是太没气势了？学生们支起耳朵想听听我的反应，我却只是淡淡地嗯了一声，把纸条揣进了兜里："好，我知道了，等空了再处理。"

平静地走进办公室，马上淘出纸条打开看了起来。小小的纸条上就写着一句话："你不知道，一听到你的声音，我就很幸福。"这龙飞凤舞狂放不羁的字迹，一看就知道是出自男生小傅之手。我默默地笑了一下，心想：这小子，平时写作业时抓耳挠腮的，写情书思维倒是言简意赅，挺有文采的。真的，这样简简单单的一句话，却别有一番少年的单纯，很是动人呢。

春天来了，愣头小子仿佛突然就长大了，在调皮捣蛋的时候，突然抬头一望就看到了这美丽的春光。学生们肯定在教室里窃窃私语，或者瞎起哄，想看看老师到底会怎么处理呢。

批评吗？不，为什么要批评他呢？就像三月春里的云烟，像第一朵绽放的花，爱是多么珍贵的东西。

那，能表扬他吗？也不行，他还是个四年级的孩子。虽然当下的社会教育热潮里也对此有种种讨论，我也看到过在国外读书的亲戚家小孩，才念初中就开始化妆，做头发打扮自己，但——就算我保守吧，还是不能接受并支持小学生谈情说爱。

既肯定，又不肯定，就此算了吗？肯定不行。到底该怎么处理呢？

看着这封情书时，我想起了一本书《爱你就像爱生命》，立马将它找出来，挑了一些节选文字做成 PPT，带到了教室。

教室里非常安静，学生们用明亮的眼睛望着我，我站在讲台上望着他们，仿佛面对的是春天的田野，绿油油的一大片，能听到他们快快长大的声音。我在大屏幕上出示了这次班级午间谈话的题目：如何写出一封很美很美的情书？

学生们在台下骚动起来，很多人嘻嘻地笑了，一张张脸蛋红通通的。我微笑着，对他们说："大家听说过王小波这个作家的名字吗？今天和大家一起来分享他和他妻子李银河写的情书集《爱你就像爱生命》，请几位同学朗读一下这本书的节选部分，请大家安静地认真听。"

学生们哪里安静地下来，他们听到"情书"两个字，就笑成一团了。在笑声中，有个勇敢的学生举手了："老师，我来。"

"我把我整个的灵魂都给了你，连同它的怪癖，耍小脾气，忽明忽暗，一千八百种坏毛病。它真讨厌，只有一点好，爱你。"在孩子的笑声里，男生读完了这段话，这笑声是快活而又善意的，男生红着脸坐下来，带着高兴和满足。

这个勇敢的男孩鼓动了整个班级的氛围，孩子们纷纷举手要求朗读王小波的情书。就这样，在这个阳光明媚的午间，我们一起分享了这本情书集里的很多片段。

我对他们说："看，爱情多好。在这个世界上，每一个人都需要爱情，渴望爱情一个人能被别人爱，是幸福的。王小波和李银河的爱情感动了无数人，他们是彼此灵魂的伴侣，是知音。老师祝福你们拥有这样的幸福，也希望，如果你们当中有人已经有了这样的朦胧的感觉，能把这份对同学的欣赏和喜欢放在心中，就像呵护着自己心里一朵小小的花，不要着急把它拿出来给别人看，让它好好长大……"

学生们静静地听着，很专注地听着……

在即将结束这次话题时，我让小傅同学亲自来读一段王小波心里的话，作为结束语："你劝我的话我记住了。我将来一定把我的本心拿给你看。为什么是将来呢？啊，将来的我比现在好，这一点我已经有了把握。你不要逼我把我的坏处告诉你。请你原谅这一点男子汉的虚荣心吧，我会在暗地里把坏处去掉。我要自我完善起来，为了你我要成为完人。"

小傅站起来，涨红了脸，有些结巴，但还是很认真很严肃地读完了这段话。

课后，我没有再找小傅，而是把这封情书还给了女生。"留着吧，"我对女生说，"好好保存，每个女孩都应该在成长过程中体验一下这种甜蜜的忧愁。"

只有经过这样的甜蜜、惆怅而迷茫的时光，他们才会真正的长大。

【培元心语】

健康的身心素养是人生的基本保障，也是"培元教育"五大核心素养之一。爱，是最美好的情感，青春期学会如何进行异性交往，就是一种"爱的修炼"。孩子进入青春期渴望与异性交往，是青少年身心健康发展的重要标志。如果没有这种心理需要，反而要打个问号了。青春期的教育是爱的教育。

处于青春期的学生出现对异性的好奇和喜欢，这是正常的生理反应，但这是种朦胧的、不成熟的感情。教师只要根据学生的心理特点和具体情况，施以切实有效的教育方法，对他们进行正确引导，辅以有效的教育活动，适当转移他们的注意力，是可以引导他们正确对待这种朦胧倾慕，让他们以健康、积极的心态平稳度过青春期的。

（陈璐洁）

信任也是一种动力

"老师……"小凯在办公室门口张望着，一看我出现，激动地迎了上来。

"怎么一大早就来学校啊，有什么事吗？"我看了看手表，才刚过7点出个头，按理学生不该到校这么早的，想必是有什么事情发生了。

果然，还没等我追问，他已迫不及待地开口了："昨天下午的社团课，我是在隔壁班级上的。上完课后我和同学们在教室门口下棋，隔壁班的T老师来找我，原来，是我坐的那张课桌洞里有个U盘，不见了，所以她们怀疑是我偷的。"

"你怎么现在才说这事，昨天下午就应该说清楚的，你看，已经过了处理事情的最佳时期。那个U盘，你看见过吗？"

"没有啊，真的没见到！"他答得理直气壮，"昨天您去培训不在学校，我实在不知道找谁帮忙说清楚这个事情。"看来，他肯定是被冤枉受委屈了，低着头，小声抽泣着："T老师来说的时候，教室门口都是人，同学们都说我不可能做这样的事。"

"那为何她们就会这么笃定是你呢？还是你做了什么引起误会了？"

"这……其实也没有……"他开始说话结巴了，让我不由得相信，肯定还有别的事情瞒着我。

"说吧，你不和我说清楚，我是帮不了你的。"

"上课的时候，我没有好好听课，翻过别人的桌洞……但我真的就是随手翻一下，没有看见那个U盘，更没有拿任何一样东西。"他的泪水已经溢出眼角，抬头就这么眼巴巴地看着我。

"好，我现在就问你最后一句，请你想清楚了，然后老老实实地告诉我：

我可以相信你吗？"最后的话，一个字一个字地从我口中蹦出来。

"当然！可以！我肯定！"他没有逃避我的眼神，似乎眼睛里都放出了光芒。

"好，我相信你！"我略有所思地点了点头，示意他先回教室进行早读。小凯是个懂事、不多话的小男孩，做事很有自己的想法和分寸。此刻，我的脑海里闪过屠格涅夫笔下的那只老麻雀：为拯救自己的幼儿，以巨大的勇气和拼命精神，使"猎狗愣住了"，并"慢慢地向后退"。听了小凯的那一番话，想到了他那个坚定不移的眼神，我想，我应该选择相信他，并帮助他！

在 T 老师处了解完事情后，我利用空课时间扎根在了学校的监控室，辛苦保安师傅调出了从那天社团误开始以后的监控，一遍、两遍……这里没看清，回过头再来细看一遍。整整 5 个小时的查证，终于不负有心人，我找到了一个确有可疑的"新目标"。恰逢放学时间悄然而至，为了不把误会再次带回家，我赶紧找来 T 老师一起看了那一段监控。凭着 T 老师的敏锐嗅觉，也觉得她们班的小俊同学有"问题"。一切的一切都很快水落石出了，隔壁班的小俊同学也承认了自己的"一时糊涂"，并物归原主。

我激动极了，疯狂地跑向教室，本以为孩子们早已离校，可是，你不会想到的是，全班同学一个不差地在教室门口，一个个伸长了脖子等着我回去。我很远就看见了在角落的小凯，他应该是最期待这个时刻的人了。我冲到人群里，一把搂住他，在他耳边轻轻地说道："老师相信你，你也没有辜负我的信任！"激动的泪水再也按捺不住，纵使个头高高的他，顷刻间哭成了个泪人。

孩子们很懂事地跟着进了教室，我和小凯你一句我一句把事情的原委说了一遍，我还给大家介绍了我心中的那只老麻雀，然后肯定地告诉他们："同学们，请记住，只要你是正义的，你是有理的，你是有正能量的，无论多么艰难，无论遇上什么困境，吴老师一定会默默站在你的身后支持你、鼓励你、帮助你，因为我们彼此之间是相互信任的，请让我做你有困难时第一个想起的那个人吧！"话刚落音，教室里响起了雷鸣般的掌声。这掌声是对小凯的祝贺，这掌声是班级凝聚力的象征，这掌声持久而有力，从心发出的声音是最动人的！

自那个小风波之后，孩子们的热情更高了，无论是学习还是集体观念，很多时候我们彼此之间只需要一个眼神即可。小凯呢，一改以前事不关己的状态，同学们有困难，他肯定是第一时间冲上前去帮忙解决的。我相信，这一次的事儿，一定会在他们的人生道路上有所启发，有所教育，尤其是那个他。我被他信任，同样，他也被我信任着！

是呀，信赖，往往创造出美好的境界！

【培元心语】

健全身心素养的培育是培元教育核心的教育目标之一，良性的教师行为可以领跑学生的幸福人生，使他们产生内在动力，唤起学生内驱力的重要手段。如果说师生间的相互关心爱护是教育大厦的基石，那么信任就是一座友谊的桥梁，它将升腾起师生心中那道靓丽的彩虹，让师与生在和谐的氛围内共同进步，共同成长。

苏霍姆林斯基说："对人的热情，对人的信任，形象点说，是爱抚、温存的翅膀赖以飞翔的空气。"信任是一个人安身立命的基础和前提所在，没有一定程度的信任人们就难以实现良好的交往，变得孤立而封闭，而这样的残缺人格是与我们的道德完善教育追求背道而驰的。

有人说，世上唯有母爱无私，没有条件，不讲回报，而我想说人间还有一种不求回报的爱——教师对学生的爱！就让我们所有的教育工作者带着这颗心去尊重学生、信任学生、关心学生，给他们以关爱，给他们以期待，给他们以自信，让所有的孩子都能焕发出自信的光芒，并用这光芒点燃周围的一切。

（吴晓）

因为我们是一家人

"哇，你们教室里的植物真是漂亮！各色花儿都有，特别生机勃勃！"每一个进入我们教室的师生或客人，都会不由自主地夸赞起我们偌大无比的教室。说这是花园教室，一点不为过，下水管上缀满了生机勃勃的绿萝，窗前四排花架上摆满了各种绿色植物，娇艳欲滴。只有我知道，照顾这些植物的艰辛，这背后是我们的孩子用一份爱心延续着对班级的爱……

新学期伊始，刚听到我们班被分配到这个特殊的教室时，我傻眼了，房顶上一条红色的下水管赫然在眼前，旁边白乎乎的一道墙，"如何把教室变得漂亮？"成了我假期里一件重要的事。于是计划实施后，一道墙变得生机勃勃，窗前摆放了4个花架……

"哇，我们的教室好大啊！""墙壁真是漂亮极了！"看着同学们目瞪口呆的样子，我知道时机来了，"同学们，你们还在休息的时候，余老师接到了一个任务，就是这个不显眼的教室要给我们，你们觉得为什么余老师要把这个教室打扮起来呢？""因为余老师喜欢这个教室呀！""不，不是，因为余老师把这个教室当成了新房子了！"同学们七嘴八舌地议论着……我笑了笑，神秘地压低声音说："因为余老师把这个教室当成了家，我是家里的一员啦！""哈哈，那我们也是里面的一员哦，这也是我们的家！"同学们恍然大悟……

同学们不约而同地带来了各种各样的植物，有的甚至给植物贴上了名字贴，简单地介绍着这个植物，含羞草是绿色的，栀子花是绿色的，仙人掌是绿色的，各种绿色植物摆满了我们4个花架，花架"活"起来了。我知道，这还不行，接下来，就要学会照顾这些小生命了。"谁来负责浇水？谁来负责让植物呼吸新鲜空气？谁来负责让雨水浇灌？"看着孩子们此起彼伏举起的小手，我知道每个孩子都当成了班级里大家庭的一员……

就这样，一周里，会有绿化小组给绿萝修剪"发型"；一周里，会有环保小组不厌其烦地把缠绕在下水管道上的绿萝取下，放置到外面的花坛中，与大自然为伍；一周里，会有植物小组齐心协力地把这些几十盆的花草搬置外边的草坪上，与小草共舞，吮吸雨水的味道……

说来也奇怪，这些植物也有着不一样的灵性：有一段时间不去理睬它们，它们就会耷拉着脑袋，毫无精神，垂头丧气地不吭声；如果时不时地去关心它们，它们就会叶子绿得欲滴，枝干挺拔，昂首挺胸的气场全频开道……我让孩子们留心观察，观察这些不一样的细节，可以用日记的形式写下来，于是乎，各式日记新鲜出炉：《我的含羞草，你怎么了？》《傲娇的绿萝》《多肉植物你真厉害》《你好吗？我的家人》，孩子们的眼睛告诉了我们不一样的视角……

因为我们是一家人，孩子们用自己的手照顾着教室里的一草一木；因为我们是一家人，孩子们用自己的眼打量着教室里的一言一行；因为我们一家人，孩子们用自己的心关爱着教室里的每一个人……

有人说，班级是个集体，而我觉得班级是个家，是一个大家庭。每个人都是这个集体的一员。人人都把班级当作家，教室里的灯会在孩子们离开后熄灭；风扇会在无人的时候关闭；大门会在放学后自动落锁；地板上永远是一尘不染……今后，我将继续带着责任，运用智慧，注入真情，去唤醒更多的心灵，经营好这个班级这个大家。

【培元心语】

一切教育活动应从学生本位出发，"培元教育"以长远眼光和平和心看待教育，注重在教育的全过程中实施，注重唤醒学生的主体意识和自我追求，引导其主动修行内化。多种责任感的培养，既是少年儿童健全人格、浩然元气必不可少的一部分，也为孩子身心的健康发展提供了动力和保障。

班级是学生和教师共同生活和学习的家园，也是学生的精神家园，每个学生将他们一生中最灿烂的年华在班级这个家园里演绎着快乐和痛苦、喜悦和哀愁，并以此作为他们整个人生的底色和基石，从此踏上人生的征程，去征服各种艰难和险阻，享受人生的幸福。所以班级不仅是学校实施各项教育教学的组织单元，更是学生建立人生价值趋向的最重要的场所。

作为班级导师，在孩子们一进校园时就要培养他们班级是"家"的概念，形成一种强烈的家庭责任感，承担起对班级的责任，用家文化涵养学生的心灵。教师要不失时机地发挥集体的教育功能，培养学生的集体荣誉感，使每个学生都有机会为"家"做事，为"家"争光，让班集体呈现出生机勃勃、奋发向上的新局面。

（余敏）

用心呵护纯真的笑容

"老师，胡胡又不肯进学校了，在校门口哭呢！""小辣椒"笑呵呵地跑到我的面前说道。

从这星期开始，胡胡每天清晨都不肯进教室，抱着爷爷的裤腿哭得一塌糊涂，一张漂亮的小脸已经哭花了，肩膀不时抽搐着，眼睛朝着学校里看了一眼，仿佛里面有什么恐怖的东西一样，始终不肯主动走进学校。即便在爷爷的安抚下，一步一步走到了教室门口，仿佛教室门口也是一个张着血盆大口的怪兽，惊恐不已，死活不肯迈进一步。

放下手中的语文书，我让小组长领着大家继续早读。我轻步走到教室门口，蹲下身来，抚着胡胡的肩膀："同学们都进去了，他们都读到第三课了。来，我们一起把书包放好。"伸手接过书包，带着不断回头看爷爷的孩子，她走进了教室。"能自己放好书包，坐在位置上和同学们一起早读吗？"我又一次蹲下身来，轻声问道。"嗯……"胡胡鼻尖出来一声极轻的声音，几乎细不可闻。

胡胡接过书包，中规中矩地回到书包柜边上，取出作业、文具和语文书，回到位置上开始了早读，眼泪已经擦去，泪痕还未全干。见此情景，我只能轻叹，这两个星期表现出来的症状如出一辙，两门难进，哭声震天，撕心裂肺，但只要一跨进教室的门，一切的不适瞬间就烟消云散了，若非眼角残留的泪痕，我都怀疑刚才的一幕是不是存在。

她的这个状况，校内已经声名远播，班级孩子们自然更是清楚。为了不给她造成心理负担，对其他的孩子进行引导，我对着一群心思纯真的孩子们说道："胡胡真漂亮，哭得那么伤心就不好看了，看着有些心疼，我们来帮帮她好吗？"

没有人再对她指指点点，包括最调皮的"小辣椒"。因为大家都舍不得她哭。

这孩子很内向，平时轻声细语，甚是乖巧，思想工作也做过多次，但效果不佳。我怀疑是不是家里出了什么问题？于是，马上联系了她的爸爸妈妈，约在下午见面。胡胡的爸爸是做审计的，一脸的严肃，初见确有几分不适应。"这事情都怪我，孩子平时也挺乖的，我们对她有点期望，所以在要求上有些严，导致她比较怕我。"想不出什么好办法的爸爸，此刻显得有些懊恼和无助。"早知道会是现在的这个样子，我当初就不会……我们甚至也看过医生，医生说这种情况是心理恐惧症，心理的问题不是用一副药就能解决的，哎……"

我能感受他的苦楚和焦虑，但既然是请他来是解决问题的，我就尝试着劝解了："孩子比较怕你，那么接下来的学习辅导由妈妈来，尽可能降低对她的要求，减轻她的心理负担，这个是治根。进校门和进班级门困难，可以在上学途中，找到一个或几个同行的同学，边走边聊，分散她的注意力，只要进了教室，问题就不会出现了。这个方法是治标。暂且试试吧！"爸妈是听进去了。

第二天早上，"小辣椒"嘻嘻哈哈地拉着胡胡进了教室的门，我们一如既往的早读，清晨的阳光总是那样灿烂，她们的笑容同样灿烂。她开开心心地走到了自己的位置上，开始了新的一天，"小辣椒"与我相视一笑。

孩子们把作业本写好了，排着队给我改的时候，我看到了胡胡。我把她拉到身边，"昨天妈妈给你讲故事了吗？""老师，您怎么知道呀？爸爸没有批评我了……"七岁的她，朝气蓬勃的脸庞，银铃般的话语，那样的纯真无邪。孩子是上天派来给我们带来欢乐的天使，真希望笑容永远能留在他们的脸上。

【培元心语】

健康的身心素养是孩子长远发展的基本保障，也是"培元教育"五大核心素养之一。小学生正处于终身学习的起点，如何对学习保持良好的兴趣，健康的心理是基础。对于小学生而言，比较容易受到外界因素的影响，特别是老师和父母的一言一行。这对孩子而言，便是孩子的天与地。天地变色，孩子便会心生恐惧，便会抗拒、排斥学习，即使我们花再多的努力也会无能为力。

如果问这个世界上，谁拥有最纯真的笑脸、最纯净的心灵，答案无一例外，是孩子。刚刚入学的他们，天真可爱，富有童趣，朝气蓬勃，同样会脆弱敏感，察言观色，委曲求全。他们是美好的，同时又是那般的脆弱，仿佛骄阳下的花朵，急需我们的撑伞，撑出一片阴凉，避免烈日暴晒而伤痕累累。

因此，家校协同，共同关注孩子的身心发展健康，了解孩子的心理承受能力。对孩子多一些细心，多一些耐心，多一些冷静，多一份爱心。学习之路漫漫，人生亦是长跑。健康的心理状态，可以让孩子具有更长远、强劲的动力。

（戴晓娜）

与孩子的心弦对准音调

在一年级的课堂上，有一个特殊的小身影——小金。第一次吸引我注意力的是他的"呆"，在别的孩子都全神贯注听讲时，他却双眼无神地发着呆，有时看着窗外有时又低着头，从来不举手也不发言，貌似整个课堂都与他无关，而他的这种"呆呆"的状态不仅是在课堂，就餐时亦是如此，吃饭速度极慢，因为边吃边发呆，所以他总是最后一个离开餐位，即使有班级导师陪着他吃，也是面无表情不紧不慢，他一个人在自己的小世界畅游。我想试着走进他的世界，但一次次的言语沟通都毫无进展，让人有点挫败。

直到有一天，我发现他正聚精会神地在自由绘画本上（自由绘画本是区别于美术作业本的一本绘画本，孩子们可以在上面画任何自己想画的东西，故称之为"自由绘画本"）画画，那时我似乎找到了走进他内心世界的那道光。

"哇，你画得好棒呀！"我拿起他的本子惊喜地说道。一听到我的夸奖，他的嘴角顿时露出了一丝笑意和难为情。"能跟我说说你画的是什么吗？"我继续边看边引导着。看他只是害羞地笑笑，我便问："这么棒的画，我拿到讲台的投影仪下展示给同学们一起欣赏好吗？"他点点头笑得更深了。

"原来画的是西天取经的故事呀""这是什么怪兽？"我边看边试着去分析他的画面。为了进一步激发他表达的勇气，我问孩子们："小朋友们，你们这个故事吗？"一听故事，孩子们也都兴致高昂，大声地说："想。"

于是在我和孩子们的掌声与笑声中，小金面带微笑怯怯地走上了讲台："这是新版的西天取经……"小金的话还未说完，一个男孩就像发现新大陆一般惊奇地喊道："老师老师，画面当中还有一辆 bus，果然是新编的西天取经啊！"我也继续鼓励道："是啊，你们看每一个画面都画得好仔细，飞禽走兽都刻画的好生动好有趣，老师都想不出来画不出来呢，小金你真的好厉害啊！"

画面细节 ▲

就这样，在和同学们的一问一答之中，小金鼓起勇气讲述了自己画面中的故事情节。虽然讲述时他仍然不停地搓着双手，也会脸红结巴，但能够上台对他来说已是最大的进步。我很开心我们终于有了交流沟通的话题。课后，我奖励了他10枚成长币和10本自由绘画本，在班级同学的无比羡慕声中，我看到了小金脸上的喜悦与激动。而在此次鼓励之后，小金的创作积极性更加高涨了，或许，一颗小小的艺术种子正在他心中悄悄发芽……

评价一个孩子是多方面多元化的，及时捕捉学生的思维闪光点，并小心翼翼地呵护，才能促使其茁壮成长。透过小金稚嫩又灵气的画面，我找到了他与世界、与人、与生活的交流方式，而我也坚信这是他的天赋所在。今天，悄悄地在他心里埋下一颗小小的艺术种子，未来，愿他能收获更多的幸福果实！

【培元心语】

心理健康是素质教育的根本目标。"培元教育"着眼于培育学生"强大的学习能力＋优良的人生品德＋良好的行为习惯＋健康的身心素质＋出色的阅读社会能力"五种根基性素养目标。而其中健康的身心素质是一切目标的基础，也是人一生不断进取、不断探索的催化剂。一个人只有拥有稳定向上的情感力量，会知觉、会评估、会表达，才能逐渐拥有一个完整幸福的人生。

教育家苏霍姆林斯基说："在每个孩子心中最隐秘的一角，都有一根独特的琴弦，波动他就会发出特有的音响，要使孩子的心同我们讲的话发生共鸣，我们自身就需要同孩子的心弦对准音调。"

每个班级或多或少都有一些特殊的孩子，或许他们不是传统意义上的优秀的学生。但作为教师，每天与孩子们接触，那么每一天都应该以一颗细腻的爱心去面对他们，仔细观察、认真倾听，相信每一个学生身上都有一个闪光点，哪怕那道光很弱很小，但只要找到他们内心的元气点，随时让自己的心对准孩子的心弦，慢慢引导鼓励，帮助他们构建健康的心理、积极乐观的人生态度，那么就能实现学生的全面发展。

（张学宁）

在坚韧中见证成长

  星期二的最后一节课是社团课——"仙剑棋侠社"。当我讲完当天的内容，正想让孩子们自己捉对厮杀的时候，冷不丁一声清脆的声音穿透诸多杂音，拂过耳际。"老师，我想和你下！"王佳乐站了起来，看起来有些紧张。一手撑在桌子上，一手捏着桌边，小小的眼睛里闪着一种好斗的光芒，一种想把我打到的念头支撑着他。如果如他所愿，这对他来说，特别是在整个班级同学面前取得胜利，那将是一种无上荣耀。

  "好，你来！"教室里像正在升腾的沸水加了一勺冷水，瞬间静了下来。全班40多双眼睛像聚焦灯似的齐刷刷地看着他。他倒也不怯场，定定地站在我的对面。"你先吧！"身为老师的我总不好意思拿先手。他倒也不客气一声，黑子朝着中间点了一颗。

  "家里谁陪你下棋啊？"我见招拆招，边询问道。"爷爷、奶奶都和我下过，他们都不是我对手，爸爸刚开始比我厉害，现在也不行了。"他说完，嘴角微笑，摇头晃脑，颇有几分小得意。小家伙敢情是在家苦练功夫，准备打败我，想借此一举成名啊！我表现得不动声色，心里头却也乐了，"你的这些本事都是我教的，就算青出于蓝而胜于蓝也没有那么快吧！气焰有点小嚣张……"

  这时，班级里的小看客们已经一分为二，有挺我的，也有挺他的。必须速战速决，不能让这个局面维持太久。当我落下最后一个白子的时候，他脸上的兴奋劲霎时不见了，一脸的苦楚，显然是看出自己已经无力回天了。"再来一盘！"他看着我说道。

  "不错，不服输，我喜欢。"我心里暗道。第二次的交锋，他显得更加沉稳和小心，策略也改变先前一味地进攻，以防守为主。下面的孩子七嘴八舌的讨论起来，"你觉得他会赢老师吗？""怎么可能，没看之前第一盘没几下就输了吗？""是啊……"这些话语多少对他的信心造成了一定的干扰。在我没有放水的情况下，他输了。

"还来吗？"我轻问道。"来！"看得出，此时他的表情显得很不服输，又略有几分痛苦，看来他的自信心有一点被打击到了。我心里觉得有几分不忍，但下手依然狠。第三局他还是输了。"还来吗？"他捏着拳头，咬着牙齿，"来"。我感受到他的拳头里捏着一颗不屈的信念，心里的那根弦被波动了一下。可第四局他还是输了。

我看着他，半天不语。"还来吗？"这次，他没有说话，眼眶里强忍着湿润，硬是点头。看着墙壁上的时钟，离下课也就最后一盘棋的时间了。这个孩子真的很不错，恍惚中，我下偏了一子。他一番连续进攻，我无力回天，只能摊手认输。

"哇，他赢了，太了不起了！"小伙伴的惊讶声此起彼伏，他的眼睛里燃起了名为信心的熊熊光焰。

面对所有孩子，毫不犹豫地夸奖他："你比老师都厉害，真棒！同学们，只要你们和他一样努力，坚持，你也可以！史泰龙，一个世界级的电影巨星，他出生在一个"酒赌"暴力家庭，到20岁那年，史泰龙思索规划自己的人生，他想当演员，他来到好莱坞，找明星、求导演、找制片，寻找一切可能使他成为演员的人，四处哀求，可他得来的只是一次次的拒绝。两年时间，1000多次的拒绝，一次次失望，一个个的希望又支持着他！'我不知道你能否演好，但你的精神一次次地感动着我。我可以给你一次机会，但我要把你的剧本改成连续剧，同时，先只拍一集，就让你当男主角，看看效果再说。如果效果不好，你便从此断绝这个念头！'在他遭遇1849次拒绝后的一天，一个曾拒绝过他20多次的导演终于给了他一丝希望。三年多的准备，终于可以一展身手，史泰龙丝毫不敢懈怠，全身心地投入。第一集电视连续剧创下了当时全美最高收视纪录——史泰龙成功了！不要怕输，那你就一定会赢！"

简短的一个故事，印入孩子们脑海中的是一个百折不挠的英雄形象。其实榜样就在身边，少年自当强。这一堂课我和孩子们收获满满。

【培元心语】

培元教育对孩子来说具有固本培元的功效，培养孩子们健康的身心素质，在平时的学习生活中，就能经受磨砺。孩子们以积极乐观的心态，以顽强不屈的信念，去迎接一次又一次的挑战。即便遭遇坎坷，摔个四脚朝天，但仍能毫不在乎，立刻爬起，满血复活。于那拦路虎再战三百回合，定将它打趴下不可。坚韧不拔的性格能助力孩子在今后的人生道路上披荆斩棘，乘风破浪，一往无前，通向成功的彼岸。

当前，在学校教育教学中，老师对学生的学业成绩、智力开发都十分重视，家长更是如此，但是他们却都忽视了学生健康成长的关键因素——心理品质。培养小学生在困难面前坚韧不拔，在挫折面前百折不挠，面对挑战勇敢、坚强，出现问题沉着冷静，成绩面前不骄不躁这些非智力因素对小学生成长更为重要。

我们坚信，每个孩子的潜能都是不可限量的，只是很多时候，缺少一副适量的担子压一压。教师作为教育引领者，设计学生遭遇困难，引导他战胜困难，树立自信，培养坚韧不拔精神。这种精神只有让学生在不断磨砺中真正生长。生命不止，拼搏不息，少年自当强！

（王国平）

最美的"礼物"

　　"凯凯妈妈，孩子最近吃饭吃得飞快，每天都抢着去搬水果，他在家吃饭快吗？"看到孩子妈妈来接孩子，我赶紧逮住机会和凯凯妈妈交谈起来。

　　"老师，我们家凯凯在家还好的，如果是爱吃的鸡腿、鸡翅，他都是狼吞虎咽，但也不是特别着急。"凯凯妈妈如实答道。

　　"但是，最近孩子挺反常，三五分钟把饭吃完，有时候为了求速度，甚至用汤拌饭就着吃。孩子正在长身体，长此以往，我真的很忧心。"我继续和凯妈耐心沟通，"有一次，就因为哲吃得比他快，抢先一步，争取到搬水果的机会，他居然伤心地哭了。"

　　"老师，我知道他为什么吃这么快。他已经喜欢班里的小徐两个多月了。我们母子俩无话不谈，我不想给孩子什么压力，所以也没有批评，想着孩子很单纯，只是很简单地喜欢，也不至于长久。所以凯凯都会和我讲他喜欢小徐的事情，最近更是讲得饶有兴致。他跟我说，他每天都要抢着去搬水果，为的是把最好的那个水果找出来，亲手放在小徐的桌上……"凯妈哭笑不得地说。

　　我顿时明白了。四、五年级的孩子，已然不是愣头小子，有的姑娘也都有了自己的小心思，阳光帅气的体育陈老师越来越受欢迎了，幽默风趣的数学张老师下课后身边总是围满了小姑娘，追着他要加他微信……

　　我又回想起前阵子满班里传得沸沸扬扬的两个学霸"谈恋爱"的事情，还有小源那封才华横溢的"情书"。小源的妈妈看到我发给他的孩子写给两个姑娘的情书，从最初的觉得孩子可爱到后来的忧心忡忡，不知所措。是的，关于爱情的课迫在眉睫。孩子简简单单的情话，把最好的水果献给喜欢的姑娘，别有一番少年的单纯，很动人呢。

在最美好的时光里，愣头小子突然长大了。我要批评他们吗？

不！就像三月早春里的云烟，爱是多么美好而珍贵的东西。

那，我能表扬他们吗？

不！马上就要升五年级了。学业任务重，他们也还太小，我也不能支持和接受小学生谈情说爱。我想起一本书，王小波和李银河的情书集《爱你就像爱生命》。午休时间，我选取其中的片段走进教室。

当 PPT 呈现"爱情"这个主题时，教室里顿时炸开了锅。

"老师，源写过情书给小星和小莫。"

"老师，凯凯喜欢小徐……"

"老师，乐乐老是说我要和小刘结婚……"小黄说道，"我一直和他们讲，我和小刘没什么，他们说得我都不敢和小刘一起学习了。"

"孩子们，"我微笑着对孩子们说，"今天我要和大家分享一本情书集《爱你就像爱生命》，是著名作家王小波和他的妻子的情书集，我想请同学来读一读其中的选段。"小源马上毛遂自荐："老师，我来！"

"我把我整个的灵魂都给你，连同它的怪癖，耍小脾气，忽明忽暗，一千八百种坏毛病。它真讨厌，只有一点好，爱你。"在孩子们的笑声里，小源读完了这段情书。孩子的笑声充满善意和轻松。在这样愉悦的氛围里，这个阳光明媚的午后，我们一起分享了许多美好的情书片段。

我对孩子们说："看！爱情多么美好。每一个人都需要爱情，渴望爱情，一个人能被别人爱，是幸福的。你们要懂得如何去爱别人，是人生中最重要的一课。王小波和李银河的爱情感动了老师，感动了无数人，他们是彼此的灵魂伴侣，是知音。老师也祝福你们将来能拥有这样的幸福。同时，也希望当你们中有人有了这种朦胧的感受，能够把这份对同学的欣赏和喜欢放在心中，就像呵护心中一朵小小的花，不要急着拿出来给别人看，让它好好长大……"

孩子们听得格外专注，后来，我也没有额外找凯凯和小源，聪明的孩子如他们，后来把心中的小花藏得很好，班里孩子们对于男女同学之间的友情仿佛豁然开朗。我相信，许多这样的直言片语，或许只是不经意，却值得我们将之珍藏心底，用一生的时光去念念不忘。

【培元心语】

"健康健全身心素养"的培养是"培元教育"的核心元素养。步入五、六年级，孩子们处于生理、心理发育的重要阶段。产生于男女生之间的相互欣赏和好感是一种很平常的生理和心理反应。在此过程中，教师的正确引导至关重要，学会如何表达爱，如何与他人建立起真诚的、亲密的关系，永远是孩子们身心健康的必修果。

小学生是祖国的花朵，是祖国的未来。预防和解决小学生早恋的问题是一项艰巨又漫长的工作，我们需要重视起来，寻找正确的方法避免小学生早恋问题的产生与发展，使小学生的身心得到健康、快乐的成长。为他们之后的人生道路奠定良好的基础，让他们拥有更加精彩的人生。

我想用作家王小波的心里话勉励孩子们："你劝我的话我记住了。我将来一定把我的本心拿给你看。为什么是将来呢？啊，将来的我比现在好，这一点我已经有了把握。你不要逼我把我的坏处告诉你。请你原谅这一点男孩子的虚荣心吧，我会在暗地里把坏处去掉。我要自我完善起来，为你我要成为完人。"相信孩子们做到这一点，将来必定都能收获最美的"礼物"。

（林亦男）

做情绪的主人

"老师，不好了，小雷在教室里打同学。"班长火急火燎冲进办公室。她的话让我心头一怔，立刻转身跑进教室。只见小雷怒气冲冲地揪着同桌女生的衣领，一只拳头举过头顶，眼看就要落下去了，幸好一群男生抱着他的腰，努力把他们分开。

"住手！"我的声音如雷贯耳，小雷这才收回了要落下去的拳头。女生一把抱住我，哭泣着说："老师，我不小心把钢笔水甩到了他的本子上，跟他道歉了，但是他还是要打我。"旁边的同学纷纷告状："是的，是的，我们都看见了。小雷最近总是乱发脾气，一点不讲道理。"我一边安抚着女生，一边把目光投向小雷。他还是一副怒气冲冲的样子，涨红的脸，紧握的拳，丝毫没有意识到自己过激的行为。

今天的事让我有些纳闷，小雷原本是一个活泼开朗的阳光男孩，灿烂的笑容始终挂在脸上，课间，经常看到他与同学玩耍嬉戏的场景。可最近，他总是闷闷不乐，上课走神已成家常便饭。我多次找他谈话，想走进他的心，他却对我避而远之，如今还愈演愈烈。

意识到问题的严重性，我把小雷爸爸请到了学校，把孩子情况一一告诉他。原来爸爸也发现了异常，小雷近来经常和家人吵架，要是多说几句，骑上自行车就走，回来时摔得浑身是伤，还说是故意的。也常常气呼呼地坐着一言不发，更有甚者，会赌气离家出走。

是什么原因导致小雷的改变呢？小雷爸爸细细回想，说："会不会是因为他妈妈怀了二胎？自从告诉他后，他就有些不高兴。我们工作忙，也没有在意，以为他只是一时不高兴，过几天就好。这段时间的异常，看来是我们忽略了他。"

得知情况后，我告诉他爸爸，一件在成人看来平常的事情，常常可以引发孩子十分强烈的情绪波动。如果孩子无法了解这些感受，他就不能学会认知自己的情绪，更谈不上去做自己情绪的主人。最后导致的结果就是只会盲目发泄情绪，做出了不恰当的应对。我们必须合力帮助小雷，给予足够的关爱，要不动声色，潜移默化地把他的情绪扭过来。

不知不觉机会来了。那天下课，小马同学喜滋滋地走到我面前，奶声奶气地说："老师，我要当哥哥了。""谁家生小宝宝了？"我问。"我妈妈。""哇，太棒了，恭喜你当哥哥了。"我的大嗓门吸引了旁边的同学，大家纷纷围过来问小马："你妈妈生了弟弟还是妹妹？""你妹妹长得好看吗？""你是不是很高兴？"听了同学们一连串的问题，我灵机一动，这不正是一个良好的教育契机吗？

接下来的语文课改成了思想教育课。我先请小马同学讲讲他的妹妹和他有了妹妹后的心情。同学们被感染了，你争我抢要来说说自家的弟弟妹妹，有的说他家的妹妹很可爱，总是跟在他屁股后面叫哥哥；有的说有了弟弟，家里更热闹了，自己再也不孤单了；有的说虽然有了弟弟会很闹，但是还是很喜欢他。

我顺势引导："有了弟弟妹妹是一件让人羡慕的事，不要因为弟弟妹妹的降临而觉得爸爸妈妈不爱你们了，从而乱发脾气。要知道乱发脾气只会伤害自己，伤害他人。恰恰相反，爸爸妈妈会更爱你们，因为你们是哥哥姐姐了，要保护弟弟妹妹，你们会变得更厉害。当然，如果有不开心的时候，咱们可以找家长，找老师，跟他们说说心里话，他们一定能帮助你。"我的目光停留在小雷身上，只见他低着头若有所思。

那次聊天后，小雷的情绪渐渐改变，也很少发脾气了，久违的笑容再次回到了他的脸上……

【培元心语】

健康的身心素养是人生的基本保障，也是"培元教育"五大核心素养之一。小学生的身体正处于成长期，身心出问题，既会让学习不具有可持续性，还会对学生未来的成长造成不可弥补的损失。情绪是人与生俱来的心理反应，情绪没有道德意义上的对错，不管是成人或孩子，都不可能避免遇到这些负面情绪，而且孩子情绪的不稳定性有时远远大于成人。

托马斯指出，情绪调节是一种适应社会现实的活动过程，他要求人们的情绪反应具有灵活性、应变性和适度性，以使人们能以有组织的、建设性的方式，迅速而有效地适应变化的社会情境。因此，引导学生正确地认识情绪，面对不同的情绪，学会合理地控制和调节，对于正处在个性生成的小学高年级学生来说显得尤为重要。

孩子的成长并不是一个直线上升的过程，而是呈螺旋式上升的，孩子的情绪发展也是如此。面对情绪波动期的火暴脾气和无理行为，家长和老师要重视起来，积极走近他们的内心，找到根源所在。多站在他们的角度进行理解，教给他们调节情绪的方法。有时一个故事、一项活动或一句不经意的话都能化解孩子的负面情绪，引导他们正确面对，形成积极乐观的心态。拥有良好情绪、阳光心态的孩子，能与别人和谐相处，更能享受生活的美好，从而感受到幸福。这就需要我们尽早地关注孩子良好情绪的建立与培养，让他们成情绪的为主人。

（郑旦璐）

做助手的学问

班里的小 A 同学性格倔强，脾气暴躁，易于激动。动不动就对别人恶语相向，还不从自身找原因，永远是别人的错，不服班级小助手的管理。为了让他学会与人合作，我决定让他担任路队长。

一天早上，他在整队，可是无论他怎么卖力地喊，队伍就是排不齐，他气得暴跳如雷，冲着那几个站不齐的同学又吼又骂。可任凭他怎么叫喊，被骂的同学一边用充满仇视的眼神望着他，一边却我自"岿然不动"。见此情景，我走上前去，想劝劝他注意工作方法，哪知我刚一开口，他就冲我喊了起来："他们那些人就是站不齐，凭什么怪我？""我并没有怪你，只是觉得你应该注意工作方法。""他们不听我的，我咋办呢！我本来就不想当这个路队长，你非要我当，我……"他委屈地声泪俱下。由于时间的关系，我只匆匆和他谈了几句，就让他上课去了。我明白，要彻底解开他的心结，必须先触摸到他的心灵，触及他的痛楚。

当天课堂上，针对此事件，我临时给全班学生上了一堂以《情商》为题的心理辅导课，介绍了什么是"情商"及"情商"在人生成长中所起的作用。为了使同学们对自己的情绪有更深的探索和了解，增强表达情绪和控制情感的能力，我第二周又召开了以《怎样当好称职的小助手》为主题的班会，会上大家展开了积极的讨论。

小 B 同学说："面对同学的不合作，往往会很生气，以前我也这样，因此平添了不少伤心和烦恼，他不听我再换一种方法让他听，用让自己开心的方法，让别人心甘情愿。"

"我觉得肯定要做到公平，更不要因为某些人特别厉害，特别难缠，便放任不理，找个大家都喜欢的方法解决问题。"

"身为一个小助手，一定要以身作则，先做好自己，再管好同学，这样同学才会信服你，若连自己都无法管好，又怎么去管好别人呢？"

"要克制自己的脾气，当同学不听你的命令时，不要发脾气、摆架子、大吼大叫，这样只会变成更大的矛盾，要心平气和，耐心地说服。"

"同学们都说的很好，有些事情，本可以轻易解决，就没有必要让事情陷入一个僵局，导致双方难受的局面，最后弄得大家都十分尴尬，以后再和那个同学见面时就'仇人相见，分外眼红'了。因为心一旦变小了，所有生活中的一些鸡毛蒜皮的小事情就变大了。但小助手管理班级并不是一个人的事，而是需要全班同学给予他一定的配合的。作为一个小助手，更不能动不动就指责他人，要学会和同学之间建立友好的交往，要让同学心甘情愿地服从于你，而不是被迫就范。最后，就是在平时的生活中，多一些笑脸，多一些沟通，多一些帮助，付出多一点、主动多一点、关心多一点，自然就能与同学很好的相处。当好一个小助手，确实有一定的难度，但只要努力尝试，就一定可以做得比以前更好。"

最后是小A发言，他当着全班同学的面，深有感触地说："以后同学们在发生争执时，要以理服人，而不是做出一副要和别人吵架、打架的姿态，面对焦燥的事情，退让几步会好很多。"听着他的话，同学们纷纷报以热烈的掌声，我会心地笑了。

从这以后，我还是继续让小A同学做路队长，尽管他大部分时候还是会下意识地先怪别人，但也慢慢学会了冷静，大吵大闹的次数也越来越少。

【培元心语】

健全身心素养的培育是"培元教育"的重要教育目标之一，具备良好的为人处世、待人接物的能力也是进入社会必备能力之一。情商是个体最重要的生存能力，是一种发掘情感潜能、洞察人生价值、揭示人生目标的悟性，是一种克服内心矛盾冲突、协调人际关系的技巧，是一种生活智慧。

　　浮在表面的管教、居高临下的训导只会引起学生的反感。而要进入到学生的心里，要学会找准时机，切忌浮躁；学会等待，避免匆匆上阵。善于观察的眼睛也是必不可少的。善于观察，就能"见月晕而知风，见础润而知雨"，透过学生的表情和举动洞察学生的心灵。了解学生，才能有的放矢；掌握学生的心理，才能知道如何解决学生的问题。

　　作为教师，如果只想着提高学生学习的积极性，忽视他们的心理健康教育，即使真提高了他们的学习成绩，也会有其他问题产生。只有心理上的转变，才是解决问题的根本。只有学生的人格健全了，学生的行为才能得到真正地改善。

（施梦玲）

5

出色社交能力培养篇

"合作"进行时

又一篇课文教学接近尾声，离下课还有十几分钟，一眼望去，教室里一双双小眼睛满含憧憬地望着我，等着我接下来要说的话。

"之前说过，这篇课文上完后，会让大家分组表演……"

"哇！太好了……"耐不住性子的小家伙们一听到"表演"就开心得手舞足蹈，也有不少孩子急忙端正了坐姿，挺直腰背，昂着头，仿佛用尽全身力气在说"一定要选我呀！"

以往这个时候，我会按照课文中的人物出场顺序，一个个问他们，"谁愿意演啄木鸟？""谁来当捉害虫的青蛙？"孩子们听到自己满意的角色后，纷纷举手，可一旦角色选定，就出现了几家欢喜几家愁的景象：有角色的孩子反复练习琢磨，想把自己最好的一面展现在大家面前；没有角色安排的孩子则无精打采，连看表演时也是闷闷不乐。

而这一次，我决定自己不再当统筹大局的"导演"，让孩子们相互交流、合作，从而互相配合完成表演。"这一次表演，老师不安排你们的角色，每一大组自主选择一个组长当'小导演'，每个组员都要上台表演，至于你们的角色……自己和'小导演'商量吧！"刚说完，教室里炸开了锅，我看到了几个委屈、怀疑、惊奇的表情，大家一时不知所措。"刚刚规定了每一小组的排练区域，现在大家去指定的区域排练吧，希望下节课看到你们精彩的演出！"这时教室里开始有了走动，大家都按照规则分组聚在一起商量着表演事宜，而我默默地退到了讲台边，冷静地看着教室里一张张不同神色的脸庞。

"老师，轩轩哭了！"刚过没一会儿，教室第二排的那一簇里有个孩子大声喊道。当我走过去想问问缘由时，只见那一组的小导演正内疚地给轩轩递着纸巾，"你别哭了，你说你想演什么，我帮你安排……"真是个善解人意的"导演"呢，我看到眼前这一幕觉得真有意思，还没等我插话呢，另一个小演员也凑过来了，"轩轩，你想演青蛙就让你演吧，我可以演别的……"听到这儿，我也明白了哭泣的原因，原来是"角色纠纷"呀，我俯下身子，看着轩轩哭红的眼睛，"小张也说了，你可以演自己喜欢的角色，大家都在帮你呢，你还有什么问题吗？"轩轩摇摇头。"想好怎么解决了吗？"他点点头。

下课了，若是在平日，这宝贵的下课时间当然是用来玩耍啦，可是今天，这帮孩子们都窝在教室里，台词不熟练的拿着书本在背台词，表演没揣摩到位的拉着小伙伴反复地练习，有的甚至已经拿出工具箱做起了道具，大家都在忙着自己的事情，看似混乱的教室在我看来此刻却是暗藏秩序。

上课铃一响，孩子们把桌子往两边拉开，空出中间一块表演的舞台。4个小组按顺序依次表演。轮到第二组时，我被他们各自制作的有创意的道具给吸引了。轩轩没有接受别人"赠与"他的角色"小青蛙"，尽管他的内心很想演那个角色，可是他的"七星瓢虫"更让我刮目相看，他利用下课时间照着语文书上的图画和文字提示，独立制作了"七星瓢虫"的躯壳，数一数背上，果然7个斑点一个不少呢！正沉醉在孩子们惟妙惟肖的表演中，突然，饰演"小青蛙"的小张在退场到讲台边时不小心摔倒了，正在表演的其他小演员们露出了担心的神情，而此时表演还没结束，小张竟也一声不吭保持原姿势不动，在我印象里，他也是个爱哭鼻子的男孩呢！

正想悄悄走过去扶他，其他小演员们已经比我抢先一步在退场后扶起了小张，而谢幕时，能看得出来包括小张在内的每一个小演员都感到无比开心与自豪，虽然表演过程中有小意外，但大家依旧合作得默契十足。所有表演结束，我惊叹于孩子们的合作、创造能力，也惭愧于平日里竟没发现我们班有那么多优秀的小演员，果然，孩子们之间的相互碰撞才能燃起最绚烂的火花。

"你们排练过程中，有没有遇到什么困难？又是怎样解决的呢？"我向孩子们询问他们的"合作之道"。"我和另一个同学都想演同一个角色，但是最后我觉得他演得更好，就让他演了，我选择了另一个角色。""我不知道该怎么演啄木鸟，后来组员们教我动作了，我就学会了。""表演的道具是我们大家一起制作的……"

经历了这次的合作排练，孩子们似乎颇有感触，更懂得了每个人都是故事中不可缺少的角色。

【培元心语】

"出色的阅读社会能力"是培元教育根基性素养目标之一，其中包括团队合作与人际沟通能力的培养。拥有良好的合作意识，既能够培养孩子通过交谈进行协商的能力，也能帮助孩子更为灵活地运用合作策略解决实际问题。

"角色扮演"是培养合作能力的方式之一，用戏剧的方式将孩子置于合作的空间中，将挑选演员、布置环境、制作道具等任务交给孩子们合作完成。孩子们不仅可以合作学习文本内容，同时在准备表演的过程中体会合作时的社会性因素，培养移情能力，不再以自我为中心，而能从客观的顾全大局的角度看待问题，从而促进孩子今后的心理发展及社会认知能力的提升。

作为教师，与家长一样生怕孩子在社交过程中受到伤害，但如果因此将孩子封步于家中，减少与其他孩子的合作往来，势必会让孩子的心理发展偏离正轨。在保证安全的前提下，多让孩子参与有益的合作活动，不管是体验到了挫败感或是荣誉感，都会成为孩子成长过程中的一剂良药。

（应宁婕）

"我"很重要，"我们"更重要

"老师，我不想跟他一组。"

"老师，都是因为他跑得慢我们没有取得第一名。"

"老师，他们队犯规了。"

"老师，我们队多了一个人，这不公平。"

每当体育课进行游戏比赛时，我的耳边传来最多的就是这样的声音。体育课堂活动与其他课程不同，具有较强的集体性，对于发展学生的社会适应能力具有独特的作用。体育课上的各种活动都会反映出个体之间相互交流、相互合作、相互交际的能力。开学初，我便一直在思考该如何加强孩子们的团队合作意识呢？

一次体操课中，我为同学们准备好了垫子，准备玩抢垫子的游戏。每个孩子都特别兴奋，迫不及待地等着我吹响"开始"的哨声。哨音落下，孩子们快乐地奔跑着，同时眼中紧紧地盯着离自己最近的那块垫子。一声令下，孩子们纷纷去争夺身边的垫子。就在那个争抢的这段时间里，我的耳边传来了好多声音："老师，他把我推倒了""老师，是我先坐到垫子上的"除了这些"告状"的声音，还有些许对待淘汰者的嘲笑声。我看了看还在为了争抢不愿放弃的孩子们，转头发现还有好几个垫子空着没有人坐，对他们说"你们看，那里还有垫子，男同学可不可以让给女孩子呢？"几个男孩子一看，马上跑到空的垫子上坐下，把自己的垫子让给了女生。"你们看，这四位同学虽然不幸没有抢到垫子，但是主动地站了出来，没有跟其他小朋友争抢，我们是不是该为他们无私的精神鼓鼓掌呢？"同学们听到我的表扬纷纷给他们鼓掌。

"同学们，接下来，我们4个组一起比比赛，看看哪一组的同学在做游戏的过程中最有秩序，比一比哪一组抢垫子的速度最快好不好？"

"好！"同学们发出了振聋发聩的声音。

游戏继续进行。这一次，在奔跑的过程中我发现孩子们都显得特别小心，不敢为了垫子跑的时快时慢，而是有秩序地跟着队伍并保持好一定的秩序。一声哨响，孩子们兴奋地去找身边的垫子。"快快快，这里还有空着的。""是他先坐下的，你不能跟他抢了。""耶，我们组最快"这一次我听到了很多开心的声音。同学们为自己组能用最快的速度每人取得一个垫子，有的孩子做起了指挥官，有的孩子做起了调度员，有的孩子主动地站起来把垫子让给了女孩子。这些情节让我大吃一惊，我没有想到这些孩子能够这么快领悟到我的意思。这时，我看到一个刚刚被淘汰的女孩子站在一边，难过的快要哭了出来。小哲站了起来跑到她身边对她说："我把位置让给你吧。"小哲可是我们班出了名的混世魔王，最喜欢恶作剧，每日位于告状榜的前三名。每一次教育他时，他总是第一时间把责任推到对方身上，在我的印象中他是一个不愿承担责任，以自我为中心的孩子，所以那天他的这一举动，令我特别的惊讶。我问他："你为什么想把位置让给他？""他是女孩子，男孩子应该让女孩子，冯老师说不能只为自己着想。"他说的这句话，一下子温暖了我的心，同时在座的孩子们给他鼓起了掌。

这一幕一直印刻在我的心理，在期末评语中我对他说道：还记得《抢垫子》吗，那时的你多大方啊，用微笑来面对生活吧，它会善待那些自信的孩子！

【培元心语】

培养孩子"出色的阅读社会能力"是"培元教育"的重要目标之一。当今社会，只有将个体的力量联合起来才能实现工作目标，才能最大限度地发挥个体的潜能，这就需要"团队精神"。团队精神的培养，有助于学生良好的社交能力的形成，为其健康的社会性发展打下稳固的基础。

少年儿童在自己的成长过程中，团队精神的力量，团队精神的快乐感受的越多，体会的就越深，与人协作的愿望就越强烈。因此，在培养孩子们的团队精神时，不但要培养他们的团队意识、协作能力，更要让他们自己通过团队活动体会快乐、感受力量，只有这样，团队精神在他们人生的道路上才能日久弥香。

小学生团队精神的培养是一个长期的工程，它靠的是教育者的教育引导、学生个人的人文素养和社会舆论的影响。学校教育应全面加强学生的思想政治工作，尤其在体育教学中更应结合学科特点进行教育，利用体育课教学的优势，培养学生的团队协作精神，从而促进学生形成团结协作、积极进取、敢于竞争的健全人格。

（冯许）

别样的户外德育主题课堂

"孩子们,这周的德育主题课,我们安排在周六!"话音刚落,教室炸开了锅!"怎么回事,周末上课?""上什么内容?""太好玩了""哇,周末大家也可以聚在一起了"大家你一言,我一语,期待中又透着满满的疑惑,有些孩子还迫不及待地冲到我身边,想问问这堂课的具体安排。可见这堂别样的户外德育主题课已经激发了他们浓厚的兴趣。

我给孩子们定的户外德育主题课内容是——寻找社区的美。三年级的语文课堂有一个单元是歌颂自己的家乡,恰巧品德课堂也提到了"美丽的社区"。我就想借这次户外主题课,让学生深入了解自己生活的社区,知道社区各类设施的位置和作用,了解社区的发展和相关文化,培养他们热爱社区、热爱家乡的情感。

我先问学生:"你们知道什么是社区吗?"有的孩子抢着说:"我知道,我知道,我家住在城市花园小区""我家在永泰花园"……紧接着,我PPT出示"社区的概念"以及"社区与小区的区别"。学生都呆了,原来社区不是指小区。我问他们:"现在,你们对社区一定充满了好奇,那么你们想了解社区的哪些方面?小组交流一下"。

由于学生生活经验、知识建构不同,对社区的着眼点、困惑、思维方式不同,他们针对社区提出的问题自然也不同。如:社区的名字?社区里有哪些单位?社区的地理位置?社区获得了哪些荣誉?社区里有哪些机构?有一些怎么样的公共设施?社区的组成?社区和我们的关系?然后我发放户外主题课堂的辅助表格(里面涉及人员的分工、陪同家长信息、时间、地点、活动方向、准备材料等等),让同组成员(同一社区)坐在一起,根据组内需求对表格进行调整。一切就绪后，我们相约在周六与周日，开展户外主题课。

周六，班级的孩子先相约在永泰花园门口集合，我们第一个要走访的是"桑菊社区"家住桑菊社区（永泰花园、桑菊家园、桑园小区、中萃家园）的孩子们打头阵，带领其余社区的孩子一起走访，并作相关介绍。"你们看，这是我们社区的老年活动中心，里面有麻将室、茶室、乒乓室等""这是我们社区的服务中心，我们先去采访一下社区主任，听他介绍一下我们社区"。"哇，原来我们的社区这么美，平时都没发现，赶紧拍照记录一下""我从来不知道这里有条小道，可以通往空中阁楼""原来社区每天这个点是专门清理杂草、喷杀虫剂的啊，赶紧记录下来！"桑菊社区的孩子们在一声声惊叹声中，流露出对自己社区的赞美之意，别的社区的孩子也在走访参观中，近距离地了解别样的社区文化、美景。紧接着是"城兴社区""锦寓社区"……

孩子们在城兴社区的青苹果乐园（社区游乐设施）那流下了欢声笑语；在汪董社区宣传栏那浏览了社区成就、特色；在兴裕社区那还参与了垃圾分类的志愿活动……

【培元心语】

"出色的阅读社会能力"是培元教育五大核心素养之一。我们希望在培元教育指引下的孩子们能学会与他人建立起真诚的、亲密的关系，具有较强的表达理解能力、人际融合能力、解决问题能力、团队合作能力与协调沟通能力。

传统的德育课堂基本都是在校内开展，所学来自于课本、多媒体资源，不能提供孩子与社会亲密接触的机会，因此所得十分有限。然而户外式的德育主题课堂也是一种问题学习解决方式，以拓宽学生思维广度、认知广度为目的，把学习设置到有意义的问题情境中，使学生在寻求解决或解释某个具体的社会问题的过程中，学会关联地、多角度地、切合实际地分析和思考问题的一般方法，形成关心社会的态度和参与社会生活的行为方式。在户外主题课堂中，学生通过观察、采访、拍照、填表、写生等方式，充分激发了他们的生命潜力，无形中也加强了他们阅读社会的能力。

品德形成过程是道德主体的自我建构过程，要真正改变学生，需要充分尊重学生在成长中的主体地位，调动学生的参与体验以及体验基础上的感悟交流、认知升华、确认内化、体悟践行。户外式的德育主题课堂，通过身临其境，引导学生在活动中参与、体验、感悟、交流，进而促进学生成长。

（马瀛莹）

合作中学会成长

板报是班级文化建设的一块重要阵地，从一年级开始便由我们导师自行设计排版布置，但每一期板报更迭之时，总有一群学生在边上"讨活"干，哪怕是递一枚图钉，搬一下椅子都甘之如饴。

随着学生年龄的增长，瞅着他们对板报那高昂的兴致，我也逐渐放手，每一次板报更迭时的清理工作，总会挑选几个高个子的男生协助，每一期的报头书写勾描好轮廓总会挑选几个细心的孩子涂色裁剪，到最后的绘图也交给了班里的画画能手，但孩子们总会觊觎那一整块版图的设计和张贴。

"小火慢炖"一样地熬到了三年级，在第一次的班队课中我在班级里宣布板报的布置全权交托给他们，但同时也和孩子们"约法三章"：

1. 每一期的板报必须符合主题，内容健康向上，图文结合，报头清晰。

2. 小组合作完成，成员之间必须分工明确，设计稿需交由老师审核，审核后才能布置张贴。

3. 必须在规定的期限内完成，有任何困难或者材料需求可以向老师提出帮助。

为了不抹杀孩子们的积极性，也为了鼓励更多的孩子参与到班级的事情中来，我采取了自由报名的方式，将最先举手的11位孩子排编为第一期的主创，课后我与这些孩子对板报主题和任务进行了布置。

让人意外的是，孩子们非常有想法，组长当场进行了分工，三位绘画特别好的孩子成为了美编并承担图画部分，平时做事认真仔细的两位女孩子承担了资料搜集工作，而书写端正的则承担了文字书写工作。我眼瞅着组内的佼佼者顺利地接受任务，而剩下的几位却是经常让同学们头疼的对象。正当组长挠耳挠腮的时候，高个子的两位主动请缨，承担板报的清理和张贴工作，最令人意外的是小霍自告奋勇承担主版面的设计工作，看着他从未有过的认真劲，我当即拍板，限期三天出设计，一星期之内完成板报布置。

在接下去的一星期里，我时不时地能看到这几位孩子在课余时间里对小霍的设计版面进行细化修改，意见相同时互相击掌，意见相悖时又争得面红耳赤，而以前课间调皮捣蛋的小霍也像变了个人似的，屁股牢牢地黏在了凳子上，听着组员的建议，一次次地修改设计稿。当他拿着设计稿来过审的时候，还没等我发话，他就先介绍起每个版面设计的构思和内容，让我刮目相看，便调侃了他一句："小伙子，长大了！继续努力！"他不好意思地挠挠头说道："大家这么信任我，我不能让同学们失望！"设计稿一次通过，让他们的干劲更足了，甚至有家长反应想帮忙，还被他们"嫌弃"。几个娃趁着周末通力合作，聚在一起绘画涂色，书写裁剪，虽说有分工，但自己的事情完成后也会帮助其他同伴做些力所能及的事情。周一几个娃兴奋地一人一袋将成品交到我手中，于是，趁着午间休息，我协助他们完成了第一期的板报内容。而此时的大设计师小霍还真不赖，对于板块的张贴布局了然于胸，指挥有序。

有了第一期的好开头，我在班级里表扬了这几位主创成员，更让他们每个人传授经验，说说在这个过程中得到的收获。几位孩子的感受让我感触颇多，

特别是小霍，他对着大家说道："以前我老闯祸，总觉得大家都很讨厌我，通过这一期板报我发现并不是这样的，当我设计遇到困难的时候，我的组员们总是会给我提意见帮助我，因为我们是一个团队，老师说过好坏一起承担，因此即便我们组员各自有任务，但遇到困难的时候总会一起想办法，听从组长的工作分配，正是由于团队合作才会有了这一期完美的呈现！"

有了第一次成功的经验，接下去的几期板报孩子们更加的得心应手，参与的积极度也越来越高，也让每一个孩子有了展示自我的地方！

【培元心语】

培养学生"出色的阅读社会能力"是"培元教育"重要项目之一，阅读社会能力的培养重在培养学生认识社会，融入社会的能力，与他人建立起真诚关系的能力，人际融合、团队合作、协调沟通的能力。与人很好的相处、合作，任何时候都是一种美德，都是社会的需要。与人很好的相处、合作，可使自己的人格变得高尚，用一种豁达的心态去分享别人的成功，用一种欣赏的眼光去肯定别人，人生境界会因此得以提升；与人很好的相处、合作，可以建立一种健康和谐的人际关系。

小小的板报是班级文化建设的关键部分，是学生交流、学习、励志、自我展现的舞台。对于板报内容的呈现是培养学生对资料的搜集和筛选的能力，也是自我价值的体现。通过小组合作完成板报的布置，不仅仅是培养了学生的合作意识、团队精神，更是让学生由被动变为主动，在合作学习中培养出色的阅读社会能力。

俗话说得好"三个臭皮匠，顶个诸葛亮。"对于学生来说，这样合作展示型的学习有助于培养合作精神、团队意识，更有助于极大限度地顾及学生的认知差异、形成学生之间互帮互助的良好氛围，学会与人友好相处，形成出色的沟通能力和强大的合作能力。

（郑玲燕）

课前三分钟的"说"

刚刚接手的这班学生，可能是中低年级时没有接受系统的口语训练的原因吧，站在教师面前，一个个总是显得那么胆怯、稚嫩而又带些野气。他们不敢大声说话，或者在公众场合说不出一句完整的话。要他们上讲台，大多是憋得满脸通红，半个字也吐不出来；或者说得出来，但不是双腿颤抖，就是抓耳挠腮。为了尽快提高学生的口语表达能力，在教学实践中，我决定把课前三分钟作为培养学生口语能力的平台，力争通过一段时间的训练，把他们一个个培养成口齿伶俐、能言善辩、能说会道的人。

刚开始，我每次请两三名学生上讲台，按学生序号进行，确保每个学生都有上台的机会。内容安排尽量简单，读一段课内或课外文章，做一下自我介绍或介绍自己家庭，谈谈自己的理想，说一个小笑话、小故事、小广告也可以。要求也很简单：首先要敢于上台，其次声音要响亮，再次要用普通话，语言要连贯，注意语速和停顿，读准多音字。这一阶段我对"说"的学生以鼓励为主，对"听"的学生要求学会"耐心专注地倾听"，并从"听"中受启发。

迈出可喜的第一步后，我便注意在训练语感、语态，注重情感与态度上下工夫，使学生一方面养成说话文明、仪态大方的良好习惯，另一方面尽量达到语言生动、中心突出、表达简练。这一阶段学生上台可以按序进行，也可以举手主动请缨。我要求学生必须脱稿演讲或朗诵，鼓励学生从自己的生活见闻、感受入手，准确描述事物特征。如果是一位学生上台，就编故事、讲故事、配乐朗诵，说说自己的奇思妙想或根据目击情况发布小新闻；也可以讲一句名言、成语，在黑板上写出并注音，读一遍，分析其出处和含义，其他学生在"听"的同时可提出疑问。如果是两位学生上台，则着重培养学生的口语交际能力，例如预设交往主题，道歉、祝贺、打电话、安慰等，要求学生注重说的场合和交谈的对象，礼貌用语，特别要顾及听者的感受。如果是多位学生上台，可结合课文精选一段进行编排表演等。

在前两步的基础上，我又提出了更多的要求。在说话中，要分出主次，言之有理，言之有据，言之有序。在这一层次训练中，我首先结合学生生活实际，选择话题让学生评议。如"乱扔垃圾对不对""不想当将军的士兵是不是好士兵"等，要求学生表明对一个问题、一种观点的看法，是赞成还是反对，为什么赞成，为什么反对。说话要有理有据，切中要害，尽量避免出现逻辑混乱、自相矛盾、不得要领的错误。接着选择论题让学生展开辩论。"话有三说，巧说为妙"。论辩中要求抓住对方的薄弱点和漏洞进行穷追猛攻，在驳斥对方观点的同时确立自己的观点。如围绕"大人为关心孩子的成长而私拆孩子的信件，这种行为是否正确"这个辩题，两名学生辩论，其他同学参与讨论。此外，还让学生设计口语练习题目进行即兴演讲。如今天晚上全家要为爸爸过40岁生日，你的位同学却邀请你去看球赛，如何拒绝他的邀请，又不伤害你俩的感情？

长期以来，我们的语文教学的听说读写总难齐头并进，特别是"说"，老是缺位。三分钟说话训练，正好把这个空白给补上了。学生有了大量的说话经历，可以锻炼思维，修炼品格，增进交往，培养个性，拓展知识，提高口语表达水平。

这三分钟还真是一举多得啊！

【培元心语】

培养学生的阅读社会能力是培元教育核心的重要教育目标之一，口语交际作为最快捷的沟通方式在现代社会发挥着越来越重要的作用。小学阶段处于语言发展的关键期，引导孩子们学习倾听、交谈等口语交际的技巧，为孩子们的交往实践打下基础。

说话训练不仅仅是一个口头表达的问题，更重要的是它还直接影响到学生的思维训练、逻辑训练以及文字表达，是语言教学的基础和关键。它使教学双方处于生动、活泼、丰富、有趣的气氛中，对提高学生素质大有裨益。教师对学生认真地进行说话训练，使他们形成良好的说话能力和说话习惯，不仅是培养学生出色的阅读社会能力的需要，也是适应现代社会发展的需要。

课前三分钟的"说"，有意识，有计划地指导学生进行说话训练，不仅能促进学生说话能力的提高，还能活跃课堂气氛，激发学生学习语文的兴趣，促使学生自觉扩大阅读面、留心观察生活，不失为一种行之有效的方法。

（陈可伟）

良好的人际关系始于赞美

每个人都生活在一定的关系之中，只有生活在和谐的环境里，才能最大限度释放自己的生命力。因此，作为教师要不失时机地帮助学生经营好关系，不仅让他们在集体中得到认同，收获成功，还能成为别人的美好环境。

班上有个丁丁同学，性格内向，不善言辞，但却经常喜欢跟同学小打小闹。这不，前几天他的同桌蕾蕾就又哭着来向我告状了。"老师，丁丁把我刚做完的题给擦了，我不想和他做同桌了。"我在安抚好蕾蕾的情绪后，让丁丁留了下来。

当我看到丁丁涨红的小脸，手足无措的样子，一下子抑制住了即将出口的批评。我轻轻抚摸了一下他的头，搬了个椅子让他坐到我身旁，心平气和地问道："你为什么要擦掉蕾蕾的作业呢？"丁丁支支吾吾道："她……她题做错了。"我诧异了一下，心想：或许，这孩子的内心不像我们看到的那样黑暗。

通过与丁丁的促膝谈心，我慢慢了解到原来是他想要吸引别人的注意，想有更多的同学和他玩，想交更多的好朋友。我语重心长地问道："可是你这样做，同学们是怎么反应的？大家都喜欢这样吗？"被我这么一问，丁丁的眼眶红了，显得伤心又无助。于是，我决定为他支招。

班级中一直设有"小眼睛大视角"班级贴吧，每个同学都可以寻找班级里的好人好事，记录各类活动精彩瞬间，分享班中的亮点要事等"发帖式"报道。我决定让丁丁也参与进来，由他担任下一期的"楼主"。于是，我鼓励丁丁去寻找同学们身上都有哪些值得大家点赞的优点，并用心记录下来。

一周之后，丁丁竟然在班级贴吧记录了不少班级里的好人好事。

事后，我再次找来丁丁谈话："你知道为什么这些同学们这么受大家欢迎了吗？""嗯。"丁丁点点头，跟我说了很多。我告诉他："这些都是能够真正交到好朋友的秘诀，只要你能尽自己所能帮助他人，经营好与他人相处的人际关系，慢慢地你才能收获大家的友谊。"

之后，我总是悄悄观察丁丁，当他有所作为的时候，就表扬他。发现他做得不好的时候，就借其他做得好的榜样给予提醒。慢慢地丁丁开始有改变了。意外的是，丁丁的行为感染了周边同学，大家纷纷效仿，班级助人风气见长。

"爱出者爱返"，渐渐地同学们也开始接纳丁丁了。看到他不再恶作剧，也越来越开朗，我由衷地为他感到高兴。

这不，在新一期的班级贴吧中，我看到了蕾蕾对丁丁的点赞。蕾蕾的帖子是这样写得：丁丁炉火纯青的球技赢得了班级男生们的"顶礼膜拜"。体育课上洋洋还大声说道："我要拜丁丁为师呢！"

看完这个帖子后，我当着全班的面授予丁丁"班级篮球导师"的荣誉称号。并亲自指导他如何做好"篮球导师"的工作。在之后的很多天，我总能在篮球场上看到丁丁带领小球员们练习运球的身影；午间，总能在教室后面看到丁丁和组员交流讨论动作要领的样子；放学后，也让总能在体育办公室看到他向老师请教的身影。这不，今年的校篮球比赛，我们班一路过关斩将，获得了年段第一的好成绩！

看着丁丁与同学们一起欢呼雀跃的瞬间，我的心底瞬间荡漾起了一阵阵莫名的悸动。

【 培元心语 】

"培元教育"重在培养学生"出色的阅读社会能力"，这种能力具体来说是"认识社会，融入社会的能力"，是"学会与他人建立起真诚关系的能力，人际融合、团队合作、协调沟通的能力"。建立与未来社会发展相适应的人际关系，培养学生具有良好的交往能力，是培养学生发展元气、奠基发展基石的基础工程。

人际交往能力和人际关系是在人的社会化过程中逐渐形成、发展和维持起来的。交友的能力如果在童年时代没有得到很好的学习和发展，将影响儿童进入青年和成年后的人际关系。尊重别人，赞扬别人的优点，养成良好的受人欢迎的人际交往品质是非常重要的。人际交往是人与人之间的相互作用，只要能尊重别人，学习别人的长处，就会使自己处于人际交往中的有利境地。

一些成功人士的亲身经历证明：他们的成功和他们与别人的良好人际关系分不开，如信任别人、尊重别人、赞扬和了解别人，与人合作，互助互利、求同存异等，为他们赢得较好的人际关系，也是他们取得成功的重要条件。针对当前小学生的特点和交友阶段的特点，就让我们从小对儿童进行交友指导和培养，促进他们的顺利成长和发展。

（翟如根）

铺就和谐相处的阳光路

今天下午的最后一节课是数学课，本想和孩子们一起分析一下数学错题，可因为孩子们的一句话——"老师，我要换座位"，让我不得不取消原先的计划，开始了一堂关于换座位的话题。

事情的起因是这样的：第三节下课后，小张跑进办公室对我说："任老师，小明的体形太大了，上课时总是坐不踏实，把课桌弄得乱七八糟。你不如给他换个座位吧，让他坐在最后一排，也许就舒服点了，桌子也不会那么乱了。"真的有这么严重吗？小明是稍微胖一点儿，可也只有60公斤，相对于他160厘米的身高，还不至于坐不下，甚至让课桌乱成那样吧。我平时怎么就没发现他坐不下呢？带着疑惑，我来到教室，发现小明那儿的课桌稍稍有点斜了，但幅度不是很大，我随手挪了挪，调侃了句："不是挺好的吗？我以为你一节课长多大了呢？"此话一出，其他同学纷纷告诉我："老师，小明上课时把前后的课桌都推得离他远远的，说自己坐得不舒服，把我们一排的课桌都弄乱了。语文老师也挺生气的，她说还要请你给他换个座位呢！"小明的"左邻右舍"更是不住地嚷嚷："老师，你就给我换个座位吧，我不想和某某坐了。"看来，今天这事一定要来好好说道说道了。

上课铃声响了，我请孩子们坐下，开始了关于换座的话题。我说："谁都希望老师给自己安排一个好同桌，最好这个孩子又聪明，又漂亮，又温柔，又乐于助人。"我说一个优点，孩子们就点一下头，弄得我笑也不是骂也不是。于是，我开始讲故事："一位未婚的先生来到一家婚姻介绍所，进入大门后，迎面见到有两扇门。一扇门上写着：美丽的；另一扇门上写着：不太美丽的。此君推开'美丽的'门，迎面又见到两扇门。一扇门上写着：年轻的；另一扇门上写着：不太年轻的。他推开'年轻的'门，迎面又见到两扇门。一扇门上写着：善良温柔的；另一扇上写着：不太善良温柔的。他推开'善良温柔的'门，又见到两扇门。一扇门上写着：有钱的；另一扇门上写着：不太有钱的。他推开了'有钱的'门……就这样一路走下去，他先后推开过美丽的、年轻的、善良温柔的、有钱的、忠诚的、勤劳的、文化程度高的、健康的、具有幽默感的九道门。当他推开最后一道门时，只见门上写着一行字：您追求得过于完美了，这里已经没有再完美的了，请你到大街上找吧。原来他已经走到了婚介所的出口处。"

故事讲完了，我请孩子们发表一下见解，他们都支支吾吾地不肯说了，只有一孩子小声嘀咕了句："他追求的对象太完美了。"我说："对呀，我们扪心自问：我们自己是完美的吗？不是。我们都会在自己身上找到这样或那样的缺点，包括有些别人不知道的。我们既然无法要求自己的每一方面都是完美的，那为什么又去要求别人呢？在这个世界上，没有完美的存在，也没有完美的同桌存在。只有不完美才是一种完美，完美只存在于人们的构想中。"孩子们我看看你，你看看我，不约而同地笑了。

我又和他们聊了很多，举了很多书本上和生活中的实例，让他们明白我们不应该一味地要求同桌如何如何美好，我们应该自己先争取做一个好同桌，做一个受欢迎的优秀同桌。将来，当你步入社会时，你才能成为一个受欢迎的人。最后，我还强调了句："从今天开始，到学期结束，也才40多天的在校时间了。我不希望有哪个同学再到老师这儿要求换座位，即使要换，我们几位老师也会商量决定后再换。希望各位在这22天里，努力成为一名好同桌。"过后，我又和小明聊了聊，一针见血地指出了他的症结所在，他脸色变红，不再言语。

放学铃声响了，我催促着孩子们整理书包排队离校。在校门口分别时，我发现今天跟我笑着说"再见"的孩子特别多，连平时一向不热情的小明也扬起了手道再见。愿以后的日子里少一些"老师，我要换同桌"这样的话语，愿孩子们早日学会与人和谐相处。

【培元心语】

人与人是相互依存的，与人融洽相处是一门大学问。与他人和谐共处，懂得宽容理解他人是优良的人——品德。而"出色的阅读盛会能力"是学生未来自信地面对世界、和谐地融入社会的根基性素养，是确保他今后人生发展的最为重要的素养。

除开家庭，班级是学生活动的首属群体，是学生进行社会交往的主要场所，学生在其中了解最基本的社会联系和人际关系，养成和传递思想、情感以及对周围世界的认识态度。所以，作为班级导师应该抓住班级学习和生活中的一切教育因素，引导他们认识到在交往中应该避免给别人带来哪怕是无意的伤害，多一些宽容，少一些计较；多一份欣赏，少一份苛求；多一份尊重，少一份不屑。在活动和交往当中学会宽容、理解、友爱和合作，提高社会适应能力，形成社会所期望的理想人格，创造美好的境界。

（任俊宇）

让爱关爱他人

"周老师，周老师，小易摔倒了，腿受伤了。"奥利跑来大喊道。

"啊？严重吗？怎么回事？"我急急忙忙跑去操场。

到操场上一看，原来是跑步的时候脚崴了，小家伙疼得直皱眉头，另外两位老师赶紧给他妈妈打电话，妈妈得知后说忙于工作可能会晚一点再来，让小易在班级里面先坐一会儿。

这怎么可以？万一耽误了，落下毛病可怎么办？没顾得上后果，我赶紧把下面的课换出，自己开车带着小易去了鄞州X院。医生看完之后说需要拍片子，我扶着一瘸一拐的小易来到一楼。

等待拍片子的过程，我们聊起了他家里面的事。

"小易，你妈妈最近还在做服装生意吗？"

"是的，她在店里每天很忙的，没时间管我，我每天都去小妈妈家里。"

"噢，怪不得，上次家长会也是小妈妈来的呢，看来你的小妈妈很喜欢你噢。"

"嗯，小妈妈对我很好，上次开家长会的时候我妈妈去上海做手术了。"

"什么手术？"

"她和现在的爸爸打算生一个小孩，就去上海看医生了。"

自己也是离异家庭，遇到同样离异家庭的孩子，心疼得不得了，于是我继续问："你原来的爸爸呢？"

"他呀，在宁海。"

"他有来看你吗？"

"没有的，他每天赌博，把妈妈的钱都赌光了，妈妈逃到宁波来，他又到处找，我一点都不想看到他，讨厌死了。"

"现在的爸爸对你好吗？"

"嗯，挺好的。"

听到这儿我舒了一口气，感慨幸好是遇到了善良的人。父母离异，孩子是最可怜的。小易平时顽皮过度，总是捉弄同学，上课扰乱课堂纪律，甚至不愿意和老师多说一句，父母离异的关系，孩子性格比较早熟，遇到事情总是自己心里憋着，你批评他，他也不解释，一脸满不在乎的样子，可这个孩子却着实聪明得不得了。

开始的时候他也不愿意和我多说话，早上还常常迟到，我好说歹说他都不听。于是我先给了他一个下马威，迟到一次，跟我去跑步两圈，没想到体育强项的他越跑越带劲，于是就多加了几圈，把他跑累了，跑的没脾气了，跑得直想骂我。

之后我把他带到身边，告诉他："你不要以为你父母离异你就是和别人不一样了，知道吗？老师的父母也是离异的，我知道你的感受，但这并不影响他们爱你，也不影响你成为一个优秀的人，你这么聪明，如果不好好珍惜，以后长大了是会后悔的，周老师很喜欢你，也会一直支持你，如果你有什么不开心或者有什么烦恼都可以找我来说，我会帮你的。"

那时候的他还只是点头，但我已经发现了他表情的变化。

后来的课堂上他比往常来得认真多了，虽然画画还是画得乱七八糟，但态度着实端正了不少。

拍完 X 光，医生说需要静养一个月，就让他妈妈把他带回家休息了一星期。

在回来之后他变得异常听我的话，虽然很多事情总是需要不断地重复提醒他，累得不得了，但我也从中品尝了获得感，收获了学生对我的信任和爱。

【培元心语】

"培元教育"注重孩子"出色的阅读社会能力"的培育。爱是一种很重要的生存能力，也是孩子适应社会的一种基本素养和必备能力，爱可以让人们活得更健康、更快乐、更有意义。学会爱别人，才会得到别人爱的回报。爱就是我们生活中的一种回声，你给予它怎样的态度，它便回报给你怎样的态度。

心中有爱的人，总是热情洋溢，情绪平和，对他人充满关爱，对人生乐观进取，让人愿意接近且具有自尊心与自信心，克己而又乐于了解别人，善解人意，乐于助人，因此人缘很好，无论什么场合都游刃有余，得到大家的喜欢。他们时刻生活在一种积极的态度里，保持着快乐和自信。也由于他们对别人的帮助，让他们也得到了更多的帮助和支持，从而在工作和学习中能左右逢源。

在教育中，我们的家长和老师时常会忽略对孩子的爱的教育。这种"爱的教育"，不是指现在一直在提倡的"用爱教育"的全新教育理念，而是去弥补"教会孩子去爱"的教育盲点。我们教会了孩子们各种各样的知识，政治、历史、数学……却忽略了他们是要在社会中生存，是要与别人相处的；却忘记了教给他们如何去爱别人、爱自己、爱生活等等。爱的意识的缺失让他们不懂得珍惜自己的生命，也不会与人相处，失去了爱的能力，他们不得不生活在爱的沙漠和荒原里。

（周侃伦）

让班级岗位充满成长的气息

吃完午饭，像往常一样带学生在操场散个步休息一下回到教室。一走进教室童小彤就大喊起来："六队部来检查班级卫生了！"于是所有的同学都开始低头找寻自己领域的垃圾，生怕被扣分。我也是紧张地扫视了一下教室的各个角落，看看是不是都整齐干净。结果，还是因为垃圾袋套在了可回收垃圾桶里而被扣了一分。

全班同学都很不高兴，有几个同学还批评起值日生来了："都怪你们，都是你们的错，没把垃圾袋套好！"这次扣分事件，给了我不小触动。因为这个事情已经在班级里强调了数次，为什么还是做不好。原因在哪里？和班级的另一位导师总结商量后，一致认为需要让班级里的同学都有一种主人翁意识，积极参与管理班级事务。那么怎样才能让他们有这种意识呢？那就需要把权利下放给每一个学生。于是我们两个决定利用班队课举行一次班级岗位竞聘演讲。

首先来说一下班级的大致情况，目前班上总共有45名学生，根据少先队的要求每个班级分别设立有8个中队委跟8个课代表，去除这些人以后班级还有29名非班干部人员。相对于班干部，这些同学对于班级事物的关注及过问基本上都比较少。那么如果让这些同学也积极地参与到班级管理中来，整个班级的精神面貌跟学习氛围肯定会有大幅度的改善。这成为我们这次竞选的主要目的。

根据班级的日常，我们分别设立了早自修门窗管理员、电脑管理员、花草护理员、大课间器材分发管理员、中餐水果管理员、雨具箱管理员、领书及杂志分发员……有些岗位任务相对简单，我们就安排了一位管理员，有些岗位任务繁重，我们就设置了2~3个管理员。比如大课间器材分发管理员，碰到仰卧起坐、摸石过河等项目，一个人肯定忙不过来。

本次岗位应聘要求学生根据自己的能力及时间来选择自己的职位，然后根据自己的意向写好第一志愿及第二志愿。由于前期的鼓励及铺垫，这次应聘演讲班会空前激烈，每个应聘者都拿出了看家本领，信誓旦旦，都想为班级出一份力、尽一分责。比如应聘花草管理员的李小冰，从自己农业大学的教授爷爷说起，自己从小耳濡目染特别喜欢花花草草，而且还会给绿植看病。并通过PPT分享了自己家里的绿植角，特别有说服力。同学们纷纷把票投给了她。电脑管理员这个职位别吃香，来应聘的有5个人之多，最终赵星星同学通过向同学们展示熟练的电脑操作技能胜出。

自从"小主人"选出来上岗后，需要我们导师操心的事越来越少，很多事情在我们需要提醒的时候，发现同学们已经做好了。比如领书及杂志分发员，还没等我们提醒他们，他们已经非常自觉得从学校图书馆把书本领来并发完了。由于职责所在，他们往往会第一时间关注学校小黑板上的各项通知，并及时完成自己的任务。比如大课间器材管理员，以前没有设定管理员的时候，我们导师还要时不时查询本周我们班的运动项目是什么？学生需要带跳绳吗？自从设立了"小主人"制度，每次集中之前，管理员就已经做好通知，大大减轻了我们导师的负担。

"小主人"工作开展的这么好，还得益于我们每周一次的评价制度。我们会根据同学们的反馈对做事认真负责的管理员给予一定程度的奖励，激励他们再接再厉，更上一层楼。

【培元心语】

养成"出色的阅读社会能力"是培元教育中的一个需要重点关注的教育目标。当我们在漫长的人生中，逐渐从"自然人"转为"社会人"的时候，怎样去阅读社会（认识社会，融入社会）往往是能否转为成功的"社会人"的关键。而要成为"社会人"，前提是必须要很好地融入社会。

"新基础教育"要求"把班级还给学生"，体现了教育者对生命成长、对学生主体的尊重和关爱。它呼唤一种富有生命活力的、健康个体的出现。这是时代发展的需要，更是出自每个人生命深处的呼唤与需要。"把班级还给学生"要求学生参与班级生活的自我维护，而设立各种"岗位"不仅有助于班级生活的自我维护，而且能丰富学生的社会角色，促进学生成长。

班级本身是一种有组织的生活，需要用岗位来促进班级的稳定、发展、进步。小岗位虽然听上去名头很小，事情不多，但是要把它做好并且长期做好，却不是一件简单的事情。他需要学生有学习的能力，如何做？有沟通的能力，如何跟同学及相关人员沟通。有担当的能力，这是我负责的，我要把它做好！作为一线教师，我们要充分搭建适合培养学生能力的各种平台，并引领他们更好的发展。

（王佳艳）

他被鞋带难住了

课间十分钟，校园里活力四射，教室里也充满了孩子们嬉戏的笑声。我在助教桌批改着作业，好早点发下去让孩子们订正。

隐约感觉身边有一个人影在来回走动，抬头看见乐天派小楼同学正看着我笑着，眼睛眯成一条缝儿。"咦，这一向下课不见踪影的娃，今天怎么在我身边晃悠？还有这笑容……可定有什么'难言之隐'了。"我看着他想。

"老师，我鞋带散了，你帮我系一下。"小楼开门见山地说。

"系鞋带可是我们生活的一项必备技能，可一定得学会哦！而且妈妈那么忙，一些我们自己能做的小事，就不要劳烦妈妈了，老师来教你。"

"对对对，我的鞋带就是我自己系的！"听见我跟小楼的谈话，几个小朋友围了上来。

"《钱塘湖春行》，唐，白居易……"本想先来个现场示范，谁知我蹲下身，刚拿起鞋带，上课音乐就响起了。"老师先帮你系好鞋带，下课再来教你怎么系！"我边系边说。

旁边围观的小朋友按捺不住了，争先恐后地说："我来教他！我来教他！"看他们这么热情，我指派了生活自理能力较强的小朱当生活小老师负责教学。

转眼又到下课时间。我走进教室，想看看他们的教与学进展得如何课。只见四五个孩子蹲着围成一圈，小楼伸着脚认真看，小朱拿着小楼的鞋带正在耐心示范讲解。"这一根绕个圈，穿进去……手从孔里伸进去，把它抽出来……好了，你自己试一试。""那么简单，我看一遍就学会了。"小楼大言不惭，拿起鞋带就开始系。第一步，顺利完成。第二步，诶，往哪儿绕来着？"哎呀，忘了。"小楼懊恼地说。

"我来教你，我可是有窍门的！"说着，小吴解开自己的鞋带。"我做一个动作，你就跟着做。两个头，换一换；一个头，往下钻；拉一拉。两只兔耳朵，换一换；再像刚才钻一钻；最后月力拉。搞定！"小楼亦步亦趋，虽然动作有点僵硬，但也成功系好了鞋带。"我再教你一遍！"小吴耐心地教着。"好了，现在看你自己的了。"

小楼回忆着步骤，边背口诀边慢慢地系着。忘记了动作也不怕，旁边好多小老师你一言我一语地指导者呢！终于在几次尝试后，小楼靠自己独立完成了系鞋带。

"终于学会了！"来自小楼的呐喊。

"我教得不错吧！"来自小老师的得意。

"好……"来自同学的欢呼。

中午，趁着德育活动时间，我与孩子们进行了一次谈话。

"今天，老师要表扬几个同学。你们知道是谁吗？"

"是小朱、小吴和几个小朋友，他们教会了我系鞋带。以后再也不用让我妈妈帮我系了。"小楼第一个举手发言。

……

"是的，他们尽自己的努力教小楼系鞋带，他们具有热心帮助他人的美德，是我们的榜样。几个小朋友你一言我一语，改进方法，共同合作教会了小楼，说明大家一起合作能够更好地解决难题。老师还有表扬小楼，不怕困难，通过一次次的反复练习学到了新的生活技能。在生活和学习中，我们总是会碰到一些自己不会的，这时请不要怕，因为我们在温暖的集体中，像小楼一样勇敢地提出来，肯定会有人帮助你的。掌声送给他们！"

热烈的掌声响起。相信，只要他们能够勇于面对自身的不足，向他人讨教，只要保持着乐于助人、团队合作的心，"鞋带"再也难不住他们。

【培元心语】

"学会与他人建立起真诚的、亲密的关系，具有较强的表达理解能力、人际融合能力、解决问题能力、团队合作能力与协调沟通能力。"这是培元教育对培养学生"出色的阅读社会能力"的全面阐释。学生要成为一个合格的"社会人"，出色的阅读社会能力是必不可少的。家长和教师要在家庭环境和学校环境有意地去培养孩子的阅读社会能力，为融入社会做好准备。

学生的交往能力主要是在学校的多种交往活动中，特别是在校园生活中形成和发展起来的，因为学生在校内活动占据了日常生活的很大比例。面对传统教学比较单一的交往结构，教师必须摒弃"交往只是向学生传递信息"的错误观念，承认学生在交往中的主体性地位，顾及学生与教师间以及学生彼此间交往的需要，在教学精神氛围的营造上、物理环境的布设上为师生间，尤其是学生间的交往创设条件。

交往能力的培养要从日常小事入手、循序渐进。除了口头或书面的说教，更要让孩子融入同伴群体、亲属以及外界环境，把"所知"转化为"所为"，把"所为"提升为"所悟"，再运用于融入社会中。家长和教师更要刻意地为孩子营造社会环境，引导孩子去阅读、去学习、去适应。

（沈海霞）

贴标签？我是拒绝的！

小 C，男，目前是小学三年级的学生。我第一次见到他的时候，他正在被班里的孩子们"围攻"。一群男孩子围着他指指点点，是不是还出手打他一下，小 C 被围在中间强颜欢笑。后来我了解到，小 C 一直都是老师与同学心目中的异类。他说话咬字不清，词不达意，总爱去撩一下这个，打一下那个，老师一天中总能接收到几十条关于小 C 的小报告。

久而久之，老师对小 C 越来越不耐烦，而同学们也对小 C 越来越吹毛求疵。只要他有任何风吹草动，就会引起孩子们的唏嘘与嘲笑。逐渐的，小 C 被孤立，但越是这样，他越想融入大家，越想做出一些奇异的举动引起他人的注意，使得老师与同学对他更为不耐。如此恶性循环，他逐渐变成了班里的众矢之的，班里扣分了，同学们众口一词说是小 C，有人打架了，同学们第一反应就是小 C……

像这样的众矢之的在我所接触的每个班里都或多或少的存在，他们被孤立，被指责，被标签，他要打人的，他要偷东西的，他要撒谎的……我想大家肯定也听过不少类似言辞。每每听到，我都会特别心疼这些孩子，要知道，一旦孩子被定性，被标签，这是一件很可怕的事情。如果他在一年级被标签，往往需要背负这个标签六年甚至更久，在这六年里，这个标签就像一块狗皮膏药般黏着他。他会因此被误解，被冤枉，他会觉得委屈、愤懑，甚至怨怼。

今年，我也遇到个在幼儿园就已经被略带"标签化"的孩子。

小 Y，女，小学一年级，生得肤白貌美气质佳，人见人爱瓷娃娃。第一次去她家家访，她就像个白雪公主一样又唱又跳，惹得我们 3 个导师甚是喜爱。没想到，入学第一天，小 Y 就给我们来了个下马威，找不到自己的水杯，就在班里大叫、大哭、大闹，用力抓自己的脸，直到要把自己的脸抓出血来为止，还双手挖自己的眼睛，四处乱跑，任凭我们三位导师如何好言相劝，威逼利诱都无济于事。后来，小 Y 的一个幼儿园同学跟我说："老师，你要小心，她会把你的眼睛抓瞎的。"我当时甚是吃惊，但马上反应过来，与这个小朋友约定，这是我俩的小秘密，谁也不能说。之后，我们三位导师商议，与其父母沟通，深入了解孩子的具体真实情况以及治疗情况，向幼儿园同学了解在校情况。

在了解了情况之后，我们马上针对这个"不定时"炸弹制定了相应的拆弹对策。小 Y 的妈妈为家庭主妇，我们要求她保持24小时待机状态，以便及时联系。

为了避免引发孩子的恐慌，甚至连带的引发班里家长的焦虑，我们从孩子们入手，给他们植入了一个"小 Y 妹妹"的概念，即，小 Y 是我们班年龄最小的孩子，她本应该还在幼儿园的，却提前进入了小学，所以请在座的哥哥姐姐们一起帮帮她。

在之前的几次小 Y 爆发中，我们导师中的一位都会将小 Y 带离教室，而后留在班里的导师会给班里的孩子重提"小 Y 妹妹"的概念，久而久之，善良的孩子们面对小 Y 的发作不再蹙眉捂耳，甚至还会主动上前安慰与帮助。

而现在，只要小 Y 一有什么状况，不需要老师的引导，就会有男男女女一帮孩子过去帮忙。课间，也经常能看到一个男孩子或者女孩子牵着她走，陪着她玩。在这样的环境中，小 Y 爆发的频率也越来越少，最近几个礼拜的爆发频率已经为零。而她也越来越能倾听别人说话，甚至主动跟人来说话，主动回答问题。

功夫不负有心人，现在的小 Y 被贴上的是一个"小 Y 妹妹"这样亲切可爱的标签，而不是"上课会大喊大叫的""会抓人脸的"这样的标签。

【培元心语】

培养学生的阅读社会能力是"培元教育"核心的重要教育目标之一，学校如同一个小社会，学生在这里，在与同学、老师的相处的过程中，学习如何与他人建立起真诚的、亲密的关系，培养人际融合能力、解决问题能力、团队合作能力与协调沟通能力。这些都将是他们走入社会之后的一笔珍贵的财富。

小 Y 的出现，对于我们导师，对于班里孩子而言都是挑战，但也是机遇。有小 Y 在的教室有可多不确定性，但却有一个是可以确定的，就是她让我们班的孩子变得更加的宽容，更加的有担当。其实，孩子们很聪明，他们会察言观色，老师无意识地对某个孩子的一种态度彰显无形中会变成班里所有孩子的一种态度。作为一名教师，我们应该要以身作则，拒绝"标签化"。

在教育孩子的路上永远不要给孩子贴上标签，因为孩子们需要我们给予他们爱与鼓励！

（徐玉倩）

午休 午修

铁打的"主任"，流水的"豆丁"，这一年，重新又跟一年级的"小豆丁"们打起了交道。幼儿园刚毕业的他（她）们软萌软萌的，高兴了来抱着你开心大笑："老师，我跟你说……"；不高兴了也来抱着你"告状"："老师，他老说我……"。

于是，我在校每日须得：做好保姆、当好警察、兼职法官、学做医生……当然，每天最主要的活儿还是要让他们完成当日的学习内容，顺便鼓励他们多"啃"点精神食粮。

每日午饭后会有大约30分钟的休息时间，大致就是用来洗手、吃水果，外加"唠嗑"。孩子们之间的速度和自律性各不相同，有些早早吃完的已翻出一本书慢慢品读，有些则开始无聊发呆，更有一些甚至等上课铃声快响了还在磨蹭，于是，我这个操心的"大妈"又开始琢磨着怎么样让每个人在这段时间里有所得，且是放松式的、愉悦的。

那一日突发奇想：要不就让他们没负担地听，开心地说吧？

在书架上抽了一本《没头脑和不高兴》，慢悠悠地踱到教室门口，还是一贯的场面。"小朋友们，今天大家午餐做到了'食不言'，饭后的水果都吃得比较干净，那么，奖励大家听一个故事吧！"这边眼睛闪过一道光，那边一脸的好奇，学习委员小辰马上正襟危坐，笔挺笔挺，一副认真样。"嗯，先不急哦，听清楚了，今天——听故事可以随便坐！"随便坐是怎么个坐法？好几个"小不点"一脸蒙圈，几个机灵的立马反应过来，要不"葛优躺"，要不枕着手臂歪着脖子。心下好笑，遂打开电脑，就着音乐，开始了：

"从前呀，有个小朋友，做什么事都是丢三落四的，一点头脑都没有……

对了，他的名字就叫'没头脑'。他名字虽叫没头脑，人可有头有脑。头还挺大的，眼耳口鼻，哪样不少……哎呀，原来是少了电梯呀！"

"噗——""哈哈哈哈——"没理他们，继续我的。

"老师，怎么不讲了？后来呢后来呢？"

"原来他们都是'粗心大王'！"思考状。

"哎，你说，他后来是怎么解决这个问题呢？"小A迫不及待地跟前后左右讨论起来。

"故事又会怎么发展呢？我们一起等明天吧！"欲知后事如何，请听下回分解，不自觉就学起了评书的那一招。

叮铃铃，午休时间结束。在《天空之城》里，孩子们意犹未尽，满脸的期待。看来这样的30分，大家都偏爱。

第二天，午休时间还未到，一个个都仰着头等着，不见发愣怔怔的，闲聊的也不见了，《时间之河》中，又开讲了：

"'不高兴'在开幕式这天演"武松打虎"，他扮演老虎，戏演到紧要关头，他的老脾气又来了，本来老虎应该被武松打死，可是他偏不高兴死，反而把武松打得东逃西躲，二人一直打到台下。……哎呀，时间又到了，大家等着明天的内容吧。"关键时刻，我又卖起了关子，嘿嘿。

就这样，从《清晨》到《月光》，走过《雨的印记》，又进入了《雪之梦》……一个个有趣的故事，在我的"手舞足蹈"中溜过去。

两周后的某一天，奂奂突然神秘且自豪地跟我说："跟你说，我最近喜欢上《没头脑和不高兴》了，买了一本没有拼音的，已经快看完了。"一脸赶快夸我的"邀功"样，心里欢喜，嘴上疑惑："哦，真的吗？那什么时候你来给我们推荐一个你最感兴趣的故事呗！"脸上疑似两朵红云："好的，我回家准备准备。"果然，没几天，她就自信满满地上台了，讲得绘声绘色，丝毫没怯场，最后，我奖励了她五枚黄币，瞅着底下这帮人的一脸艳羡，我装作不经意地嘀咕："哎呀，原来这本书大家都自己去看了呀，怎么办呢？我得去找更有趣点的书了！"

就这样，我继续寻找着好玩好听的书，念着、读着、演着……他（她）们爱上了，听着、说着、笑着……

我们一起，在短短的午休里不疾不徐地各自修行。

【培元心语】

培养学生出色的阅读社会能力，需从全面提高学生具有口语交际的基本能力抓起。在各种交际活动中，学会倾听，学会表达与交流，初步学会文明地进行人际沟通和社会交往。

倾听是一把金钥匙，它能为学生打开更广阔的交流空间。锻炼学生的倾听能力，形成良好的倾听习惯，能使学生在听中生疑、听中解惑、听中积累、听中成长。每个人都会在倾听和倾诉的过程中完善自己，融入他人。每个人也都会在倾听和倾诉的过程中，找到最适合自己的定位和最适合自己的生存方式。

短短的午休时间，在舒缓的音乐声中，认真倾听、勇于表达，甚至间或出现的"小组合作式"讨论，让本就不长的时间变得更加短暂，老师充当的角色也从"老母亲"般的谆谆教导变成了朋友之间的交谈，无需在"条条框框"中按部就班，只需表达自己真实的感受，头脑风暴，思考你能想到的解决方案即可。

康德说过，世界上有两件东西能震撼人们的心灵：一件是我们心中崇高的道德标准；另一件是我们头顶上灿烂的星空。事实上，在我看来，孩子们眼里闪亮的光又何尝不是那一份弥足珍贵的存在呢？

（茅微微）

一把筷子的力量

又到了一年一度的校运会了，还没等我拿着报名表去各班教室组织报名工作，早已听得风声的好几个体育尖子生已兴冲冲地跑来办公室向我报名了。如此的集体荣誉感，让我心里一阵暖意，孩子们一年一年在长大，知道为班级的荣誉出工出力，想到这里，我拿起报名表欣慰地朝他们说："走，一起去教室，何老师帮你们组织报名。"

走进教室，在道明来意之后，不只是原本几个孩子开始呐喊，好几个后知后觉的孩子也开始摩拳擦掌。不管报到哪个项目都有孩子想跃跃欲试，不管是尖子生，还是那些体育成绩平常的孩子，一个个吆喝着都想把每个项目的金牌纳入囊中。不一会儿，所有单项都已经"瓜分"完毕。哪怕是多达16个名额的团体项目50米迎面接力赛，也在一串哄抢声中决出了参赛名单。记录完所有的名单，我示意所有孩子安静，"何老师知道你们各个信心十足，但能力归能力，切记不能骄傲自满，特别是团体项目迎面接力赛，16个参赛同学务必抽出时间进行练习，这样才能兄弟齐心，其利断金"。

下午体育课，示意体育委员认真的安排体育活动。完毕后，便有好几个孩子举手，"何老师这节课我们16个孩子想练习团体赛，可以吗？"，没到这几个孩子如此在心，看着体育委员也在其中，想必也能安排好练习，便批准他们领了器材，十几个孩子蹦蹦跳跳地跑去训练场地了，我则留在大部队里准备其他孩子进行必要的素质练习和考试项目的练习。

远远看着那些孩子在跑道上飞奔，满满的欣慰，我也就把注意力集中在了周围的孩子身上了。正当我指挥着孩子们练习得热火朝天时，体育委员小陈急匆匆地跑了过来，"何老师，不好啦，他们吵起来了！"抬头望去，一堆人围在一起叽叽喳喳，所有人嘴里说着，手指指着一个人，看样子是在指责。我立刻将所有孩子都招呼了过来，四列横队坐下后，便指着其中吵得最凶的两人起立，"把刚才争吵的缘由跟何老师说一遍"。李同学便率先举手，说起来："何老师，由于人数多，练习起来有点浪费时间，所有我们分成两组进行比赛，这样可以增加效率，也可以模拟比赛，一举两得。"我点了点头，"然后呢？""在比赛时，每个同学都跑得如箭一般快，可是每每在交接棒的时候，总是出现掉棒，然后送棒的怪接棒的人没接稳，接棒的人怪送棒的人没有递到手上。"这时，另外一个孩子接上话："说说吵架的原因，也是如此。"了解前因后果之后，我征求其他孩子的意见，"我们一起来观看一下接力比赛怎么样？观看的时候你们要干嘛呢？""为他们加油助威！"

比赛一开始，两队的第一棒队员如同离弦的箭般冲了出去，第一棒的交接异常"顺利"，二棒都是女生，一阵手忙脚乱的操作中拿稳了接力棒，到轮到三棒的时候，一顿操作也避免不了落棒，迅速捡起棒继续跑，在一阵夹杂着呐喊声和叹气声中，比赛结束了，两队加起来竟然掉了6次棒。

"下面有哪位同学可以来讲一下交接棒的要求？"。"老师我来！""提前准备，竖棒递送，接棒户口要张大""说的很好，你们知道你们犯了什么错误么？一是没有提前伸棒，导致送棒的时候手忙脚乱。二是在送棒的时候不是把棒竖直立起，而是平直伸出接力棒，使接棒同学不能顺利接棒。三是……""老师我们都错了，我们只顾自己，没有想到接棒人是否接的舒服，我们还错了，我们不能光怪送棒的人，我们也没有做好充分的准备，没有把虎口张大朝向接力棒，再给我们一次机会！""同学们我们再为他们加一次好吗？"。"加油！加油！我们班最棒！"在一阵呐喊助威声中，再一次的组内友谊赛中，所有交接帮都顺顺利利。

半个月后，在一片呐喊声中，迎面接力赛的第一名顺利地被我们班收入囊中，"何老师，我们终于明白了，一个人再厉害都敌不过拧成一股绳的我们！"

【培元心语】

"培元教育"引领下的元气少年要拥有出色的社会阅读能力，乐于合作分享，具有团队精神，可以互帮互助。合作能力在当今社会是一个人最重要的素质之一。一个人不论在社会中从事何种事业，都需要有处理各种社会交往关系的能力，需要有和各种对象合作的能力。

一个不懂得团结合作的人，犹如是艘陆地上的船，永远也不会漂泊到人生大海的彼岸。当16个人的小团队出现了摩擦后，教师没有用自己的权威和语言来呵斥，去评价，而是选择让学生还原现象，情景再现中进行反思教育。当他们将迎面接力的第一名收入囊中时，他们已经清晰知道团结带来的最大效益。

当孩子做错了事情，教师最重要的是给他们提供改正错误的机会，给孩子自我反思的空间，引导学生反思，尊重学生自我教育的主动性，使其冷静、客观地分析自己的言行，激发自主设定改进意向，自主制定奋斗目标和措施。

（何齐骁）

由"他"变"我"的惊喜

"老师，老师，他打我！"

"老师，小 L 他骂我！"

"老师，不是的，是小 X 先打我的！"

……

伴随着下课铃声响起，我的"调解员"办公室生意就火爆异常。一年级小朋友们告状声不绝于耳，"案子"也是一件连着一件。处理案子过程中，所有的小朋友都会争先恐后地描述"案情"，但他们的开头词都会出奇的一致："老师，是他（她）先……我没有……"虽然已经是教龄近十年的"老"教师，但是第一年当低年龄段"首导"的我让"告状声"弄得头疼不已。于是我决定一定要在我班级内"灭一灭"这种低年龄段常有的不良风气。

有一次，A 和小 B 因为一块橡皮的事情又是骂人又是动手，于是我利用了一节课的时间让全班小朋友共同当"小法官"来处理他们的矛盾。首先让他们陈述整个纠纷的过程。不出所料，两个小朋友都表示自己没错，全部是对方的错。当局者迷，旁观者清，这时候台下的小朋友们都坐不住了，纷纷举手要发言。

"两个人都有错，一个不应该骂人，另一个不应该动手！"

"对，小 A 没经过同意就动人家橡皮，还好意思打人家！"

"老师说过了，同桌之间要团结友爱，一块橡皮那么小的事情，有什么好吵的！"

小朋友一套一套的说辞让我忍俊不禁。我适时引导，"请小 A 和小 B 再来陈述一下整个过程好吗？不过这次，老师希望能先用'我先……'作为开头。"

"我先没经过他的同意拿了他的橡皮，因为他的橡皮很好看。而且我……

我先动手打他的，对不起，小 B。"小 A 挠挠头，脸上露出尴尬的笑容。

"对不起，小 A！"小 B 也急着道歉，"我先骂他的，其实他是我同桌，看看我的橡皮也没什么大不了。他打我后，我也抓他了，还抓出血了……"

于是，我趁热打铁进行总结，希望以后小朋友们有小矛盾小误会时，首先想想自己做错了什么，自我批评过后再去看这些小矛盾小误会，这时候就会豁然开朗了。

后来几个星期，小朋友们的告状声逐渐减少。偶尔有几个小朋友有矛盾了，又犯"老毛病了"，我会微笑着提醒他们："夏老师不喜欢听你这样的说话方式，能换种方式吗？"小朋友经过提醒后，马上会意识到，然后用我们106班的独特陈述方式，事情讲完了，他也就认识到自己的问题了。

某一天，号称我们班"最娇青"的小女孩小 Q 趴在桌子上呜呜哭泣，他的同桌小 Y 手足无措地在旁边。我过去轻轻问小 Y。

小 Y 红着脸说："是我的错，我推了她一下，她哭了！"

"那为什么推她呢？"

"我刚才在搭模型时候，不小心碰到她的模型，有点弄坏了。她就站起来把我所有模型都推到了，我一生气，忍不住就推了她……老师，我能去拿张餐巾纸吗？"

我一怔，也不知道他葫芦里卖着什么药。趁着小 Y 不在，我问小 Q："是这样吗？"

小 Q 点点头，抹了把眼泪："是的，老师他碰我模型确实不是故意的，我推他模型是故意的。而且他只弄坏了我一点点，我把他的全毁了。呜呜呜……"

"好了，小 Q，别哭了，我帮你擦擦眼泪。我是男孩子，不应该和你计较的。这样吧，让老师扣我5个成长币，不过你也有点点错，你扣3个好吗？"小 Y 温柔地帮着同桌擦去泪水。

旁观者的夏老师被这温情的一幕感动了，轻轻地走开了。

【培元心语】

出色的阅读社会能力是一个人融入现代社会所需要的非常重要的能力，也是"培元教育"中一个需要重点关注的教育目标。与人很好地相处、合作，创造和谐和美的人际关系，任何时候都是一种美德，都是社会的需要。

"卡耐基"说："人际关系是人与人之间的沟通。"但是这个节奏飞快的现代社会，在这个无暇沟通的生活环境中学会适应和理解，人与人之间定会多一份融洽、少一点隔阂；与人相处学会"自问、自律、自纠"，必能与他人建立起最真诚的关系。学生相处过程中遇到矛盾与误会，学会首先自我反省，问问自己是否有错，找出错因，并能以辩证的眼光来看待相互之间的矛盾与误会，最后能以最真诚的态度与伙伴解决矛盾和误会。这样的孩子在今后走入社会定能建立一种健康的人际关系；他们定能用一种豁达的心态去分享别人的成功，用一种欣赏的眼光去肯定别人，人生境界会因此得以提升。

一个人是否自律，是一个人成功的关键所在。"自问、自律、自纠"是培养孩子出色的阅读社会能力的一条有效途径。培养自律的心智，需要我们的学生严格要求自己，不放松、不懈怠，控制自己的惰性；克制私欲和贪念，约束自己的行为，勿以善小而不为，勿以恶小而为之，稳住心，沉住气。

（夏甜）

在辩论中学会表达

"正方辩友，手机辐射虽然较小，但对小孩子幼小的身体还是有伤害的。再者，手机上的不良信息也较多，小学生自制力较差，容易影响心理健康，所以说小学生不该用手机！"

"反方辩友，敢问你们手里拿的辩论资料不是手机查来的吗？"正方小林同学灵机一动反问道。

顿时，全场掌声四起。

如此"嗨"的一幕，是发生的我们班的一节班会课上。要问我们这是在干什么，对了，这是我们班级的辩论会。而这场突如其来的《小学生该不该使用手机》的辩论起源就要追溯到上周一位焦虑的妈妈给我留的言。

"陈老师，抱歉这么晚打扰您。我家孩子近期越来越沉迷玩手机游戏了，我还发现孩子班上的同学之间玩微信拉群组，特别是周末花很长的时间在聊微信……劳烦陈老师在学校好好引导，我们在家里也一定积极做出配合教育。"

一个留言，让我的内心久久不能平静，在这个高科技充斥生活方方面面的社会，小学生玩手机这个现象已经不是个例了。如何更有效地教育孩子适度使用手机？确实是值得涉猎的德育话题。按照旧式的"老师灌学生听"，只会导致学生厌学，老师难教，已然不适合当代的高段生。如何深刻地给这帮少年们上一课呢。

经验告诉我，必须让孩子亲自参与进来，让他们自己去寻找答案！寻思良久，还有什么比开一场激烈的辩论会更合适的呢？

于是第二天放学前，我在班上宣布："同学们，这周末有个特殊的作业，下周班会课，我们举行一场辩论会，主题是《小学生该不该使用手机》。请正方和反方各自准备好素材。""老师，辩论会，真的吗？我在电视上看到过辩论，但从来都没有参加过。""陈老师，我想当正方可以吗？""陈老师，我想负责布置教室。"你一言我一语，果然不出我所料，孩子们兴致高涨。分工合作、查找资料、总结陈词、布置教室，全部是由孩子们独立完成，而我只负责支持这场辩论会，引导孩子们。

接下来，就是大家所见到的激烈的辩论会场景。一场辩论会，让我见识了孩子们的功底，唇枪舌剑、口若悬河、据理力争，可谓不识庐山真面目，听得我热血沸腾。你若是以为他们是在比赛谁赢谁输，那你就错了。

我们的辩论会没有谁对谁错，也没有谁输谁赢，有的是孩子们对于是否该使用手机的深度思考。例如，正方的观点是小学生该使用手机，原因如下：一是微信电话，方便联系；二是搜索信息，开发智力；三是高端科技，与时俱进。而反方的持有观点是：一是微信闲聊，贻误学业；二是不良信息，污染心灵；三是助长奢侈浪费和盲目攀比之风。

如此明了的总结，辩论式的德育活动，不言而喻，道理自在孩子们的中心。此后至今，再也没有听到家长就孩子使用手机不当来"吐槽"了。

【培元心语】

"培元教育"中浓重的一笔便是注重出色的阅读社会能力的培育，关注儿童学会与他人建立起真诚的、亲密的关系，具有较强的表达理解能力、人际融合能力、解决问题能力、团队合作能力与协调沟通能力。时下，中小学生语言表达能力不强的问题早已得到众多教育专家和教师的关注，在"课改"广泛开展的当下，越来越多的教师开始向此方向努力。

从人类有语言开始，我们也就开始了辩论。人们在交流思想传递情感出现观点不一致时，为了达到一致，想要说服对方就产生了辩论。剖析当今社会一些商界人士的成功之道，他们一般口才好，表达及辩论能力强，无论在什么场合都能自如地控制局面，引领谈话内容的进展。从辩论入手，培养学生的表达能力不失为一个简单易行的好方法。

我们的辩论式德育活动优点多多：一是丰富学生的文化生活，二是锻炼学生的口头表达能力，三是培养学生参与意识，四是加强团结协助能力，五是激发学生学习兴趣，六是增强学生思辨能力，七是培养心理承受能力。而这七大好处恰好为培元教育中的社会阅读能力增添色彩！

实践证明，辩论作为一种新的教学资源，在实际操作过程中只要注意合理把握，就能慢慢培养学生的兴趣，让学生体会到语言的魅力和说话的技巧，发展多方面的能力。一旦我们的学生真正成为学习的主人，他们迸发出的活力将远远超出教师的想象！

（陈施）

6

多元激励评价探索篇

让课堂群星闪耀

又到了一堂课的末尾，不需要转头去看教室里的挂钟，透过讲台底下不少孩子转瞬间熠熠生辉的眼睛，我心里就知道了大概。

坐在右边靠角落的那个小家伙，之前还被瞌睡虫缠得眼皮一眨一眨，小脑袋一点一点地，现在一只脚已经从课桌底下伸出来，像是摆好了起跑的姿势。我拍了拍手上的粉笔灰，笑着对孩子们说："今天的课啊，就上到这里。但是呢……"拖长的尾音好歹把学生们的注意力吸引到了我的身上，"老师还想要表扬几个同学，他们今天的表现特别好，是我们课上的小明星！"我的眼光来来回回地扫过每个学生，大家脸上都是一副好奇又期待的神色。

"小 L 和小 Z 同学，今天他俩主动到黑板前做题，且全做对了；小 W 同学举手最积极，每次老师问问题，她都抢着回答；还有小 H 和小 J 同学，今天的课堂作业本又对又快。这 5 个同学就是今天的数学之星啦，大家来为他们鼓鼓掌！"

噼噼啪啪的掌声过后，我又扬了扬手上的一本小本子，"以后啊，老师每天都在课上选出数学之星，给你们记在小本子上，一星期里、一个月里累积获选次数最多的同学，还会有神秘的惊喜哦！"话音刚落，下课的铃声便响起了。我收拾好书本正准备走出教室，却一下子被学生们给围住了。

"老师，刚才做题我也举手了，你没叫我！"

"老师，神秘惊喜是什么啊？"

"老师，怎样才能评我当数学之星啊？"

……

之后几天的数学课，气氛一下子热烈了不少。每个回答问题、上台做题的机会都成了学生们眼里的"香饽饽"，一只只举起的手伴随着"老师，我我我……"的稚嫩童音，让我上课的积极性都提高了不少。

就这么热热闹闹地到了周五的数学课，学生们都翘首期待着一周"数学之星"的揭晓。我把获得每日"数学之星"次数最多的3名学生叫到讲台桌前，给他们现场来了一个抽奖，奖品有文具、零食等。每揭晓一个奖品，讲台下的学生们都会很可爱地发出一阵"哇"的叫喊。我忍俊不禁地说道："大家继续努力哦，数学'月之星'的奖励更棒呢！"听我这么一说，孩子们的兴致更高了，个个摩拳擦掌的。

课上，孩子们越来越积极了，但我心里一直谨记着：要让每个孩子都能得到表现的机会，要让每个同学都成为闪耀的数学之星！于是乎，积极举手的学生、高质量回答提问的学生、作业准确率高的学生、书写特别清爽的学生，都如愿过了把"数学之星"的瘾。有的学生学数学比较吃力，或者表现的意愿不强，我也会尽力引导他们。比如在点后进的学生回答问题时，我会把一个问题分解成几个部分，帮助他们一步步得出答案。

临近月底，每天课上产生的"数学之星"已经由一开始的5个左右增加到了10个左右。看着记录本上学生们接近的得分差，我真想把每个学生都评为数学"月之星"。不过，还是得说到做到，"月之星"最后花落课堂发言不多，但每次作业都很认真、学习进步很大的小D同学。

"来，小D，给大家说说你的获奖感言吧，老师和同学们都想学习学习呢！"我把小D请到讲台上，自己坐到小D的座位上。小D在台上涨红了脸，挠着后脑勺说不出个所以然来，只能无奈地看向我说，"老师，奖品是什么呀？"我和台下的学生们都忍不住笑了起来。最后，我和另一位导师一起，在周末带着小D去了书店，看了两小时的书，并且买了两本她喜欢的绘本作奖励。第二个月时，带着"月之星"小S去了一家点播影院，看了动画片《超人总动员》。

周一的课间，"月之星"简直成了班里的焦点。学生们围着他们好奇地问着去了哪里、做了什么……

【培元心语】

"培元教育"是对学生发展核心素养的综合培育与发展,"培元"理念下的教育评价改革,注重于发现和发展学生多方面的潜能,了解学生发展中的需求,帮助学生认识自我,建立自信,发挥评价的教育功能,促进学生在原有水平上的发展。

教学的艺术不在于传授本领,而在于激励、唤醒、鼓舞。"数学之星"看似只是对课堂教学的锦上添花,但多元化的评选标准给了每个学生出彩的机会,在潜移默化中增强了学生对数学学习的自信;同学间的你争我赶、适当的物质与精神奖励也激发了学生们的学习兴趣,在整个课堂上营造了良好的学习氛围;最后,"数学之星"还传递给了学生们这样一个信息:"榜样就在身边!"孩子们有着极强的模仿与学习能力,当他们在老师的引导下注意到周边同学的好表现与好方法,他们自然而然地会加以借鉴、学习。

每个孩子都可以成为课堂上的明星,每个孩子都应该成为课堂上的明星,这是课堂教学应有的"本"与"元"。唤醒潜能、激发力量,促进每一位学生走向成功,这是课堂评价激励机制的重要原则,也是我们每一位教育工作者的职责。

（徐婉羚）

表扬信的魔力

每周三中午上课前的这段时间，是孩子们一周中最期盼、最快乐的时光，因为我们会利用这段时间读家长们发来的表扬孩子们的信。

表扬信一：

果果，你这段时间在家里表现棒棒的！会照顾家里的每一个人，会切好水果摆盘请大家吃，妈妈流鼻血了会马上拿来棉花帮妈妈止血。还会和妈妈一块进厨房洗菜，淘米，打蛋，切菜，愿主动学清洗抽水马桶，是个爱劳动的孩子。学习中也能自己思考，学着自己安排学习时间，喜欢看各种书籍，真好！爸爸妈妈还发现你最近会控制自己的小脾气了，这真是一件好事情，女儿，相信你会越来越棒。爱你，不管是什么样子的你，我们一直都爱你！

那段时间，活泼开朗的果果在家里经常闹脾气，因为爸爸妈妈工作忙，对她的关爱比以前少了点，她就用自己的暴躁的情绪来表达自己的不满。家长有点无计可施，来咨询孩子在校的情况，希望老师能帮着教育教育。我让家长找找孩子的优点，给予肯定，并编辑短信发给我。过了几天，果果妈给我发来这样的表扬短信。

跟孩子们分享这份表扬信时，我发现果果的小脸红彤彤的，幸福感溢满明亮的小眼睛。在大家的掌声中有点不好意思地低下头。

那以后的很长一段时间里，果果就像被注入了营养剂，她变了，学校里在变，变得更加积极向上、自信乐观、严于律己；家里也在变，情绪稳定了，不再时不时发脾气了，强烈的抵触情绪不见了，对待家人的态度谦逊温和。果果妈说她虽然有时候还会犯点小错误，但整个状态不一样了。

表扬信二：

开心，你的优点很多，你聪明，善良，开朗，喜欢帮助别人，而最大的优点，在妈妈看来是"坚持"。坚持的最好诠释，是你从幼儿园中班开始一直到现在，每天晚上都在坚持同一样事情，就是练琴。很多时候，你也会烦恼会郁闷，会觉得为什么她不能像别的小朋友一样，在作业做好的晚上，和家人一起享受玩乐的了时光。可到最后，你都会说服自己，坐在钢琴边，认认真真地完成钢琴老师布置的作业。有时候作业很难，你就会把困难的句子分成一小段一小段，慢慢攻克。有时候把难的曲目攻克下来了，你就会特别享受地用你自己的感受把曲目完美地展示给我们听。这一点在妈妈看来，特别特别不容易，同时也觉得特别特别地佩服你。不是所有的人，都能那么长时间去坚持做同一件事情，也不是所有的人，都能坚持在别人玩乐享受的时候去辛苦练琴。但妈妈同时也相信，这样的坚持，到最后，会让你有特别特别大的收获。你会有一双可以听见美的耳朵，会有一双无比灵巧的双手，也会有一颗非常强大的内心。爱你的妈妈。

有段时间，开心的妈妈也很烦恼，孩子幼儿园开始学弹钢琴，表现一直很棒，可那段时间孩子对弹琴有些厌倦了，觉得弹钢琴太枯燥太无聊，想放弃弹琴。为这事开心少和爸爸妈妈闹别扭。爸爸妈妈苦口婆心地劝说，要打要骂的强求都试过，效果都不明显。班里正在开设表扬课，于是表扬课上，我们就读了开心妈妈发来的短信。

听着听着，孩子们不由自主把羡慕、敬佩的目光齐刷刷地投向开心。开心听得极其投入，看得出开心感受到了大家对她的那份坚持的赞赏和肯定，她大概也被自己曾经的坚持感动了吧，小眼睛里闪烁着晶莹泪花。这封表扬信就像一道温暖明亮的阳光照亮的她心田，胜过多少次苦口婆心的说教啊。后来的日子里，开心就像妈妈表扬信中表扬的那样每天坚持着，一直没有放弃努力，现在钢琴考级已考过了八级。在学校的新年钢琴音乐会上，她那优美的琴声征服了全场观众。这是一位睿智的妈妈。在孩子坚持不下去时，竭力地表扬她曾经的坚持，让孩子对自己说我要继续坚持下去。

这样的表扬信我每周都读，孩子们每周都听，它们的魔力深深地吸引着孩子们，就如一缕缕阳光照亮孩子们的心田，为孩子们注入满满的正能量，给他们带来自信，带来改变，为他们指明了成长的方向。

[培元心语]

学生的智能是多方面的，每一个学生都有自己的特长和闪光点。"培元教育"引领下的多元激励评价机制，其基本内涵是多元性和激励性，多元性即变过去单一的由教师评价为由学生本人、同学、家长、教师多主体评价，变过去单一的注重成绩评价为对学生的方法、情感、态度、价值观等多层面的整体评价。

《基础教育课程改革纲要》明确指出："建立促进学生全面发展的评价体系。评价不仅要关注学生的学习成绩，而且要发现和发展学生多方面的潜能，了解学生发展中的需求，帮助学生认识自我、建立自我。"

孩子们需要鼓励、赏识，不断地加以肯定认可能增强他们的自信，可是不少家长对孩子们都是高要求。为了不让孩子骄傲自满"翘辫子"，大多数家长吝啬他们的表扬和鼓励，特别是平时不怎么出色的孩子，要听到家长真心的表扬是少之又少。笔者通过家长定期给孩子们找优点，写表扬短信，由老师读，孩子们来听，为学生搭建了全面发展的平台，不失为一种激励评价孩子的好策略。一封封表扬信让孩子们在接受或者等待表扬的过程中养成良好的生活习惯和行为习惯。

（杨美玲）

肯定的力量

墨墨是班级中年龄较小的一位，个子不高，白白净净，笑起来很腼腆，讨人喜欢，可是她有个拖拉的坏习惯！每天放学，都看到她因为这个作业、那个作业未完成而留下。加上上课时不时被周围同学"带跑"，作业的质量可想而知。眼看着期末马上到了，这样下去，结果不言自明。

这天放学，我带完孩子们下楼，回到教室，看到墨墨正咬着笔头，又在苦思着什么。我走了过去，俯下身来看了看难住她的这题，果然，就是课上讲过的类型。上课时不时看到她回头，现在遇到麻烦了。看到我站在旁边，墨墨似乎更加紧张了，两只小手都快拧在一起了。我又重新给她讲解了一遍书上的例题，再让她自己思考作业本上的题目，嘱咐她完成后亲手交给我。过了一会，墨墨拿着作业本，低着头过来了，我当面批改好，还重点看了刚才难住她的那题，思路正确了，但是计算上出错了。我没多说什么，只是告诉她："墨墨，你很棒，只听了一遍就能做对了，如果上课认真听讲那一定更棒！"她一听，原本耷拉的脑袋慢悠悠抬起来，轻轻地应了一声。然而，她跑出去的时候已经恢复了原本活泼的性格，一蹦一跳地出了办公室。

第二天，墨墨上课一连举了好几次手。更意外的是，那天她竟然提早完成了作业交给我批改，我转念一想，伺机又给她鼓鼓劲："墨墨，今天你表现真不错，但是要坚持哦！"她这下更开心了，小兔子似的直蹦蹦。那天放学的时候，她跑到我身边，把中午的留着没吃的苹果塞到我手里："老师，给你！"还没等我说话，她已经一溜烟没影了。

看到墨墨的积极向上、乐观开朗，让我很是欣慰。于是，我打算趁热打铁。那天中午，我把她叫到办公室，对她说道："老师看得出你是个聪明的孩子，愿不愿意在期末最后这几天，每天放学留半个小时，让老师多陪你练习一会？老师希望你在最后几天再冲刺一下！"她一听顿时来了劲，一个劲直点头。之后的几天，墨墨逐渐能赶上大部队了，当然偶尔也会有手忙脚乱的时候，但在她身上，有了之前没有的一股干劲。

每天放学，她会在完成所有任务后，跑到我这领取当天的额外练习，做完后交由我面批，我也会趁机给她一些提醒和鼓励："今天上课举手很积极哦！""计算做得不错！比之前要仔细多了。""这一题要是题目再读仔细些就好了！"……一来二去间，她的进步有目共睹。更可喜的是，现在的她变得更加积极了，也愿意展示自己了，拖沓的坏习惯也改正了不少。

期末测试结束当天，墨墨的妈妈就发来短信："老师，期末最后两周，进步很大，这一切离不开您的付出，真心感谢！"

转念回想，短短两周时间，其实墨墨的进步，更多来自她的内心：得到了肯定和鼓励的她，极大地激发了自信心，也许这就是肯定的力量，在无形间牵引着她积极向上！

【培元心语】

德国教育家第斯多惠指出："教学艺术的本质不是传授，而在于激励、唤醒和鼓励。"每个孩子的内心都渴望得到老师的认可，都有成为好孩子的欲望，而教师的鼓励对师生发展具有重要意义，教师的欣赏肯定和鼓励，能让学生感觉到自己被关心和理解，有助于学生发展良好的人际关系，对学生的情感发展具有重要的积极意义。

"培元教育"坚持"我能行""我能成功"的多元激励评奖。教师对学生小小的成功、点滴的优点给予表扬，可以使学生获得成功感，满足其成就感，进而激发学生的学习动力，激发他们的学习兴趣和无穷的创造力，促进良好心理的形成和发展。因此，在学生的学习和认知发展方面，教师应及时对学生的进步予以表扬和鼓励，不断激发学生的学习热情，提高他们的自信心。

　　教师对学生的一句鼓励、表扬等能让学生感受到温暖，学生也会因此更加尊重老师，学习也会更有积极性，这也有助于教师教学工作的顺利进行。当然，教师的表扬与肯定也需要一定的方法和时机，要正确分析学生进步和成功的原因，从能力、努力的因素方面对学生进行表扬，这也才能是学生体验到成就感和自豪感。同时，帮助他们强化正确的行为，形成积极健康的学习生活。

（卓婧婧）

让期望取代责备

"轰……"打开小谢的课堂练习本的一刹那，我的脑中犹如有一颗炮弹呼啸而过，在不远处炸裂开来！与前一本字迹娟秀的作业相比，这一本给我带来了无比的震撼。简简单单的列竖式计算，相同数位没对齐、进位退位没有标注不说，字迹竟然龙飞凤舞、忽大忽小，连表示等号的横线都是歪歪扭扭，更甚至还拖了一根飘逸的小尾巴。

顿时，一股怒气直窜上心头。按平时的作业来看，小谢的字虽说不上端正，但卷面看是整齐、干净的，可今天的作业比往常差了好几个档次。"这孩子做作业态度太差了，肯定是想着随便应付应付。写之前铅笔也不削，写错了橡皮也不擦。可不能这么轻易让他敷衍过去！"看着作业，我心里默默地嘀咕着。嗯，要把思想付诸行动。拿起小谢的练习本，我立马往教室冲去。来得早不如来得巧，刚好在教室门口"逮"到了这只背着书包往外冲的"小猴子"。对，小谢就是这么一个聪明、顽皮又时而捣蛋的小朋友。

"你自己看吧！作业怎么在做的？只有6道计算你还随便敷衍老师！这样的字你怎么好意思交上来让老师批改？"我板着脸严肃地一顿责备，"拿回去，自己擦掉重写！"

"全体立正……向前看齐……起步走……"外面传来了整队放学的声音。小谢焦急地看看我，再看看外面走向校门的同学，一言不发地拿起本子回到座位，拿出文具盒重新开始做。

不到3分钟，小谢急匆匆地拿着练习本来批改。原以为应该可以过关了，结果拿到练习本，我又皱起了眉。"列竖式计算的要求都忘了吗？进退位去哪儿了？尺子去哪儿了？前几题写得还挺认真，后面几题怎么字又飞起来了？"

一连串责备地反问从我的口中奔了出去。

"刺啦……"纸片碎裂的声音从下面传来。原来使用橡皮的小谢因为急着回家，用力过猛把本子擦破了。正在生气的我看看不说话。

重写的第二遍。交上来，并没有多大的进步。"继续重写！"

重写的第三遍。"都第三遍了，肯定能把字写端正了。"看着恢恢地向我挪动的小谢，我想。结果让人大跌眼镜，字竟然比上一遍还差！责备的话已到嘴边，但我忍住了。虽然我没说话，只是盯着练习本，批评了那么多遍，怎么一点都没进步？不行，不能再责备了，有伤"和气"，得换个方式。

"你觉得这次能过关吗？"我放缓了语气问。

一阵沉默……

"我觉得今天的作业没有体现你的书写水平。"趁着他的沉默反省，我继续说道。"还记得老师给你们展示的小周、小沈的作业吗？只要你能静下心来，放慢书写的速度，你的作业字迹也可以同他们一样干净整齐，好好练练字，甚至可以超过他们呢！"

依旧一言不发，但小谢的眼睛里闪烁起了欣喜的光芒。

"来，拿出你的水平，我们再写一遍。"

这一次，我坐到了他的身边。小谢做完一题，我连忙表扬道："看这漂亮的字才是你的水平嘛，刚才是不是铅笔在捣蛋呀？"小谢开心地继续下一题。"这题写得更好了，都超出了老师的期望了！"就这样，小谢认真地完成的6道笔算题，用时不到5分钟。

走之前，一直保持沉默的小谢终于开口跟我说话了。"老师，第一次作业是因为我做晚了，放学前急急忙忙赶出来的。后来又因为其他小朋友都走了，心急，一直都写不好。下次不会了，肯定不辜负老师的期望！"

之后的作业，我时不时在全班面前或单独对他进行表扬和鼓励。"你的字又进步了！""今天的作业比老师期望的还好！""相信你这次测试能达到优秀！"而小谢也在逐步改正不足，不断进步。

【培元心语】

在现实生活中，每个人的内心都渴望得到阳光。"培元教育"是培养儿童人生发展元气的教育，"培元"育人工程的实施在一定程度上依赖于全体教师的引导和期望。因此，在评价学生时要尽可能多元化，多一些赏识，多一些期望，让全体学生品尝到学习的快乐和成功的喜悦。

心理学中有一个格马利翁效应（Pygmalion Effect），指人们基于对某种情境的知觉而形成的期望或预言，会使该情境产生适应这一期望或预言的效应。运用到教育中，教师可以多多对学生提出对他们的期望和鼓励，少一些责备；多一些积极用语，少一些消极影响，让孩子在正向的激励下，朝着自己和老师、家长期望的方向成长，树立起自信！

就像小谢一样，一次次的责备不仅无法让他改正不足，甚至严重打击了他的自信心，由一开始单纯的"着急回家"变成了"毫无激情的怏怏模样"。反而，心平气和地交谈，提出对他的期望并加鼓励，却让他更高效地完成了任务，并逐步提升自己。老师，在你责备孩子之前，请你忍一忍，让"期望"取代"责备"，会取得更好的效果！

（沈海霞）

赏识是另一种阳光

在我的班级中有一位较特殊的学生，名叫杨青青。她思维灵敏，口头表达能力很好，上课时能积极发表自己的见解，常常因为有精彩的表现而受到表扬。我对的她期望也很高，一心希望她能成为一个全面发展的好学生，能成为老师得力的小助手。可她却一点也不给我争气，上课时常不遵守纪律，一有机会就跟周围的同学讲话，不但耽误了自己，还影响了同学。家庭作业也经常丢三落四。她机灵、鬼点子多，因此在女同学中有一定的威信，教室里有七八个学生成了她的"忠实部下"。下课了她经常带着一些同学到处疯玩，常常满头大汗进教室。她的这些表现真让我头疼不已。我给她摆事实、讲道理，也找她的家长告过状，可收效甚微。她常常坚持不了几天，就又会犯老毛病。渐渐地，我开始对她失望了。但有时想起，又不免为她惋惜，很想帮助她。

期末考试渐渐临近，杨青青毕竟基础不错，面对题型灵活而且有一定难度的试卷，她连续几次都发挥得不错，成绩都在九十分以上。这让我喜忧参半，喜的是她的成绩有了提高，忧的是她的学习态度仍没有明显的好转，这样的成绩能维持多久？

一天晚饭后，我带着儿子去散步。路上遇见了儿子的老师，我上前打招呼并询问儿子的在校表现，老师对儿子大加赞赏。我发现，儿子的表情很有趣，有几分得意，也有几分自豪，我可以很明显地感觉到他内心的快乐是难以言表的，甚至走出去很远时，他还明知故问："妈妈，老师说我在学校里的表现好吗？"我平时也表扬儿子，但很少见他这么快乐。我想：老师当着家长的面，对学生的表现加以肯定和赞赏，学生可以从老师的评价中认识自己，体验到成功所产生的愉快，这是他们非常需要的。

回家后，我拨通了杨青青家的电话。他爸爸接了电话，第一反应就是：孩子又在学校里闯祸了。没想到我会告诉他：杨青青在学校表现很好，连续几次考试成绩都很理想。最让我欣慰的是，我从她的表现中能够感觉到，她已经想要改掉自己身上的坏习惯，努力学习了，我们要鼓励她，帮助她……我能够感觉到电话的另一头，一位父亲有多么快乐。而这种快乐也必定会传递给他的女儿，会带给她积极进取的动力和信心。

第二天，我果然看到了一个全新的杨青青，整堂早读课，她都神情专注地朗读。晨会课上，我把昨天给杨青青家打电话的经过讲给学生听，孩子们都很羡慕地回头看她，而杨青青也更加自豪了。我当即表示：以后不管哪位同学，只要他有突出的表现或较大的进步，我都要把好消息告诉他的爸爸妈妈。我看到孩子们的脸上有一种按捺不住的欣喜和向往。

此后的整个复习迎考阶段，学生都被一种激动的心情鼓舞着，以极大的热情投入到学习中去，尽力做好每件事，期待着老师的赞扬。杨青青更是像换了个人，我总觉得她的心中有个信念，她被一种力量激励着……

【培元心语】

"培元教育"引领下的评价体系遵循"赏识每个学生，为其一生奠基"的原则，把"更新理念、把握原则、鼓励创新、促进发展"作为评价改革工作的新思路，构建包括课堂评价、作业评价、考试评价在内的全方位促进学生发展的，由学生、教师、家长及社会共同参与的多元评价体系，为培育学生人生发展的浩然元气提供了保证。

美国心理学家威谱·詹姆斯有句名言："人性最深刻的原则就是希望别人对自己加以赏识"。赏识就是充分肯定学生，通过心理暗示，不断培养学生的自尊心和自信心，从而使其不仅有勇于进取的信心，也能有不断进取的动力。因而，赏识从本质上说就是一种激励。在学习过程中，激励的存在至关重要，任何学生都需要不断地激励。

赏识教育，完全不同于普通说教式的教育，它是一种人与人之间的情感交融、人格魅力的相互影响。当前，我们教育的实际情况是学生对学习缺少兴趣，厌学现象严重，教师经常为学生不爱学习而大伤脑筋，师生关系很紧张。在这样的情况下，教师必须转化教育观念，用欣赏的眼光看待学生，树立"每个学生都能行"的教育理念，用爱把蕴藏在学生身上的巨大潜能调动起来，使学生能接受教育，并积极主动地去学习。

（屠姬娜）

巧设名目的"奖项"

　　又要批阅一周一次的日记了。我无精打采地握起手中的笔，长长地叹了口气：日子在庸碌与繁忙中悄然而逝，可每周一次的日记，却丝毫不见进步。我绞尽脑汁，想尽各种办法，可除了少数几位成绩较好的学生施展身手外，对大多数同学而言，要么抄袭，要么胡编乱造，要么潦潦草草，有的甚至干脆不做。

　　每周只要一瞧着周记本上的日记，我的心情就显得无比的苦恼和惆怅，怎个"烦"字了得！瞧着那些歪歪扭扭的字，批阅的过程更是痛苦不堪。怎么办？我苦苦地思索着……对！"欣赏"，这两个字从我的脑海中一闪而过，与其愁眉苦脸地找缺点，不如兴高采烈地寻长处。我好一阵激动，为自己的好点子而暗自窃喜。

　　我迅速打开学生的日记本，用一种全新的欣赏的眼光重新审视：字迹端正匀称，评"最佳书写奖"；作文选上临摹，评"最佳克隆奖"；捏造情节，不合情理，评"最胡编乱造奖"；所选题材令人发笑，评"最佳幽默诙谐奖""最有创意奖""最佳精神奖""最关心家人奖""最佳技巧奖""最吸引人的细节描写奖"等等。再差的文章总能找出一两处闪光点吧。写得很短怎么办，干脆评他个"最精炼奖"吧；此文没有重点，流水账，就评他"最无味奖"。

　　一边改，一边喜笑颜开，换一个角度，一种豁然开朗的愉悦感迎面袭来。巧设名目，45位同学，其中40位捧走了我给予的各种各样的"桂冠"。原来，老师的权力这么大呀！我情不自禁地笑了起来。

　　"王驰的《下雨了》被评为最佳题材奖。""丁卢宁的《摸奖》被评为最值得可怜奖。"孩子们在短暂的瞠目结舌后，掌声此起彼伏，一双双眼睛发亮，小脸通红，处于极度的新鲜和兴奋中。

报完获奖名单，我顺水推舟地问："最爱听哪个奖项就地宣读？""徐明明，胡编乱造奖！""章文豪，幽默诙谐奖！"……被点名的同学乐滋滋地上台宣读。"章文豪，你写的日记太有趣了！""徐明明，那怎么可能呢？"……听者脱口而出，朗读者不好意思地笑了。笑声、朗读声、指点声、赞叹声，此起彼伏，奏起了一曲和谐的师生交响乐。

从此以后，班上的学生慢慢地都变得爱写日记了。看，那一篇篇一行行灵动的文字：有的潇洒自如，精彩纷呈；有的秀丽脱俗，如诗如画；有的方正有力，掷地有声；有的小巧玲珑，精致无比。每一篇都称得上是一件艺术品。这些都给人无尽的享受，让人神思飞驰，遐想不断。而每周一节的汇报欣赏课则成了学生们翘首以待的时刻。批阅自然而然也成了我的一种享受。日子似乎因此而变得饶有情趣。

透过赞美的目光，握住欣赏的笔，原来复杂可以变得这么简单，心情可以如此愉悦，而这却只有一步之遥，真是"山重水复疑无路，柳暗花明又一村"。

【培元心语】

"尊重关注每一个，多元发展每一个，好习惯滋润每一个"，这里对"每一个"的教育教学的理想境界是为每一位孩子提供适合的教育，让学生在校园里快乐地成长。"培元教育"理念引领下的教育评价应该从关注、发展每一个学生出发，从学生学习的起点处着眼，构建一套全面客观、多元立体的评价体系。

《基础教育课程改革纲要（试行）》明确指出："评价不仅要关注学生的学业成绩，而且要发现和发展学生多方面的潜能，了解学生发展中的需求，帮助学生认识自我，建立自信。发挥评价的教育功能，促进学生在原有水平上的发展。

从评价到欣赏，让学生面对写作快乐起来，让老师面对学生作品愉悦起来，让作文课堂轻松活跃起来。在以往的作文评价中，教师往往缺乏欣赏的意识和心情。用充满赞赏的眼光去读每一篇习作，用极富激励性的语言去唤起彼此心灵的共鸣，不仅给被欣赏者以喜悦，而且带给欣赏者以收获。其实，欣赏更易于通达学生的心灵，让学生享受到尊重、理解的快乐。因而，对于学生中的优秀作文或作文中的某一闪光点，最重要的不是堂而皇之的表扬，而是发自内心的激赏。一次对学生作文发自内心的激赏，往往会影响学生的作文态度和精神生活。

（俞文琴）

投稿箱的魔力

"孩子们，邵老师今天带来个好看的盒子。谁来猜猜这盒子的用途？"走进教室，我便把一盒子故弄玄虚式地放在讲台的正中间。

对一切事物都抱有极大好奇心的孩子们，瞬间将目光锁定了这个盒子。小程高高地举起手，说道："老师，我知道了，这是个喜糖盒子！"我摆摆手示意他坐下，意味深长地笑着说："只猜对了一半哦！"看着一双双求知若渴的小眼睛，我缓缓转过盒子，盒子背面写着三个大字——投稿箱。

"从今天开始，投稿箱将是我们班新成员。""老师，投稿箱是什么意思呀？"大方眨巴着大眼睛好奇地问道。我似乎早已做好了回答这个问题的准备，像展览似的拿起投稿箱，一边拨动着一边回答："这是一个神奇的箱子，你可以把你写好的作文放进去，像老师这样拉开小抽屉，然后关上，你就完成了一次投稿。"

"作文？老师，我还只会写几个字……"大年右手挠着头，犯愁似的嘀咕。对于这个意料中的问题，我一边做着手势一边解释道："完全没有关系，这个投稿箱欢迎各式各样的投稿，甚至可以只有一个字，一幅图，你写拼音、汉字、英文甚至数字都没关系！""哇！那老师它为什么神奇呢？""为什么神奇一周后就知道咯！现在我们先给投稿箱找个家吧！"

我把投稿箱安家的问题留给了孩子们，一开始我想着把投稿箱放在讲台背后的置物架上，结果有孩子指出放着个子不高的小朋友不好拿，其实孩子考虑问题的时候有时真的比我们想的周全。后来，在大家的一致讨论下，投稿箱决定住在教室后面的布告栏旁，挂个活动钉，挂在上面。

对于孩子们选的位置，我的内心有一丝不安，因为这位置也太容易遭受破坏啦！于是我决定选两个小卫士来保护投稿箱。没想到我话音未落，几乎所有的孩子都举起了手，看来孩子们对这位新朋友的兴致很高啊。

就这样一周过去，到了一周一次的收稿时刻。面对未打开的盒子，我的内心不安又好奇："会不会没有人光顾这投稿箱呢？"缓缓打开，没想到几十张各色各样的纸张急着钻出了它们的脑袋，甚至还溜到了地上。趁着周末我把所有的投稿理了理，并用心琢磨，硬是读懂了每篇稿子，还做了修改整理。

很快，第一次的分享课到了。孩子们一个个坐得端端正正的，在等着神奇箱子真面目的揭开。首先跃入眼帘的是小周末的《小公主找王冠》，这是一首诗，篇幅虽短只有九行，却包含了小公主一家的趣味对话。诗旁有一位穿着粉色裙子，戴着找回的小王冠，笑得和周末一样开心的小公主，而整段文字下衬托着一个大大的王冠。孩子们惊呼："哇！好漂亮啊！"果然，还是配图先吸引了这群只认识几个字的孩子们。于是我邀请周末来到讲台前把自己的作品读给大家听。孩子们像平时听故事一样听得格外认真，周末读完后微微一鞠躬，我还没示意掌声便已响起，真是出乎意料。

投稿箱的神奇面目还没揭完，我叫小周末留步，投稿箱有礼物给每位小作家。原来是图文并茂的作品纸，还有一个黄色成长币作为奖励。接着一位位小作家一边欣赏着同学们的作品，一边心里似乎也在期待自己作品的出现。是的，只要是投稿的小作家，都被投稿箱加工成一幅精美的铅字作品了。他们都体会到了自己的作品被打印成铅字的成就感。

投稿箱的神奇之处还没结束，"孩子们，今天，你的作品观众是一个班级，然而，神奇的投稿箱会把你的作品带给其他学校的小朋友，或者你的爸爸妈妈，甚至是数不清的陌生人。""哇！我的作品会让火星上的人也看见吗？"一向想象力丰富的丁丁顿时活跃了起来。"万事皆有可能，只要你肯动笔。"

时间过得很快，一晃一年级快过去了，我们也将搬去我们的新家。那天，在班级大扫除的时候，投稿箱依旧静静地悬在半空，它似乎渐渐成为了班里每个孩子的重点保护对象。"这是我们有神奇魔力的投稿箱，要小心拿哦！"

这个有着神奇魔力的投稿箱，让一开始嚷着不会写作文的一年级孩子一有想法就写在纸上并放进它的大肚子里，让好些小作家体会到了自己的作品被刊登在报纸上的喜悦，也让我这个与孩子们初次接触的语文老师了解了他们内心真实可爱的想法。

[培元心语]

"培元教育"理念引领下的多元评价改革，既关注学生知识与技能的理解和掌握，更关注学生情感与态度的形成和发展，还充分关注学生的个性差异，不仅追求评价形式上的创新，更对评价内容、评价领域进行挖掘和开拓，使评价变成了学生主动参与、自我反思、自我教育、自我发展的过程。

苏霍姆斯基所说："成功的欢乐是一种巨大的情绪力量，是继续学习的一种动力。"良好的评价是一剂催化剂，使孩子产生喜悦的情绪和动力，促进孩子向着好的方向努力。对还没有完整接触过写作概念的一年级孩子，神奇的投稿箱引导孩子随时随地记录自己的灵感，让每一个孩子的作品都能及时得到反馈，让每一个孩子相信付出而有收获。这一过程中，评价做到因人而异、因文而异，变统一标准为可塑性标准，从而促进学生更加积极、主动地参与写作活动。

孩子在成长，投稿箱也会跟着成长，有不同的投稿模式来适应孩子的成长，引路孩子的成长。期待着孩子们二年级的投稿箱更加绚烂多彩！

（邵露娜）

我班"大王"多

得力的小干部是搞好班级的关键。成绩优异、遵守纪律，聪明能干，一向是我挑选班干部的标准。新学年，我接任了一年级新班。按照以往的标准，我又挑了一些心中的小干部。可是这些小干部，近来竟管理不力。经过调查发现，孩子们觉得不服气，他们会说："他唱的歌没我好听，还管唱歌呢？""他的书没我读得好，还管早读呢？"如何改变这种状况呢？我不禁陷入了沉思。

"汉语拼音验收"是个人人皆知的难题。为了激发孩子们的学习热情，随着教学的逐步深入，我决定举行一次"声母认读比赛"。

比赛中，一位叫李文吉的孩子脱颖而出。她认读的速度令孩子们赞叹不已，毫无悬念成了冠军，没想到一个孩子说："李文吉真是我班的'拼音大王'啊！"孩子天真的话使我为之一震，"大王"两字其中包含多少钦佩与羡慕啊！

于是我灵机一动，在班上当众宣布"李文吉是我们班的拼音大王！"孩子们中间立刻响起了一片掌声。这时，我又趁热打铁，说："我们班的这个'拼音大王'，人人都可以争取，只要谁在下次比赛中超过她，谁就是'新的大王'。"第二天，孩子们的拼音认读速度都有提高，李文吉就更快了，她管的早读也特别好。这件事不由地启发了我。

"拼音大王"的评选非常成功，激发了孩子浓厚的兴趣和强烈的竞争意识。那么班级管理中运用激励手段是否同样有效呢？为此，我不仅在教学中不断地进行比赛，"读书大王""认字大王""朗读大王"一个个产生了。为了使更多的孩子尝到成功的喜悦，我的"封王"范围也越来越广，向学校生活的各方面延伸。不久，"写字大王""口算大王""做操大王""跑步大王""书画大王""唱歌大王""讲故事大王""舞蹈大王""日记大王"等等相继评出。

一个个"封王"比赛激起了孩子们无限的兴趣和热情，每个孩子都在悄悄地努力着。我们班有个"皮大王"冯铮，看着别人一个个成了大王，自己再当

"皮大王"觉得不好意思了，于是也慢慢地变了，上课下课不再那么顽皮捣蛋了，劳动时特别认真，表现越来越好，成了公认的"劳动大王"。

随着一个个"大王"的加封，我逐渐和班级管理结合起来，让每一个"大王"实至名归。"读书大王"指挥早读，"做操大王"成了班级的领队，"唱歌大王"成了音乐课上的当然组织者，"写字大王""书画大王"构成了班级的黄金搭档。在管理时，"大王"们充满自信，管理有条不紊，孩子们也特服帖。无形中我选出的小干部渐渐消失，代之的则是一个个朝气蓬勃，充满活力的小"大王"们。

"大王"并非终身制，我的原则是能者上，庸者下。人人参与，机会平等，鼓励学生你追我赶，互相竞争。

如今，在我们班每个孩子的学习和生活中都充满机会、充满竞争。孩子们对学习兴趣盎然，对各项兴趣活动则更是乐此不疲。一个勤奋文明、团结向上的班风正逐渐形成。

【培元心语】

赏识教育就是一种以尊重学生人格为前提，通过表扬，肯定学生的某些闪光点，实现对学生有效激励作用的"正强化"教育，"培元教育"评价体系以激励赏识教育为主线，激励学生树立目标，激发学习内动力，学会做人，学会合作，学会生存，学会学习。

第斯多惠说过："教学的艺术不在于传授本领，而在于激励、唤醒和鼓舞。"教育激励是激发学生内在动力的灵丹妙药，它能够激发学生的热情，调动其积极性，将学生的潜力最大限度地发挥出来。许多成功的教学都与教师恰当应用激励手段分不开。

优秀的学生是激励出来的。教师应该利用各种有效的方法和载体去调动、激发学生的积极性和进取心，通过对学生实施肯定、赏识、赞美、表扬等调动其创造性，使其朝着所期望的目标努力前进。人类本质中最殷切的要求是渴望被肯定。充满朝气活力、热情向上的学生更是如此。教育激励应该成为教师的职业习惯，应该成为教师每日必做的功课。

（洪迪欢）

"小博士"的力量

"李洋今天又没认真上课！订正作业也不知让我催了几次了！"数学老师一进办公室就对我说。李洋是班上一个很顽皮的小男孩，一双扑闪闪的大眼睛很是可爱，可就是常常把"玩具"带到学校里来。这样，上课的时候不仅自己不认真听讲，还影响其他同学。要是让他来回答一个简单的问题，他眨巴眨巴眼睛，得想上半天，有时还是其他小朋友们悄悄告诉他答案。订正作业总也找不到人影，要老师和其他小朋友三番五次地催促他，他才嘟起嘴巴慢吞吞地走到自己的座位上开始找作业本。等到其他小朋友下午放学走了，他还留在教室里订正今天的作业。我曾把他叫到办公室进行严厉批评，他只是用那双大眼睛无神地望着我，一副无所谓的样子，好像我批评的是别人而不是他。批评过后，他依然我行我素。哎！才二年级就让我这么头痛！

机会终于来了。一天离德育小组活动还有10分钟，我提早到教室巡视，语文课代表正在发放作业本，孩子们拿到自己的本子兴冲冲地翻着。接着，我听到李洋这个小组内的几个孩子开心的说话声："我这儿有个'小博士'！""我也有！""哈哈，我也有一个呢！""小博士"卡片是我班用来奖励孩子们优秀作业和良好表现的。突然间听到一个孩子问："李洋，你有吗？"我看到他低着头显得十分难堪，因为这个李洋向来与"小博士"无缘。

这时，我灵机一动，何不鼓励他一下，奖一个"小博士"给他呢？于是，我很温和地请他把自己的作业给我看，我说："李洋今天的作业也不错，字也写得很端正，只是写错了一个字，你能改正它吗？"李洋抬起头对我说："这个字我会写，只是我不小心写错了。""嗯，那你能改正这个字吗？""能！"只见他拿出笔和橡皮，认认真真、端端正正地在作业本上订正起来，见他订正正确了，我便说："李洋今天表现很不错，我要奖给李洋一个'小博士'。"这时小组内的其他小朋友都感到很疑惑，李洋也有点显得不好意思。

我来到讲台桌前拿起一个"小博士"，环视了底下每个小朋友说："因为他今天按时订正好作业了，你们说他是不是有进步了？""是！"小朋友们大声回答着！"那么大家说这个'小博士'可以奖给他吗？""可以！"孩子们再一次异口同声。"那请李洋上来拿'小博士'吧！"见他还没反应过来，我又再次提议："大家一起鼓励鼓励他吧！"孩子们掌声一片，在大家的掌声中，李洋害羞地接过了我手中的"小博士"，并抬起头来给了我一个笑脸，大大的眼睛显得特别有神！我抚摸着他的头说："李洋，今天好样的！能继续努力赢得更多的'小博士'吗？""能！"他的回答再次赢得了我赞许的目光和同学们鼓励的掌声。这时我又说："我还想奖励他，你们看！"说着朝他伸出了我的大拇指，"好样的！"这时孩子们也学着我的样，向李洋伸出了自己的大拇指。看到大家都在为自己加油，李洋开心地笑了，并小心地把这个"小博士"放到了铅笔盒的最底层，看了又看。

第二天上午课前，小组长向我报告了好消息："胡老师，今天数学课李洋很认真，老师表扬他了。"我看到李洋高兴地跑来，对我笑着说："胡老师，我今天又拿到一个'小博士'。"我又朝他伸出了大拇指，用赞赏的语气说："好样的！你比以前长大了，懂事多了，我相信你一定能拿到更多的'小博士'，老师等你的好消息！"他一蹦一跳地走了。看着他离去的背影，我的心里第一次感到欣慰……

几个月来，我记不清孩子们和李洋自己告诉我关于他的多少个好消息了……到期末时，李洋的"小博士"已经累积到100多个，李洋真的改变了。

【培元心语】

多元评价，激励成长，"培元教育"评价体系的核心理念。建立促进学生全面发展的多元评价体系，评价不仅要关注学生的学业成绩，而且要发现和发展学生多方面的潜能，了解学生发展中的需求，帮助学生认识自我，

建立自信，发挥评价的教育功能，促进学生在原有水平上的发展

给孩子一块冰，孩子回应你的是严冬；给孩子一枝花，孩子回报你的将是整个春天。"小博士"奖惩活动之所以有效，是因为在教育中赏识儿童身上的亮点，发掘儿童生长过程中的闪光点，让儿童体验到一种成就感的喜悦，调动了孩子的内在热情，增强了其成长的自信心。

孩子内心有着强烈的受赞欲，再差的孩子内心都有成为好孩子的欲望。其实每个孩子在成长的过程中都在不断地进步，只是由于我们的忽视，而让那些金子般的闪光点被我们世俗的眼睛所遮蔽了！作为教师一定要具有赏识的慧眼。我们应该换一种方法，把食指变成拇指，常夸夸孩子。

（胡柯蔚）

小魔方的大智慧

近期，魔方风靡校园。行走在校园中，总是能在不经意间发现孩子们手中挥舞着一个个五颜六色、形态各异的魔方。原本打乱的魔方在孩子们手中快速转动着，看得人眼花缭乱，惊叹不已。孩子们也似乎深深陷入魔方的魅力之中。这一方小小世界，也彰显着新生代的智慧与创造力。

"我们来比赛吧，看谁能先复原魔方六面！"课间，孩子们兴奋的说话声不绝如缕。好几个孩子看见我经过教室门口时，特地跑出来拉住我，蹦蹦跳跳地说："老师，你帮我们计下时吧，我们看看谁最快复原魔方。"说着，我便随着孩子们进入教室。早有3个孩子拿着魔方摩拳擦掌，跃跃欲试，想要彼此间一较高下。

当我按下计时器的那一瞬间，孩子们都屏住了呼吸，盯着手中不断变化的魔方。随着时间一分一秒地流逝，孩子们手中的魔方渐渐露出了它原本应有的样子。透过转动着的色彩斑斓的魔方，我在孩子们的眼中看见了按捺不住、隐藏不住的喜爱，他们的眼中有光，有热爱。

最快的孩子已经复原了六面的魔方，用时仅二十六秒。我与其他"观战"的孩子们看得目瞪口呆，连连赞叹。赢得冠军的孩子骄傲地向我们展示他的成果，拿过魔方的孩子将魔方翻来覆去地看了许久，确认是否六面全部完成。其他参加比赛的孩子们虽然有些许的失落，但也输得心服口服，继续琢磨自己的魔方去了。

虽然激动人心的友谊赛就此结束了，但是带给我们不小的震撼。有些孩子在叹服赢得比赛的孩子高超技术的同时，也不停地询问着他如何快速复原魔方的方法。"快告诉我，你的方法是什么？""你怎么做到这么快的，肯定是有秘诀的吧！"孩子们的热情都非常高涨。我灵机一动，何不发挥一下这些魔方高手们的作用呢？

于是，"小冠军"摇身一变，变成了"小老师"。"好吧，那么我就来告诉你们我的方法。""小冠军"得意地说，"你们看，首先要先把白的这一面拼出一个十字架来……""你慢点说，慢点说。"平时颇不善言辞的男孩子，在自己热爱的事物面前侃侃而谈，毫不羞涩。周围的孩子们听得十分认真，学得也十分认真仔细。不一会儿，在他的示范教学下，好多同学都开始动起手来。

当然，在第一次的"教学"过程中，也出现了许多的小插曲："哎呀，你还是说得太快了，我跟不上了。""你还有没有别的方法，我学不会这个。""小老师"还不停地鼓励他的"学生"们："你慢慢来肯定可以学会的。"真是一位非常称职的"小老师"了。

越来越多的孩子陷入魔方的魅力之中，魔方就像一只万花筒，折射出来的是孩子们充满创造力，充满动手能力，解决问题能力的小小世界。作为一位老师，孩子们的动手能力远远超出了我的想象，班级中那些平时并不起眼的孩子在遇到热爱的事物面前，流露出了他们孩童的纯真。

我想，在孩子们成长的路上，也要不断地给予他们掌声和鲜花，鼓励他们不断地创造自己的未来。看见孩子们的成长，也让我倍感欣慰。

【培元心语】

"培元教育"理念引领下的多元评价改革，既关注学生知识与技能的理解和掌握，更关注学生情感与态度的形成和发展，还充分关注学生的个性差异。不仅追求评价形式上的创新，更要对评价内容、评价领域进行挖掘和开拓，使评价变成了学生主动参与、自我反思、自我教育、自我发展的过程。

教育评价对教学实践有着很强的导向作用。导向具有两重性，也是一把双刃剑。科学合理的评价可以引导学生向积极的情绪体验和健康的心态发展，不合理的评价也会挫伤学生的积极性，把教育导向歧途。"成功的欢乐是一种巨大的情绪力量，是继续学习的一种动力。"苏霍姆林斯基这么说过。因此为了使学生拥有不断学习的动力，要不断地鼓励学生，孩子产生一种成功的喜悦之后，他们才能继续朝着正确的方向发展。

　　情绪和情感是一种内在的动力，它直接影响着学生的学习情绪和参与热情，因此，教师在评价中应用恰当的语言给予学生激励，让学生不断获得前进的动力，在自信中走向成功。魔方的魅力就在于它能让孩子们产生痴迷，但是要继续维持他们的"热度"，就可以适当进行良性竞争。只有尝到成功的喜悦之后，他们才会越来越有动力。

（李科美）

心美，一切皆美

下午3:30，这是孩子们一天在校活动的最后时刻，按照我们班的惯例，值日班长进行例行小结。

"今天，我只听表扬。"看着教室后排正欲起身的值日班长，我微笑着说。

他愣住了，坐了回去。其他孩子也愣住了，疑惑地看看我，又转过头去看看值日班长。值日班长再次站起来，在大家的注目中，走到最前面："今天我要表扬王嘉琪，因为中午吃完饭后，她看见有一张桌子没有人值日，就主动留下来帮助做值日了。"

"今天我也要批评……"习惯是一件很可怕的事情，值日班长在表扬了一个后，又回到了固定的话题上。

"今天，我只听表扬。"还没等他说完，我立刻打断他。孩子们看看他，又看看我，仿佛在说："老师，你真的只听表扬，一个批评也不行吗？"我微笑着坚持。值日班长不说话，他很尴尬地站在教室的最前面，已经被我的突然"袭击"和"温柔"坚持弄得不知所措了。

"我要听表扬，而且是三个表扬，刚才是第一个。"我微笑着补充道，"我们班级有47个同学，整整一天的学习和生活，肯定不止3个表扬。如果值日班长说不上来，别的同学可以帮忙。"

马上有孩子举手，还不止一个，好！

"今天我要表扬李相，因为他在规定的时间里把考试卷上的练习都做完了，跟大家一样。"何伊帆说。她离李相7个座位，这个表扬由她说出来，说明这事儿已经悄悄传遍了整个班级。

"很好，这是李相的进步，算一个。"我对着一本正经看着我的李相说，他一下子舒展开的眉眼，就像开了一朵极其艳丽的花。

"今天我也要表扬张瑞恒，是因为下课的时候，王宇辰叫他去玩，他不去，在位置上订正作业。王宇辰他们在外面玩得可开心了，我们都听到笑声了，可是张瑞恒就是没有出去。"说话的是张瑞恒的同桌刘畅。

"表扬张瑞恒，他懂得了先完成作业再玩。好，今天的小结就到这里，明天的值日班长要准备好五个表扬。"我说，"那么就放学吧。"

第二天的值日班长在小结的时候真的准备了5个表扬，受到表扬的有晨间帮助打扫走廊的孩子；有课堂上因为认真听讲积极发言获得老师表扬的孩子；有大课间活动认真组织同学们跳绳的小干部；甚至还有虚心接受值日班长批评建议的违纪同学。

孩子们认真聆听着班长的小结，眼睛越听越亮，充满欣喜，充满期待……

【培元心语】

在"培元教育"理念引领下，董山小学实施"给孩子一个优点，让他们发挥出十个优点"的多元激励性评价，创设出一种"人人快乐，人人创造，人人争先"的环境，呈现出学生群"星"闪烁的景象。通过赏识教育，肯定每一个孩子的长处，点燃学生内在驱动力，激发学生不断进取、积极向上的人生态度，让每个孩子都闪闪发光。

心美，一切皆美。只听表扬，旨在引导孩子发现身边的美好，并把美好在一定的范围内广而告之。只有心存美好，只有让美好人尽皆知，一切才会更好。美好从哪里来，美好来自引导和发现，引导孩子们发现美好，感受美好，长此以往，孩子的心底就会存有美好，越存越多，慢慢积淀、占据他们所有的心灵空间，由心而生，他们的外在表现就会是美好的。

只听表扬，就是拿起一个放大镜，放下一个显微镜。放大的是孩子们积极的、进步的、阳光的表现，放下的是孩子们偶尔的、无意的、本性的调皮。"水至清则无鱼"，允许孩子犯错，降低对孩子错误的关注度，相信孩子能自己发展和改变，给孩子自变的时间和空间，孩子会带给我们意想不到的惊喜和美好。

只听表扬，还因为表扬会让人心情愉悦，教师的工作是繁琐而忙碌的，需要一个愉快的心情结束一天的工作，走进家庭，面对家人；也需要一个愉快的心情，休养生息，迎接第二天的周而复始和层出不穷的"创新"。更重要的是，教师的愉悦心情，会通过教学活动，通过和孩子相处的点点滴滴传递给孩子，使孩子们也快乐轻松，从而营造出一种和谐融洽的班集体氛围。

（蒋霞）

"熊孩子"的舞台梦

熊熊，人如其名，是班级里最"熊"的孩子。外表又瘦又小的他，却生了一颗上蹿下跳、不肯消停的心。每当我走出办公室时，经常能看见他奔跑打闹的身影。隔三岔五，就有小朋友来办公室告他的状。上课的时候，哗众取宠、夺人眼球更是他的"拿手好戏"。

"拿到成长币以后，我可以把它们统统砸碎，吃到肚子里去！"

——被问到成长币的作用时，熊熊这么说。

"我的梦想是一天吃100个汉堡，喝100瓶可乐！"

——被问到长大后的梦想时，熊熊表情夸张地回答。

"我最喜欢和我的好朋友打架，最好天天大战300回合！"

——被问及最喜欢和好朋友一起做什么时，熊熊的答案也是那么的"不走寻常路"。

每当他在课堂上嬉皮笑脸地说出那些令人大跌眼镜的答案时，不少孩子会忍不住哈哈大笑。若老师不加以引导，接下去其他孩子的答案也经常会被他带偏。而这个时候，受到众人关注的感觉会让熊熊得意洋洋、兴奋难耐。他会忍不住站起来四处张望，会把脚搁到桌子上，还会用响亮到突兀的声音读课文。总之，熊熊似乎总想用自己的特立独行，来换取班级众人的目光。

这样的"熊"孩子，自然最懂得如何触及老师的底线。那一天，熊熊又一次在课堂上发出怪声，扰乱了课堂秩序，而作为老师的我也又一次忍无可忍地将他请到了办公室。

"知道自己哪里做错了吗？"我板着脸问道。

"因为我在上课的时候大喊大叫……"熊熊小心翼翼地看了我一眼，两只小手不自觉地绞着衣摆。

"知道不对，为什么还要这么做呢？"我问他。

熊熊犹豫了一会儿，才嗫嚅着回答："就是觉得好玩儿。"

哎！又是这个回答！我一下子泄了气，一时间竟不知道该如何对付这个屡教不改的"小顽固"。须知江山易改，本性难移，想让眼前这只上蹿下跳的小猴子变得安静沉稳，怕是大罗神仙都束手无策！

可是，为什么一定要改变呢？

我的眼前仿佛灵光一闪，一个办法突然出现在我的脑海里。

"老师要找几个小朋友，给全校小朋友演一场舞台剧。这个剧里啊，有一个和你一样调皮捣蛋的角色，叫'地蝼蛄'。"我把手边的舞台剧剧本放在熊熊的面前，"我猜你一定很喜欢表演吧？如果你能不再在课堂上捣乱的话，老师就把这次上台的机会给你。"

听了我的话，熊熊的眼睛一下子亮了起来！

"真的吗？老师你太好了！我一定不会做坏事了！"熊孩子一下忘了方才的忐忑拘束，拉着我的手眉飞色舞地说："老师你知道吗？其实我早就想要上台表演了！可是我觉得您一定只会选那些成绩很好的人，没想到，没想到我也能参加！"说罢，熊熊还叉着腰仰天大笑三声，以示喜悦。

看到他一秒入戏的样子，我笑着想，真是没看错人。

果不其然，接下来的排练中，熊熊比谁都认真、优秀。他原本就是个乐于表现自己的孩子，调皮、爱闹，表情丰富而又夸张。因而舞台上的他，也总是特别的大胆奔放，富有张力。

大概是满腹的表现欲终于有了抒发的渠道，熊熊的课堂表现进步了许多。而"被老师相中的小演员"这个身份认知，也让他在不知不觉间多了一份自信，少了几分平日里的虚张声势。

到了正式演出那天，熊熊不仅从容淡定，还别出心裁地为自己的角色加了个滑稽的翻滚动作。看到他演的"地蝼蛄"被打败后，狼狈不堪地滚下舞台，全校的小观众们都忍不住哈哈大笑，就连台下的老师们也忍俊不禁地使劲鼓掌。

那一刻，卖力滚到后台的熊熊一咕噜爬起来，扒着帷幕往台下张望。他的小脸红扑扑的，满脸都是吸引了众人目光后的满足。但与以往不同的是，这一次，他的眼里终于没有了那丝生怕惹怒老师的忐忑。

我想，这个拥有舞台梦的孩子，在体验过真正的万众瞩目之后，大概再也不会热衷于低级无聊的哗众取宠了。

【培元心语】

"培元教育"理念引领下的评价改革坚持用联系的、发展的、全面的观点和方法，搭建"自主欣赏"的多维展示平台，丰富有效借鉴的"激励亮点"，让多元评价展现多重"主动激励"，让每一位学生自身的优势和素质可以及时地被别人关注到，真正发挥评价作为学生成长的"助推器""黏合剂""催化剂"的作用。

面对生性活泼、调皮好动的孩子，一味地疾言厉色、批评说教，往往无济于事。像熊熊这样，习惯于在课堂上调皮捣蛋，或许只是因为享受众人的目光才一遍遍地犯错。想要改变孩子的喜好，必定难上加难。反之，搭建舞台让他展示，却能够引导他将充足的表现力运用在正确的地方。面对"熊孩子们"，作为教师只有放弃强硬的打压指责，从寻找行为的根源入手，施以贴切柔和的教育方式，才会取得理想的教育效果。

多重激励是"培元教育"评价改革的魅力之源。只有尊重学生的实际需求，构建出多重激励机制，搭建好多重激励舞台，运用好多重激励方式，才能有效地挖掘学生的潜能，促进他们的健康成长。只有这样，教育评价才能不断焕发出新的活力。

（张懿）

一面作品墙

　　铃声还未响，已经有很多孩子围着作品墙，垫着脚后跟努力张望着是否有自己的作品被展示。这面作品墙犹如科举榜单，每一次画得较好的作品都要被贴在这面作品墙上，所以，上课之前他们就能知道自己的作品是否受到了表扬。

　　这时，有个孩子已经看到了自己的作品："瞧！这次有我的！"

　　美术社团课正式开始，孩子们端端正正地坐好，期待着老师"发榜"。首先，我指向的是小 W 同学的作品，还未开口评价，有的孩子已经开始窃窃私语："他怎么可能被贴上？看他画画都不认真"。孩子们的议论我是理解的，他可是有名的调皮大王，上课不认真不说，并且没有正儿八经地画过一幅完整的画。我肯定地说道："老师很欣赏小 W 的画，你们看出来哪里画得比较好吗，请你用学到的美术知识进行评价一下？"

下面的孩子费劲地观察着，忘索着，似乎看不出哪里比较出色。这时，小C举手说道："我发现他的这幅画色彩画得很好看，老师说过可以用对比色进行搭配，他的画面中我看到了浅绿色、深绿色、粉红色、玫红色、蓝色、紫色等。其中，浅绿色与粉红色对比，蓝色与橙色对比，玫红色与深绿色对比，我认为他的颜色搭配比较好。"我微笑着赞同小C的观点。

"那么，还有哪个小朋友对他的画提提意见呢？"孩子们又开始思考，坐在小W边上的小Y举起了手，他回答道："上节课我们画的内容是有房子的风景，可为什么我找不到房子？"小Y的这个问题很有见解，在这幅画面中确实找不到房子，看上去只有色块。于是，我让小W来分析一下自己的作品，小王若有所思地说："其实我是房子的造型画得不大好，就用平面色块去画了，因为老师说画画不一定按照物体本身样子去画，可以有自己的想法，并且我用的是简练、概括的手法去表现"。原来，平时学习态度吊儿郎当的他，却已经熟记了我上课的内容。我情不自禁地为他鼓起了掌，孩子们也跟着为他鼓掌。

接下来，我打开PPT，展示一张抽象主义大师保罗克利的作品《靠近突尼斯的圣热门》，这是一位善于运用抽象的语言和几何形体表现的艺术大师。我问学生："孩子们，你们发现没有，小W的作品和大师克利的作品哪些地方有异曲同工之妙呢？"

这时，立马有一个孩子举手回答："我看到大师的作品表现形式主要也是用的是几何块面，色彩也有对比色，虽然他们两个表现内容不一样，但画面形式是一样的。"我连连称赞那个孩子回答得非常到位，小W的作品无形中已经与大师的作品能够相提并论了。此时，孩子们又开始沸腾了，向小W投来了羡慕的目光，有的孩子还发出了"哇"的赞叹，而一向调皮的小W，却被这些赞耀声中，害羞地红起了脸。

在接下来的这堂课中，我发现小W变得更自觉，更自信，更认真画了，而其他同学也不甘示弱，似乎也在你追我赶，争取下次课中自己的作品能够被贴上作品墙。

【培元心语】

"培元教育"核心素养之一健康的身心素质，要求学生达到健康标准，增强心理素质，培育个人气质。如果对于一个所谓的"后进生"，可能被大家看到的是缺点为多，甚至忽略了优点的存在，那么，无论他展示出来的优点或缺点老师都置之不理，任其发展，这势必影响到他的心理健康，会让他觉得反正没人关注我，我并不优秀。久而久之，对于学习毫无兴趣，更加自暴自弃。

著名教育学家尹少淳说过："理想中的中小学美术教育应该是鼓励人人参与的美术学习活动，个个在自己的基础上朝目标方向获得不同程度的发展。每个学生在自己独特的整体素质结构中，总会表现出某些方面的特点和优势。"这就要求美术老师在课上应多发现孩子们身上的闪光点，用真诚去点亮孩子心灵的苍穹，燃起艺术的火花，充分地发展自己的个性，激发兴趣，展现自己的能力和艺术才华，他们每一个都将会是绽放的多姿多彩的花朵。

在《学习的革命》一书中有这样一句话，"如果一个孩子生活在鼓励中，他就会学会了自信。"教育学理论告诉我们，每个孩子的内心都是有进步要求的，都希望别人认为自己是一个好学生。所以，我们要善于走进孩子们的心灵，多给予孩子一点激励，运用恰当的评价方式，激发他们内在的前进动力，点燃他们积极进取的自信心，为他们的成功创造更多的机会。

（朱咪咪）

因为"可以"，所以可以

在我们班有个孩子叫大卫，他和经典绘本《大卫，不可以》中的大卫如出一辙。刚开始，我和绘本中的老师一样，每天都在重复：大卫，不可以！不可以到处乱跑，不可以乱做作业，不可以和同学吵架，不可以大喊大叫！但却收效甚微！而发生在班干部竞选时的一件事却悄悄地改变着这一切。

咱们班的班干部竞选人人可参与，因为我为不同的孩子精心设置了不同岗位，并取了一些有趣的名字，如"午餐提醒员""安全小卫士""书香小天使"……这一次竞选，我突然看到了大卫充满渴望的眼神。见此情景，我心生一计。我何不让大卫来担任班级的岗位小助理呢！于是，我利用班队课时间组织同学们开展了"大卫，让我来夸夸你"的主题活动。

"大卫力气大，可以帮同学们搬作业本。"

"大卫熟悉学校地形，可以帮助大家带路。"

"大卫每天到校最早，可以帮助我们开教室门。"

"大卫喜欢画漫画，他可以帮我们出板报。"

……

听着同学们你一言我一语的夸奖，大卫的眼睛闪烁出了前所未有的光芒。而我的心里乐开了花。

放学后，我把大卫叫到了办公司并对他说："你看，在同学们的眼中原来你有这么多的优点啊！那你愿意用这些优点来帮助老师，帮助同学们吗？"

听到我的提议，大卫脸上写满疑惑。但是最终大卫还是架不住我反复"央求"，答应了我的请求。

那次谈话后，我又特意与大卫的爸爸妈妈取得了联系，并把我的用意告诉了他们。我希望大卫的家长能在家里也多让孩子做一些力所能及的事情，多对大卫说："大卫，你可以……"经过沟通，我的做法得到了大卫爸爸妈妈的肯定和配合。

于是，大卫成为班级"管理专员"，立刻走马上任。

"大卫号速递"

因为班级的综合（科学、音乐、美术……）学科老师们的办公室离班级有一定距离，所以每次课前与任课老师的沟通、课后相关作业练习的上交与分发成了大卫上任后的第一项任务。每天他都会陪同各个学科的"科任助理"穿梭于各学科老师的办公室。因为有了大卫的帮助，我们班的作业在兄弟班级中永远是第一个收齐上交，最及时下发订正的。渐渐地"大卫号速度"不仅在班级里声名鹊起，而且也让大卫成为了其他兄弟班级的老师和同学们心中耳熟能详的名字。

"大卫号漫画专刊"

因为大卫在漫画方面颇有兴趣，且小有所长。所以在班级的每月班刊中我增加了"大卫号漫画专栏"。平日里喜欢到处涂鸦的大卫，就这样摇身一变成为了班级专刊的"签约画家"。在刚开始"签约不久"，我会每个月月初与大卫一起商量月漫画主题，并在每个月月中的时候与美术老师一起对大卫的稿件进行初审。但是，久而久之当大卫慢慢适应了"签约画家"的身份后，我开始做起了"甩手掌柜"，而大卫日益出色的表现确实也没有辜负我的信任。

就这样在过去的两年里大卫尝试了班级里很多的"责任岗位"。我发现，当我开始对大卫说："你可以"的时候，我也开始看到了发生在大卫身上的一系列变化。因为做好作业后才能担任班级"管理专员"，现在的大卫不仅可以按时上交作业了，而且正确率大大提高；因为需要随时待命，大卫慢慢学会了自我控制。正因为如此，大卫在不断自我进步的同时还获得同学们的尊重和友谊。

[培元心语]

教育的最高境界，就是要让每一位学生都能找到自己的价值，从而激发每一位学生的进取精神，使其在原有的水平上获得更优化的发展。董山小学一直秉承"尊重关注每一个，多元发展每一个"的办学理念，贯彻"固本培元"的多元评价机制，体现"多一把尺子，多量出一批好学生"理想教育的追求。

利用班级岗位的合理设置，让每个孩子展示自我，通过赏识，肯定每一个孩子的长处，以责任感、荣耀感、成就感、自主选择、获得更多内心满足感来驱动孩子，点燃学生内在驱动力，激发学生不断进取、积极向上的人生态度，让每个孩子都闪闪发光，这真正落实和体现了"以生为本"的"培元教育"多元评价理念。

几年下来，像大卫这样的故事，在班级里还有很多！孩子，你可以！相信孩子，换一个角度看待他们，换一种方式引导他们，最重要的是，寻找适合他们的成长平台，每个孩子都可以，这是我坚信的，也是我努力追求的。

（屠剑巧）

有一种爱叫"示弱"

在我的班级里曾经有一个可儿同学，父亲因为工作需要已经在国外留学多年，母亲也是常年往返于宁波和上海两地。因为缺少父母的童年陪伴，身形瘦小的可儿无论是在语言沟通上，还是在综合能力表现上都与其他孩子有着一定的距离。这让原本就性格内向的她，上课从不发表自己的看法，下课也鲜有玩得来朋友。

"你比老师更会写！"

想要帮助可儿，首先需要让她感受到来自于外界的肯定。可儿虽然个性内向，但是却是一个喜爱写作的孩子。于是批改每个单元的主题练笔时，我不仅会圈出文章中写得好的语句，还会留下我的评语："孩子，你比老师小时候要感情细腻哦！""我怎么写不出像你这么美的句子呢！"

"你比老师更能跳！"

想让可儿能与同学们齐头并进，我还需要借助集体活动的力量让她慢慢融入到班级之中。每学期我们班都会举行一次"跳绳达人赛"。体质瘦弱的可儿每次成绩基本处于班级偏下水平。上学期的"擂台赛"我作为特约嘉宾应邀参赛。比赛当天我特意穿了一双坡跟的鞋子，也正是在这双鞋子的"助力"下，我"成功"得跳出了74下这样一个让全班同学都大跌眼镜的成绩！

比赛结束后我找到了可儿，并不甘心地对她说："今天真是有点丢人。这个学期我一定要好好练习跳绳。我觉得你的跳绳技术比我好，我能聘请你作为我的私人陪练吗？"听我这么一说，可儿脸上掠过一丝诧异的表情。最终在我的软磨硬泡下她终于答应了。

于是每天放学后我们俩都会在操场上练习跳绳。我笨拙的表现让自己经常成为可儿的绳下败将，但是看着我的陪练一天比一天有进步，我的心里却特别的开心。叶圣陶先生说过："只有做学生的学生，才能做学生的老师。"在可儿的面前我愿意化身成一个笨拙的学生，坐在路边为她鼓掌。

"你比老师记性好！"

可儿的不自信，既有家庭和个性的原因，也有其缺少机会能自我实现的缘故。由于学习原因，小可放学后经常会被留下来补习数学到很晚。有一次可儿补习完数学来办公室喊我去锁门的时候，原本还在桌子上的教室钥匙却怎么也找不到了。我翻箱倒柜好一阵寻找，最后终于在座位底下的废纸篓里找到了这把"不翼而飞"的钥匙。我锁好门后，在感叹自己太过马虎的同时，突然一个想法出现在我的脑海里。我何不借这把钥匙，帮助可儿打开走向同学们的大门呢！

于是，几天后的一个傍晚，当可儿再一次来喊我关门时，我恳切地对她说："亲爱的，老师现在记性真的大不如前了。你看上次我还差点把钥匙给弄没了。这钥匙丢了是小事，影响同学们学习可不好了！所以老师想辛苦你帮我们保管好这把钥匙。"在征得可儿同意后，我当着全班同学的面郑重地将班级钥匙交给了她。从此以后可儿每天都是第一个到班级，最后一个离开。每当有同学把作业落下时，她总会不厌其烦地回学校给大家开门。这也让可儿赢得了同学们不计其数的感谢。自我实现是每个人内心中最高级的心理需求。我想钥匙虽小，但是它给可儿带去的自我实现感却极其宝贵。

现在的可儿经常会把爸爸从外地寄来的小礼物与我们分享；有时候会跟小伙伴们一起轻声说笑。每当看到她清澈的笑容，抬头挺胸的模样，我就会庆幸于自己的"示弱"。在教育这条漫长的道路上，我想我愿意用这样一种"柔软"的姿态"仰望"每一个路过我生命的孩子，并成全他们在童年世界中的每一次精彩绽放。

[培元心语]

在"培元教育"的指引下，我们一线教师不仅需要懂得如何帮助学生翻越成长过程中的每一座"高山"，更加需要我们懂得如何用一种"隐忍"的姿态成就孩子自我成长的骄傲感。我们必须明白：最好的教育不是一种"给予"，而是一种悄悄地"成全"。

德国教育家第斯多惠曾经说过：教育的最大秘诀就是让孩子更有兴趣发展自己。我认为要让学生抱有自我发展兴趣的关键是班主任要懂得放下自我，适时地学会对学生示示弱。

育儿专家兰海教授认为：当孩子面对一个无所不能的人的时候，他只有两个选择，要么学习这个无所不能的人，不能容忍自己的缺点；要么就什么都不做，因为这个人什么都能做！教育的过程就是孩子和我们共同承担，共同成长的过程。在孩子面前适当的示弱，就是适当地给他们成长的机会。希望作为教育者的我们能用自己的示弱去换取孩子们更加阳光的个性、更加多元的能力，从而成为更加出色的自我。

（屠剑巧）

后 记

　　教育教学改革实践和教师专业发展的内在需要赋予了"教师成为研究者"的角色。这是教师成长与发展的机遇，它意味着教师不仅是教育行动的执行者，也是教育活动践行的"参与者"和"研究者"。教师参与教育行动研究，只停留在问题的一般认识层面上还是远远不够的，还需要结合自身的教育教学工作深入研究教育教学的实践与理论，要立足于教育基础领域的普遍问题的解决，实现从对教育活动的感性认识到理性分析与重新建构。

　　面对时代的发展和社会持续更新的教育需求，董山小学自创办以来，以"培元教育"为学校办学核心引领思想，全面构建完善"培元教育"理论内核，并通过行为习惯培养、自主学习能力培养、多彩文化活动营造、多元课程架构、全员德育制度建构等策略予以实施，促进"培元"办学特色的积淀与形成。

　　理论与实践是推动"培元教育"行动探索的两支重要的力量，"培元教育"深入实施的核心是理论与实践的对话，它是董山小学一线教师和理论之间的一种验证过程。既然是验证，那就不是单向的，而是相互的，是"你中有我，我中有你"的过程。

　　实践需要理论指导，没有理论支撑的实践是盲目的实践；理论来源于实践，没有实践的理论又是空洞的理论。以这样的思想作为基础，董山小学教师通过"培元"育人行动深入实施，不断进行总结与反思，丰富实践性知识，激活实践性智慧，与此同时，"培元教育"的思想也进一步得到验证和完善，为实践提供更科学、更正确的理论指导。

这本《众手托起培元梦——培元教育微案例集萃》是董山小学一线教师"培元教育"行动研究与理性思考的产物，诠释了他们对"培元教育"独立价值取向的洞察与理解。本书着眼于培育学生"强大的学习能力＋优良的人生品德＋良好的行为习惯＋健康的身心素质＋出色的阅读社会能力"五种根基性素养目标，围绕"为学生的成长培育浩然元气"这一主题，围绕学生核心元素养培养的方方面面，收录了董山小学80余位教师在"培元"教育教学实践中（涵盖课堂教学、习惯培养、课程探索、品德培养、思想教育、多元评价等）的88篇经典案例，具有极强的创新性、科学性、典型性和可读性。全书通篇充满了来自教改一线的灵感与智慧，突破了传统教育观念的束缚，字里行间渗透着"培元教育"的思想光华及老师们富有创意的教育思维方法。书中以十分朴实而有力的笔调，囊括了来自"培元教育"育人行动实践一线的妙思奇招，并将一种敬业的精神、一种师爱的激情、一种向上的新意与活力、一种对未来教育的思考与探究透出文外。

本书是继《培元教育：核心素养教育的前瞻探索》《从培基走向培元：培元教育的智慧实践》出版之后，董山小学深耕"培元教育"实践探索的又一力作，是《培元教育文丛》三部曲的收官之作。《培元教育：核心素养教育的前瞻探索》从宏观层面粗线条勾勒"培元教育"的理论内涵和实践体系的初步成果，《从培基走向培元：培元教育的智慧实践》从中观层面介绍学校推进"培元教育"六大项目行动的具体实践做法，而《众手托起培元梦：培元教育微案例集萃》则从微观层面介绍学校教师在推进"培元教育"实践过程中的经典教育经验。本书的出版，使"培元教育"的理论内核与实践框架体系更加全面完善。

《培元教育文丛》三部曲的先后出版，是董山小学"培元教育"集体智慧和成果的集中总结，也是对"培元教育"育人文化的集中展示，同时也为教育界同仁、家长和社会了解"培元教育"办学文化和追求创造了平台。

我们希望，通过《培元教育文丛》这座桥梁，将董山一线教师闪光的思想和富有价值的探索通过文字传播到更多的教师同行当中去。我们希望，通过《培元教育文丛》这个平台，让董山优秀的一线教师能够站得更高，走得更远。我们更希望，通过"培元教育文丛"的陆续出版，能够管中窥豹般地如实记录下董山小学办学过程中的一段段奋斗历程，为宁波、浙江乃至全国基础教育的改革和发展贡献一份绵薄之力。

向着"培元教育"梦，我们依然在路上，并且永远在路上……

茅晓辉

2019年1月